文學叢刊之㊵

生命風景

——人物專訪

張堂錡 著

文史哲出版社印行

國立中央圖書館出版品預行編目資料

生命風景 ： 人物專訪 / 張堂錡著. -- 再版. --
臺北市 ： 文史哲，民８３增訂
面 ； 公分. -- (文學叢刊 ； 40)
ISBN 957-547-127-X(平裝)

1. 中國 - 傳記

782.18　　81002372

文學叢刊 ㊵

生命風景：人物專訪

著者：張堂錡
出版者：文史哲出版社
登記證字號：行政院新聞局局版臺業字五三三七號
發行人：彭正雄
發行所：文史哲出版社
印刷者：文史哲出版社
台北市羅斯福路一段七十二巷四號
郵撥〇五一二八八一二彭正雄帳戶
電話：三五一一〇二八

實價新台幣二二〇元

中華民國八十三年四月增訂再版

ISBN 957-547-127-X

在生命風景中相遇

——自序

一直覺得，生命像是一幕風景，四季的更迭替換，像極了人的生老病死，一樣的由青澀轉黃熟，一樣的開始與結束。

每一個生命，都值得真摯去面對、欣賞，沒有一個生命是卑微得發不出一點亮光，正如每一場風景，鮮麗或淡清，總有屬於自己的一種顏色。

如果，在與每一個生命交會的時刻，都能珍惜那分溫暖的光芒，自己的心靈也會跟著照亮起來。只要我們肯靜靜去欣賞一朵花、一株樹、一條河、一座山的變化風姿，那麼，花、樹、河、山的喧嘩及私語，一樣能夠清晰聽見。

那種感覺像對話，與自己、別人、大自然的心靈對話，因此，每一次與生命面對、交談的時刻來臨，我都暗自慶幸，格外珍惜。

其實，沒有一幕風景是靜止不動的，生命也是一樣，變化是一定的軌跡，也是它動人的秘密。每個人的一生，都在面臨抉擇中度過，今天穿什麼衣服、去那裏吃飯，也都是抉擇，但生命中還有一種更大的抉擇，是對生命流向的決定與掌握。

這種生命的大轉彎，我自己曾經歷過幾次。

如果，不是高中時遇到一位好的國文老師賴信博先生，我不會選擇師大國文系爲聯考第一志願；如果大三那年，我不提筆寫第一篇小說，並受到陳郁夫老師的鼓勵，我不會在文學的路上走到現在；如果不是被甄選爲三民主義巡迴教官，外島軍務繁忙，我不可能有時間準備而考上研究所，鑽研古典文學；如果不是李瑞騰老師指導我的論文，並在編輯事務上給我許多指點，我大概畢業後就找間學校教書去了；如果我沒有進入中副工作，受梅新先生的栽培，這本集子當然也就不會誕生……這一連串的「如果」，寓含了太多種可能，而在許多可能中，我做了一種選擇。至今想來，那些轉彎固然驚險，卻也是最值得回味與感激的。

由於在媒體工作，我幸運地擁有與他人分享生命轉折中喜樂、哀傷的機會，他們也有許許多多的「如果」，而他們一路走來，都開闢出自己的一片天地，讓自己成長，也讓別人流連。能在最短的時間內，探訪最動人的景致，這樣的「工作」，我非常樂意。因此，在中副工作兩年多，採訪了許多人，不論他們是那一行業，有什麼傑出的地位、成就，都遠不如他們敞開心門、侃侃談起自己一路行來的風雨晴和時那麼吸引我。懷著感激、學習、欣賞的心情，與他們在一幕幕風景中相遇，並且在相遇中看到眞情與智慧的自然流露，使我深深懂得了生命旅途的艱辛與成長的代價。

就這樣，我寫了遠超過這本書中所收文章數量的採訪、記錄稿。這些文章中的人與事，也變成了一幕幕動人的山水風景，鋪展開來，與讀者相遇。

這些報導作品，除了林懷民、楊三郎兩篇是在《文心藝坊》周刊發表外，其餘均在中副刊登，刊載之後，也多能引起一些迴響，好幾篇被其他刊物轉載。至今，那些與我生命曾經交會過的人，他們的手勢、聲音與笑容，仍深印在我心頭，即使有的只是一面之緣，感動的情緒依然盪漾迴旋，久久不散。

雖然，我在高中時代即主編校刊，但對編輯概念的清晰、採訪寫作的投入，終究還是後來的偶然。民國七十八年五月，我開始編中央日報《長河》版，後來又編副刊，陸陸續續地接受了一些人的指導與提携，在此不能不提。

中副主編梅新先生，對工作投入的衝勁，令我十分佩服，他在企劃編輯上的用心求變，使中副在這幾年中贏得了三次金鼎獎的肯定，日常相處時的點點滴滴，我學了很多。而在採訪稿的寫作上，他總是讓我盡情發揮，絲毫不加干涉，使我能在壓力較輕的情況下完成這些文稿。這份信任，無形中對我是一大鼓舞。

文訊雜誌總編輯李瑞騰先生，除了指導我的碩士論文外，也經常告訴我媒體編輯的技巧、方向，他充滿企圖心與活動力，很多不成形的概念與他一談就清晰起來。面對他，就覺得可做的事眞多，時間眞該把握。

我也必須藉此機會感激我的妻子、小孩，每當我外出採訪或熬夜趕稿時，他們總是體諒地配合，無後顧之憂，是使我可以一直向前走去的最大動力。當然，文史哲出版社彭先生在出版我的論文後，又願意接受這樣一本書稿，知遇之情，誌感不忘。

最後，還是覺得生命像風景，錯過實在可惜，如果可能，我願意在往後的日子裏，把握住每一個與生命交會的時刻，再鐫刻成動人的景致，與大家分享、相遇。

張堂錡 八十一年二月寫於蘆洲

《生命風景》（人物專訪）目次

《卷一》與自己的夢賽跑

楊三郎先生與許玉燕女士

郭惠煜攝

楊三郎、許玉燕一甲子的愛與藝術

時間可以回溯到六十七年前，那時是民國十二年，也是日本大正十二年。基隆港外，唯一航行於臺灣與日本之間的三千噸商船「稻葉丸」號，正靜靜地停泊。海風輕吹的三月臨晚，遠天夕霞絢爛，落日的一絲餘溫兀自頑强地烘暖著港灣的海水。

一個十六歲的少年，倚在船舷上，眺望著即將遠去的城市，與此去經年的茫茫前程，內心一陣唏噓難忍，手握著幾年來偷偷積蓄的三十日元，眼眶中突然含滿淚水。他可以下船，回到大稻埕那富豪的家中，享受無憂的少爺生活，但是，有一股起自內心對美術不可遏抑的熾烈追求，使他毅然拋開了家庭的親情溫暖，離家、登船、赴日。用力將隨身揹著的畫具貼緊胸口，冷冽寒氣中，他只覺胸口溫熱翻湧如潮。但沒有多少猶豫，他很快就收回了眺望的感傷，把眼光投向天邊盤旋的鷗鳥與迢遙的一色海天之外，那不可知的扶桑三島，以及，一個巨大的藝術家之夢。

五天之後，他抵達了日本，在雪花初融的季節裏，開始艱辛而孤獨的學畫生涯。

這位爲追求夢想而遠赴異邦的少年，就是今日畫壇鼎鼎大名的前輩大師——楊三郎。

文具店的一幅油畫引他萌生藝術之夢

民國前五年十月五日，楊三郎出生於臺北的網溪（今永和），父親楊仲佐，能文善詩，是日據時代臺灣北部著名的士紳，也是名滿全島的園藝家，在網溪別墅一帶闢植了占地五千多坪的蘭菊花園。從小就在書香世家中成長的楊三郎，追憶起那一段屬於舊式文人光耀的過去，他說：

「我祖父是前清貢生，家父是日據時代出名的漢學專家，有『嘯霞詩人』之稱。當時，我們的舊家在保安街，經營釀酒、賣酒生意，後來酒業變成專賣，私人不能釀製，但政府有配銷制度，我哥哥就在配銷所工作。現在永和的住家，是家父來此闢建的別墅，一方面可以吟詩、讀書，一方面則栽培蘭菊。日據時代，菊花是國花，家父對菊花的栽培最有興趣，也最受時人稱道。他從世界各地搜購種子，種了幾千盆，一朵盛開的菊花，把葉瓣拉開，足足有一尺多長呢！

時日一久，這裏逐漸成爲日據時代非常重要的聚會場所。每年花開時節，都舉行園遊會，正式寄發邀請函給當時臺灣的社會名流、達官貴人，應邀來此者多達兩千多人，花季期間，這裏成爲各報記者爭相報導的焦點，幾乎每天都有新聞上報。總督、司令官常來賞菊，于右任也常來找家父聊天，郎靜山會跟著來，手上總拿著一個四方型的老相機，令我印象深刻。」

優渥儒雅的家世背景，使他自幼即輕易接觸到上流社會及文化圈的人際脈絡，耳濡目染之餘，文藝的種子很快就埋入他幼穉的心田，據其自述「跑不完的路」中透露，童年時的他就喜歡隨手塗鴉，常在牆壁、黑板、紙張上，揮筆塗灑出他所能想到的東西。那看似不經心的隨筆，其實已顯示出他血液中對美術嚮往的活潑因子。

一九一五年，楊三郎進入艋舺公學校（即今之老松國小）就讀，在每天往來大稻埕與萬華的上下學途中，他總會在路過博愛路一家兼營畫材生意的小塚文具店前佇足逗留。店面櫥窗裏所陳列的一幅日籍畫家鹽月桃甫的油畫，深深吸引著他，一種觸動內心的神秘力量，啓蒙了他對色彩繽紛的夢想。這個夢想逐日成形、擴大，直到整個心靈被攫罩住的那一天，他終於開口要求家人購買油畫材料，但家人認爲小小年紀就想玩昂貴的油畫材料不適宜，並未應允。即使是開明的父親，也反對男兒以當畫家爲志，因爲那是「沒出息」的行業。就在傳統保守的社會風氣下，初萌的夢想輕易地遭到了摧折。

十六歲時，一個人帶三十日元搭船逃家到日本

但是，楊三郎並不死心，强烈的藝術夢想使他做了一生中最初、也最重大的決定。他開始偷學日文、暗中存錢。十六歲那年，在房間中小心翼翼地數著三十元，他覺得時機已然成熟，於是，他不告而別，隻身從基隆上船，離鄉背井赴東瀛學畫。

過去家人的不贊成，一度令他不能諒解，直到付諸實際行動，在日本港口下船，接到船務公司轉來家中拍發的急電，要他趕快通知家人在日本落腳的地址，以便寄去生活費時，他才恍然明白，家人終究還是疼他的，這使得年少輕狂的他，也不禁握著電報，流下淚來。

「我在船上寫了一封信，給也在日本唸書的哥哥，告訴他，到了日本之後，我一定要成爲一個名油畫家。但是我人生地不熟，連怎麼去京都都不知道，一位車伕載我去旅館住，然後又送我去搭火車，幾天下來，竟花了十元，剩下二十元，於是趕緊在京都租屋定居下來，開始畫畫，也準備考試。」

初抵異鄉的痛苦難捱，楊三郎夫人許玉燕女士一旁感慨地補充說，至今楊三郎想起那段日子，還會忍不住落淚。每餐只吃日幣一分二的味噌湯、白飯裹腹；冬日嚴寒，冰雪凍凝了水管，只好以雪水洗臉。家庭支援未到，買畫用具又不可省，這段日子恐怕是一生中最苦痛的記憶了。寒天飲冰水，冷暖一心間，他不氣餒，更不後悔，每一次冷水潑上臉，他就告訴自己，不成名，不返鄉。

那一次的離家出走，宣示了決心，踏上了繪畫之路，也同時感動了家人，財務支援陸續寄達，他在冰天雪地裏熱烈而興奮地學習著。

不久，他考進理想中的美術學校——京都美術工業學校，兩年後，再轉入關西美術學院洋畫科，專心研習油畫長達五年。其間，楊三郎深受日本兩位名畫家黑田重太郎與田中善之助的啓迪、影響，加上京都本是日本傳統文化的重鎭，一些重要的國際性展覽經常在此舉行，悠遊於課堂研習與課外觀摩中，他迅速奠定了充實的繪畫根基。

春暖花開時節，京都明媚、靈秀的山水美景，給楊三郎帶來豐富的創作靈感，他逐漸培養了戶外寫生的興趣。雲遊山水，捕捉自然的美，二十歲的楊三郎在光影的流動中找到了自己的位置。

留法三年，完成兩百多幅作品，返國後一鳴驚人

當他在京都山水中勤力作畫時，日本旅臺的畫家石川欽一郎、鄉原古統、木下靜涯、鹽月桃甫等人，向總督府建議舉辦官方的美術展覽，最後獲准於一九二七年的十月舉行第一屆臺灣展覽。楊仲佐先生立即將「臺展」即將舉行的消息通知了楊三郎，並鼓勵參展。楊三郎當時正好自中國大陸東北旅行回來，帶回許多在哈爾濱寫生的作品，遂將其中一幅「復活節的時候」寄回臺北參賽，結果榮獲入選並被官方購藏，得七十五元，這項榮譽與爲數不少的獎金，使家鄉父老們改變了過去對繪畫的錯誤觀念，尤其是他的家族，因此更加大力支持他的繪畫事業。

「一九二九年，我再寄作品回臺參展，獲得『特選』更高的肯定，就在那一年，我畢業返鄉，準備開始全力衝刺。不料，二年後，我去新北投寫生，由於北投溫泉的硫黃空氣，與油畫的亞鉛化白顏料接觸，會逐漸產生化學變化，使得我參加第五屆『臺展』的作品面目全非，最後遭到落選，這個打擊使我意識到，在繪畫方面還有很多不足，有必要再出國進修。因此，一九三一年，我再度告辭父母、妻子與剛出生十九天的大兒子，毅然搭船前往法國。四十多天後到達馬賽，早四年已旅法的顏水龍在碼頭接我，一起直奔巴黎。」

那個年代的巴黎，是舉世共仰的繁華大都會，歌劇院、畫廊、美術館、音樂廳、皇宮、鐵塔，加上林立的戶外咖啡座、塞納河畔的旖旎風光，整個城市宛如一場浪漫的盛宴、夢幻的天堂，展現在楊

三郎二十六歲敏銳又多感的眼前。他像一頭饑渴的猛獸，貪婪地四處寫生，用心靈搜尋大自然中每一次美的現身。在法蘭西浪漫情調的氤氳裏，他領會西方名家的色感、筆勢，再注入自己的抒情感性，一幅幅佳作源源產生。從一九三一至三三年間，完成了兩百多件作品，驚人的創作量，使他滿懷信心地收拾行囊，回到東方的故鄉。

果然，臺北盛大的個展，連獲「臺展」第七、八屆特選的榮譽，使楊三郎成為當時畫壇上炙手可熱的頂尖人物。加上大稻埕工商都會的形成、楊家顯赫的家世，因緣際會地使他結交了不少文化界的朋友，其中包括小說家、詩人、記者、律師、學者、音樂家等，而且逐漸成為眾望所歸的中心。楊三郎的家，也成為美術運動的大本營，影響深遠的「台陽美術協會」，其發起就是在他家中討論並付諸實現的。

從「台展」到「省展」，楊三郎夫婦盡力治續臺灣美術香火傳承

台陽美術協會與展覽，是日據時代最大規模的民間美術組織與運動，對這一點，許玉燕因實際負責這個組織的大部分庶務，立刻如數家珍地解釋說：

「昭和九年（一九三四），楊三郎自法國歸國後，由於注意到台展時一些年輕畫家的技巧，認為應該多加鼓勵和指導，經與畫家李梅樹討論，很快地就獲得熱烈迴響，遂聯合了陳澄波、廖繼春、陳清汾、顏水龍、李石樵及日本畫家立石鐵臣等一共八人，那年十月在臺北鐵路飯店宣布正式成立，第

二年開始舉辦第一屆臺陽美展。其中除了第二次世界大戰時停辦三年展覽外，至今已第五十四屆了。因爲楊三郎常常出國畫圖，所以臺陽展的庶務歸我負責。辦庶務是非常瑣碎繁雜的，但我在開會時竟無發言權，這令我很生氣，就拼命作畫，以作品得獎，才爭取成爲正式會員，並享有發言權。」

很多老一輩的畫家都知道，早期臺陽美展期間，從中、南部北上的一些年輕畫家，都得到許玉燕熱情的吃住款待，她和楊三郎的親切作風，令許多年輕的藝術工作者溫馨在心，至今不忘，而且，許多對臺灣本土美術發展影響深遠的活動，也都是從她精心烹製的點心、與巧心營造的氣氛中，一一計畫展開的。因此，很多畫壇上知名的畫家，都尊稱楊三郎爲「老師」，而稱許玉燕爲「師母」。

後來，由官方舉辦的「臺展」因戰爭結束而停辦，楊三郎又萌生舉辦「省展」的念頭。這是一個沿續臺灣美術香火的重大構想，因爲有省展，臺灣的美術傳承才未中斷。對這一貢獻，楊三郎表現得很淡然，反倒是許玉燕，一臉掩不住的興奮搶著說道：

「光復以後，楊三郎受聘爲諮議，心中產生了辦省展的想法。當時有一位叫蔡繼琨的音樂家，雖是外省人，但會講臺語，我曾對他說過，日據時代，文學、音樂都輸給日本人，但是美術贏日本人，這一點要維護下去。第二天，他帶了一些朋友到我家，像音樂家高慈美、曾做過師大教授的西樂家林秋錦等，我煮切仔麵招待，大家邊吃邊談，蔡先生覺得這構想很有意義，就向臺灣行政長官公署報告，獲得支持，於是，楊三郎成爲第一屆「全省美展」的負責人，才有了沿續至今的省展。現在他仍是省展的評議委員呢！」

不曾說過話，只看一眼，三天後媒人就上門送訂

許玉燕開心地笑了起來。雖然楊三郎雙耳有些重聽，不大知曉她說了些什麼，又因何而笑，但他始終一旁認眞注視著這位陪伴了他六十多年的「牽手」，那神情，仔細留意，恰似他面對大自然一方壯麗美景時，油然生出的歡喜，與虔誠的敬重。在美術界的聲名，她雖不及楊三郎，但是，如果沒有這一份相知相許的鼓舞，楊三郎的成就光芒必將因而黯淡許多。

「是好種還要有好圃！」楊三郎以這句話道盡了內心對許玉燕的感激，也爲他們一生亦師亦友的婚姻生涯，做了最佳注腳。

當年，二十歲的楊三郎初見十六歲、還是第三高女一年級學生的許玉燕，一見傾心之餘，卻故意穿得像工人般隨便，藉故走來走去，趁機偷偷看著她和堂妹到家中來寫生，一句話也不敢說。

「我們其實都知道彼此，但不曾講過話，我去他家畫圖，直到臨走前，他忽然換穿一身和服，戴起學生帽，我才認出他是楊佐三郎。還是沒有講話，只是互相看到而已，我向他點點頭就告辭了。從永和要回臺北的渡船口，恰巧遇到了他父親剛要落船，老人家跟我聊天，詢問再三，二、三天後，媒人竟然就上門送訂了！」

「我跟太太訂婚以後，就常帶她出去散步、看電影，那時不像現在，非常保守，即使是夫妻一起出門，也男女授受不親，總是先生走在前面，太太跟在後頭。但我們只是訂婚，就手牽手一起出門

了，這在當時是非常前衛的作風。有一次，路上一個流氓看不慣，找麻煩，要動手打我，結果她挺身而出，拿起手上竹製絲綢的雨傘，痛打那個流氓，打到傘的桿子都斷了，那流氓則始終沒有還手，因爲那時候，流氓也有流氓的規矩，絕不對女性動手的。」

提起這些往事，兩人都是笑意盈盈，忍不住心頭甜、眼底笑。很少人像他們一樣幸運，現在永和的住家，就是當年認識、結婚、生子、共同作畫的地方，對他們來說，這座樸舊的老宅，充滿了太多的回憶與深情。如果不是許玉燕的持家育子，楊三郎是不可能安心全力衝刺自己理想的。

其實，身爲臺灣第一位女油畫家的許玉燕，也是北部殷富之家的掌上明珠，從小就熱愛美術，算來，她從事美術創作也有六十多年的歷史，十四歲就拜日本畫家小島爲師，也遠赴日本習畫多年。只不過，楊三郎雖然深愛妻子，卻並不贊成她也學畫，這使得她的創作路途走得比較辛苦。至今她仍覺得，當楊三郎赴法留學期間，雖然她必須獨立撫育三名幼子，但那是她畫得最自由的一段時光。丈夫返國後，反而不能隨心所欲，只能偷空畫上幾筆了。

她描述當時的情景說，每當丈夫外出而自己又忙完家事，就會坐在畫架前享受一天之中完全屬於自己的片刻，她的小兒子也會守在窗口「把風」，一聽到孩子喊「爸爸回來了」，她就急忙收拾好畫具，回到家庭主婦的崗位上。如此「不平等」的待遇，許玉燕至今仍毫無怨懟之心，畢竟，他認爲最重要的還是妻子與母親的責任。

颱風來襲，要畫海浪；飛機空襲，要上山畫樹

「楊三郎這輩子，除了在國立藝專、文化大學教過十五年課外，完全是在繪畫，有時一出去畫就是四、五十天，甚至到國外去寫生。颱風來襲，他要去畫海浪；飛機空襲，要上玉山去畫樹。我雖然擔心，但從不阻止，我完全了解他對美術的熱愛與執著，所以，即使我因此而有所犧牲，也心甘情願。」

楊三郎家中有一間個人畫室，那是臺灣第一間私人正式畫室，民國三十五年即建立。他經常在畫室中待一整天，累了就睡，醒來再畫。對他而言，畫作永遠不會覺得滿意，因此，即使是裝框的畫，也會拿下來補上幾筆，其作品除了少數有紀念性的之外，都不加簽日期，以便日後再修潤。從三十到六十歲之間，平均每兩天就有三幅作品，可以說，每天唯一的工作就是繪畫。即使如今已屆八十五，也仍每天作畫至少六、七小時，每週必定上山寫生，臺灣北海岸、天母、芝山巖一帶，是他常去的地方，有時爲了捕捉日出剎那的美景，三更半夜就出門，一點也不以爲苦。

幾十年來，除了繪畫，沒做過其他工作，那麼龐大的支出如何應付呢？許玉燕自在地表示，靠的是家庭富裕的根基。以前沒有畫廊，故沒有賣畫的收入，光復以後才靠賣畫賺一點錢，楊三郎當年首開國內個人畫展風氣之先，在新公園博物館內展覽，此後約每五年舉行一次，賣畫的錢若省吃儉用，可以撐五年呢！

日前落成的「楊三郎美術館」，是臺灣第一座正式建立的私人美術館，完全由他們傾囊自力興建的，從此，兩人將有永久保存畫作的處所，誠如許玉燕所言，國外很多美術家都有美術館的興建，像印象派大師莫內的家都被完整保留下來，這對美術的傳承有很大的啓示作用，因此，她認爲楊三郎的畫與家都該被保存下去。由於土地是自家用地，孩子們也大力支持，這個盤桓在腦中的念頭遂於日前化成了具體的成果。楊三郎欣慰地說：

「這是我們一生打拚的成績，要永久保存下去，楊家的子孫可以使用，但不能任意處理美術館的所有財產，館內的作品都是非賣品，我們正計畫將全部畫作充作楊三郎美術基金會，以便統籌管理美術館。」

這棟位於永和市博愛街七號的新穎建築，佔地約七、八十坪，一至四樓擺設楊三郎個人畫作，五樓則是許玉燕的油畫專門陳列室。一入館內，即可見到李總統登輝先生親題的「楊三郎美術館」六個大字，在柔黃燈光映照下，赭紅黑點的大理石閃閃生輝。對於總統伉儷的關心與開幕時蒞臨參觀，他們夫婦都深感榮幸與感激。

李總統夫人是楊三郎舅舅的女兒，所以李總統與楊三郎有表妹婿的姻親關係，小時候李總統還看過楊三郎作畫呢！對本身也會畫畫的李總統伉儷而言，他的畫早已是值得收藏的珍品。民國七十九年十一月臺北市立美術館舉辦「楊三郎回顧展」時，李總統伉儷就同意出借其珍藏的「燈臺」「裸婦」兩幅油畫小品參展，足見其畫作之深受重視。

許玉燕含蓄地指出，總統伉儷與他們夫婦的情誼很長遠，由於都是虔誠的基督徒，以前一起在雙連教會聽同一位牧師講道，那位日本籍牧師大槻武二，是聖耶穌會牧師長，今年八十五歲了，從前每年來臺進行一個月的巡迴講道，就住在楊家。年事已高的老牧師，現在已少來臺灣，他們做禮拜的活動，也改成每個月一次在總統官邸內舉行。

四十年來，每週相偕到圓山喝咖啡

除了繪畫、信仰之外，四十年來，楊三郎這一對銀髮老夫妻的一項生活習慣，也已成為現代社會的一樁傳奇：除非出國，否則他們一定每週一次相偕到圓山飯店喝咖啡。當年圓山飯店落成，他們就已是座上客，四十年來，幾乎和圓山飯店的歷史一樣長，這絕非小說中的浪漫情節，而是眞實的故事。結褵六十二年來，四十年如一日到圓山喝咖啡，從黑髮青春喝到今日白髮蒼蒼，每一次咖啡醇香的熱氣升起，他們深情的心動依然款款，不變的位子，不變的牽手情懷，你不得不相信，他們是眞心滿足於這樣的靜靜相對、娓娓談心。

有不少朋友擔心，怕咖啡因對老年人的健康不利，而時加勸阻，但兩人始終仗著身體硬朗，不願意戒掉這數十年的老習慣。喜歡重口味的楊三郎，依然每杯咖啡都要加五茶匙的糖，令人瞠目結舌。

似乎，當楊三郎夫婦決意要做一件事時，總是能堅持到底，為追求理想而打拼不懈。今年七月二十五日，美術館落成，要舉行畫作入館的重要儀式，偏巧在前兩天，楊三郎竟輕度中風，被緊急送醫住院治療，而僅僅兩天時間，他就霍然病癒出院，照常主持該項儀式，令醫生們驚訝不已。他們認爲，這是楊三郎用自己的意志力治好了自己，其生命力之强韌由此可見。

許玉燕也是一樣。在她開朗的笑聲中，其實難掩一顆上進、縝密、堅韌的心。楊三郎曾不止一次地描繪這位伴他一生的「牽手」、「厝內」是身兼妻子、母親、大姊、朋友、批評家、護士、保姆等多重角色的偉大女性。光復初期，由於物資條件非常惡劣，繪畫顏料嚴重缺乏，楊三郎無法作畫而深覺苦悶，竟沉迷於麻將，許玉燕就適時發揮了諍諫的功能，每晚等他返家至深夜才睡，無需語言的責難，就讓楊三郎頓改前非，而重回到繪畫的生活軌道中。

一生心血與不變的最愛，都在「楊三郎美術館」裏

六十多年來，共同走過歲月的風雨起伏，一切的不如意都在容忍、諒解中化爲雲烟，只有心中、手中的畫筆始終牢牢緊握，多少的美好時光，就是這樣用心靈的彩筆輕描淡畫而成。

「聖經裏頭說，牽手是我身上排骨的一根，意思是要我們疼惜太太，這是很好的比喻。太太不對當然應該罵，但罵並不是恨。做夫妻是命運，有無形的神在安排。人在世間，應對社會有貢獻，不能像動物般只求生存，夫妻若不合心，就做不了事，更談不上服務社會了。」

楊三郎不疾不徐地道出對婚姻的看法，許玉燕則在一旁用心傾聽著，臉上的微笑似乎說明了她對這樁婚姻的滿足與引以爲傲，因此，她提高了音調搶著說：

「我以前常告訴他，只要能找到比我更好的，儘管去娶，我可以馬上跟他沙喲娜啦！」這番話頓時引來一陣開懷大笑，兩人無憂、開朗的天眞神情，彷佛一下子就回到了少年時光，那一場目光交會的最初。只一眼，只三天，一段圓滿姻緣就注定了一生一世。

楊家老宅前的庭院裏，古榕蔭天，綠苗新長，幾隻飛鳥鳴囀滑過雨後的天空，不時在青石板徑上灑落輕雲般的黑影。緊偎斑剝圍牆的那方小塘，白色水蓮花雅潔地綻放在圓綠色的托盤上，鼎沸市聲中，益發顯出遺世獨立的高華風姿。

在水蓮花幽微的暗香裏，一幅幅生命的畫作被完成，曾經叱咤風雲的美術運動也已經遠了，這對夫畫婦隨、以寫生爲志的老夫妻，用六十多年不改的堅持，把自己鮮艷地畫進了臺灣美術史的斑爛風景裏。

「楊三郎美術館」，他們一生的心血與不變的最愛都在那裏，那是他們一路走來的堅實根壤，也將是今後不斷前進的美麗源頭。即使歲月如風逝去，容顏已老，怨悔，從來不曾有過。

因爲，從近七十年前那次離家出走開始，不管生命如何流動不定，永遠不變的，一直就是對藝術高峰執著的攀登，與兩人金石永恒的盟誓，全心的愛。

（八十年十一月十六日）

林懷民先生　　郭惠煜攝

林懷民在綠色大地上重建雲門

一開始，我們認識林懷民，是因爲他的小說。

初三的時候，他的作品就刊登在林海音主編的聯合副刊。十四歲開始發表小說。考大學時，因爲父親的志願，他考上政大法律系，一年後，因爲自己的志願，轉到新聞系。大學畢業後，他出版了兩本深受讀者喜愛的短篇小說集——「變形虹」與「蟬」，是六、七十年代文壇矚目的年輕作家。然後他在美國密蘇里大學新聞研究所待了一年，隨即又轉入愛荷華大學英文系小說創作班。這是小說的林懷民。

舞蹈的林懷民開始得更早。

「五、六歲罷，跟著家裏的老太太去看歌仔戲，到了晚上大家圍坐聊天時分，我就開始自編、自跳、自演地連唱帶做起來。後來跟著大人連看了七次芭蕾舞片『紅菱艷』，覺得跳舞眞棒，就這樣開始了。」

由於當時臺灣沒有人教舞，他只好專心一意寫小說。後來到愛荷華上課，校方規定寫作班的學生除了文學課以外，必須另修一門其他藝術，於是他很自然地到舞蹈系選課。那時教他的老師叫瑪夏·謝兒。恰巧詩人商禽也在愛荷華，有一天介紹了周文中的音樂「行草」給他，他就用「行草」的樂調編了他個人的第一支舞「夢蝶」。他去跳給瑪夏·謝兒看，但瑪夏看完坐在一旁，不發一語。這令林懷民窘愧不已。但不久，她說了：「再跳一次。」他只得從頭再來一次。這回，她很慎重地說：「像你這樣的作家有多少我不知道，像你這樣的舞者卻是很稀少的。你不要唸什麼寫作班了，應該把全部時間用來跳舞，我替你弄獎學金。」

林懷民沒有答應她的提議。後來，「夢蝶」在學校公演大爲轟動。暑假他去紐約一面打工一面進瑪沙·葛蘭姆舞校學舞。獲得藝術碩士學位之後，他準備回臺灣。一晚，接到瑪夏·謝兒的電話，游說他留下，準備進舞團，但他仍未下定決心，說著說著竟哭了，瑪夏·謝兒在話筒那邊聽他久久沒有聲音，就斬釘截鐵地說了最後一句話：

「你回去，去把臺灣舞起來，再見。」

想替國內荒蕪的舞蹈園地，墾拓出一些東西，林懷民與十一位年輕的舞者，日前組成了「雲門舞集」。參加這個舞蹈團體的年輕朋友有文化學院舞蹈專修科及師大體育系的學生，平均年齡是二十一歲半，每個人都有六、七年的舞齡，他們是：吳秀蓮、何惠楨、鄭淑姬、王雲幼……（民國六十二年八月二十九日中央日報）

回國之後，他在政大新聞系與西語系教書。目前在新聞界赫赫有名的黃年、翁台生、曠湘霞、焦雄屏等人，都是他的學生，但他一再强調，他教課很差，這些學生有成就是靠自己努力，以及其他優秀的師資教導所致。

他也在文化學院指導舞蹈課，發覺學生相當愛舞，而當時國內舞蹈藝術卻是一片洪荒。他開始把國外所見所學的一點東西教給他們，有時也舉辦小型的演出。

「我告訴他們，只要有良好的訓練，中國人可以舞得很好，只要用功，一定可以組成一個舞團。有幾個舞者相信我，我請她們在課餘一起練現代舞。我是個要求很高的老師，只有眞正愛舞的人才受得了我嚴厲的批評。軟弱的女生一個個退出，學期結束時，只剩下六位舞者。其中吳秀蓮、何惠楨與鄭淑姬後來成爲『雲門』的主角。」

現在任教於國立藝術學院舞蹈系的鄭淑姬，當年即因家人的不諒解與阻擋，每一次總是哭著去練舞，有一次林懷民忍不住說：「要不要我穿西裝去見妳父親，請他准許妳來跳舞？」

「寒假，我們在臺北的美國新聞處舉行兩場『演講與動作示範』。熱情的青年學生擠滿了林肯中心，分享我們舞蹈的愉悅。那次的表演引來幾位舞者加入。我們有一群人了。我們把這小舞團叫做『雲門舞集』。我借了筆錢，在信義路租了一間二十五坪的小房子，把它改建爲練舞所。有了一個家，下一步就是登台表演。由於省交響樂團團長史惟亮決定在六十二年秋天舉辦一次作品發表會，要舞蹈來配合，我們就開始工作。光是排練就花去半年時間。流汗、流淚，卻無人抱怨。有時我會發怒，把不合要求的舞者痛罵一頓，挨罵的女孩子總是跑進更衣室哭泣。等到再出來排練，卻能不動聲色，奇蹟似地跳出幾分鐘前簡直辦不到的舞步。」

果然，在淚水的湧出、擦拭間，在斥責與安慰的鞭策下，「雲門舞集」在臺北、臺中、新竹三地的首度公演，破天荒地場場爆滿。批評家的反應熱烈，報紙稱讚這次公演爲「轟動」。

舞者們對這次的成績極爲振奮，渴望再接再厲闖下去，然而，「雲門」像一個千斤重的擔子，他要教書、編舞、跳舞，設計服裝、道具、節目單、海報，延攬音樂、燈光、舞台設計的一流人才，洽租場地、票務，還要籌措經費、負責宣傳……即使是一顆衝勁十足的心，也逐漸不勝負荷，甚至要崩潰。於是，他開始逃避、放棄，很長一段時間，他沒去過練舞所。

「我教她們要接受磨難，要有信心，而那時她們反而勸我不該灰心洩氣。何惠楨與吳秀蓮搬進練舞所，當我不在，他們盡責地教課。一晚，我在街上徘徊，決定去探訪她們。空曠的練舞場內，兩個女孩子和鄭淑姬面對鏡子練習地板動作。我站了一會兒，脫下鞋子，開始爲她們上課。教著教著，我發覺自己興奮起來。下課後，舞者們習慣地趴在地板上喘息。我要離去時，她們坐起來，靜靜地說：『老師，謝謝你。』我衝下樓，在無人的黑巷裏狂奔。流著淚，我記起瑪沙・葛蘭姆的話：『我沒選擇成爲舞者。是舞蹈選擇了我，就這樣舞蹈變成我生命的全部。』第二天，舞者林懷民復活了，重新回到練舞所工作。」

從那一刻開始，許多日後轟動的舞碼已迫不及待地等著出現，絢麗的舞台與掌聲，也在不遠的前方，生命開始要衝刺，美麗的幕，也將逐一緩緩昇起。

如同踏入時光隧道，十五年間從簡陋淳樸到成熟精緻，光華燦爛，「林懷民舞蹈工作十五年回顧展」呈現了這許多年來文藝界、社會形態的轉變，對林懷民而言，這不是眷戀、懷舊，而是面對與反省。（七十六年二月二十日中央日報）

雲門的成功，表面上看來是林懷民和雲門舞者的光采，實際上卻是臺灣眾多藝術家的集體成就。

在音樂方面，唱「思想起」的陳達、作「小鼓手」的史惟亮、作「盲」的許常惠，還有馬水龍、李泰祥、陳揚、許博允、溫隆信……一路上可看出雲門與中國當代作曲家同步成長的軌跡。此外，美術界的凌明聲、雕刻家楊英風、朱銘，以及奚淞的版畫，都曾美化過雲門的舞台；書法家董陽孜，則為他們寫下充滿舞感與生機的「雲門舞集」四個大字。

在文學方面，雲門用過商禽的詩，編成「寒食」，也改編過黃春明「看海的日子」、奚淞的小說「封神榜裏的哪吒」。而在舞台、燈光、服裝設計上，聶光炎、侯啓平、李名覺、林克華等人，都曾付出不少心血。

除了這些直接參與創作的人之外，始終支持雲門的人也多得不勝枚舉。俞大綱每次到文藝中心看平劇，總會多一張票，請林懷民一起去看戲，這使他一步步親近了平劇迷人的世界；葉公超曾在雲門告窮之際，答應了僅一面之緣的林懷民，出面召集雲門的基金會，而有了一筆爲數不大卻足以解饑救急的週轉金，有一回，葉公超對他說「我剛在香港賣了幾幅字畫，快拿些去用」；郭小莊也是在雲門的教室裏，練出「王魁負桂英」，練出日後的「雅音小集」；而今日已聲名大噪的打擊樂家朱宗慶，更不會忘記他學成歸國的第一份工作是在雲門；甚至於，當年的王榮文、沈登恩、鄧維楨，都曾替雲門當過票務，樊曼儂也曾親自入錄音間，爲雲門獨唱、配樂。

這一路上善意的協助與鼓勵，是林懷民能一直堅持下去的動力吧！否則，被戲稱爲「夸父追著太陽跑，林懷民被債追著跑」的處境，要撐十幾年談何容易？但林懷民做到了。

創辦雲門至今，他已編了廣受歡迎的「寒食」、「奇冤報」、「廖添丁」、「吳鳳」、「紅樓夢」、「夢土」、「白蛇傳」、「春之祭禮」、「薪傳」、「小鼓手」、「我的鄉愁我的歌」等近五十齣舞作。雖然，他常戲稱自己是「戲子」，但他所扮演的這個角色卻是嚴肅的，那是一種在大家像著了迷一樣的向前追求，卻又不知在追求什麼的世界裏，衆醉獨醒的悲涼。

也許，正是這種略帶悲劇性的堅持，才使得林懷民的舞台魅力如光華四射，且久久不衰吧！

對舞者，他具有莫大的感染力。除了指導舞蹈的技巧之外，他還教他們在意識上如何長進。他讓舞者讀小說，要他們補習英文、搜集資料，到大學選課旁聽、看表演、聽音樂會。許多舞者眷戀雲門最大的原因，就在於它是一個學習的上好環境。例如六十七年演出的「薪傳」，他利用星期天，把舞者帶到新店的一個河岸旁，第一次，讓舞者躺在岸邊的石頭上睡覺，靜聽大自然和自己內心的聲音；

第二次，他讓舞者臥在石頭上；第三次，舞者蹲著；第四次，起身，站立，依照自己感覺上的需要找朋友……。除此之外，舞者還搬石頭、丟石頭，目的是爲了要眞切體驗石頭的重量，了解祖先開天闢地的辛勞。這種把舞蹈精髓生動呈現，讓舞者與原始自然素面相見的學習，使舞者很快就掌握了舞作精神的重心與奧妙。

至於觀眾呢？林懷民一語道破地說：「藝術家不只是爲掌聲與鮮花工作，藝術工作原來只是將心比心，是人情的往來。」當雲門展開一連串低收入地區與校園的免費演出時，所有的主辦單位全力以赴，觀眾守時守序，破舊的體育館和學校禮堂，以及操場上的野台，都光耀一如國父紀念館。謝幕後一句輕輕的提示，兩三千觀眾在十幾分鐘裏把座椅搬光，不留一片紙屑。當臺北市藝術季同意雲門把「廖添丁」搬到青年公園露天演出，星空下，孫運璿先生與李登輝先生席地而坐，與五萬民眾一起看舞。當六十七年十二月十六日，卡特總統正式宣佈與中華民國斷交，而「薪傳」正在林懷民家鄉嘉義首演的那個晚上，台下觀眾激動沸騰的眼淚，至今仍讓他感到源源不絕的溫暖。

他帶著雲門環島公演，首次將藝術帶到臺東、花蓮、埔里等鄉間，不論是散戲後，拿點心給舞者的社區居民，還是幕落後猶坐在劇場中不願離去的學生，都讓他深銘在心。

「在幾次鄉間巡迴演出中，或許受益最大的還是我自己。和鄉間居民接觸之後，許多我在小時候看到卻未意識到的東西，全明明白白映在心中，我對這些平凡百姓的情操由衷地喜愛、敬重。」

敬重之餘，他開始反省；感激之際，他更加要求自己突破。然而，匆匆十五年一路走來，雖然踏實，但不免凌亂，雖然努力，卻又常感無力。爲什麼十五年後，還是只有一個雲門舞集？雲門未來長期的發展又該如何？這些心靈裏洶湧的暗潮，令林懷民不由得放慢腳步。加上幾年來身兼藝術學院舞蹈系主任和雲門總監，他形容自己是一支「燒壞了的兩頭蠟燭」，已忙到了空乏而「面目可憎」的地步……

雲門舞集主持人林懷民昨天宣佈，創立已十五年的雲門舞集，將於下月赴澳洲演出後「無限期的暫停」。林懷民表示，「暫停」除爲了使自己休息再充電，一方面也是因爲有鑑於國內的藝術環境仍有待改善，因此鼓勵舞者赴國外深造，並給國內藝術環境提供一個「換血」的契機。（七十七年八月十九日中國時報）

不管是明智的抉擇，還是痛苦的決定，雲門的「暫停」的確給國內的文化界帶來不少的衝擊，畢竟，這個舞團自民國六十二年成立以來，已在國內演出四〇五場、國外一九五場，出國十四次，去過十五個國家，發表過作品一一一支，另主辦過三五五場活動演出，成績傲人，一枝獨秀。但也正因爲一枝獨秀，所以寂寞，林懷民雖然喜歡寂寞，但絕不願見到舞團寂寞，看到國內整個藝文環境寂寞，因此，他以「暫停」來期許自己更璀璨長恒的出發。

其間，他「逼」不少團員出國進修，一直到已確定要出國的舞者和工作人員有六、七人，加上服兵役者，雲門只聊剩數人，才宣布這項決定。不過，雲門仍保留辦公室和二名職員以及訓練班部分，隨時等著復出。

走過五千四百六十七天，曾經不知被問過多少次「爲什麼不繼續撐下去？」的林懷民，常常只有一句話可答：「我知道轉機永遠在下一個街角，但如果雲門再撐一下，舞者就多老一下。」對雲門舞者而言，這恐怕是找尋新人生的開始。

實際上，那時的雲門舞者已如大樹飄然落下的種子，在許多新的土壤上生根、發芽，有著自己不可逼視的昂然姿勢了，如創始團員王雲幼，在美國喬治亞大學任舞蹈系主任，何惠楨和杜碧桃分別在荷蘭和美國加州教舞，李靜君參加了英國拉邦舞團，劉紹爐、楊宛萁夫婦創辦了「光環舞團」，林秀偉成立了「太古踏舞蹈團」，吳素君、葉竹台、羅曼菲在藝術學院舞蹈系執教，還有許多更新一代、準備要大展鴻圖的後起之秀。

因此，每個關心雲門的人，都堅定地相信：

雲門暫關之後，終將大開！

「民國六十二年我創立雲門舞集，那時候年紀輕，看不到遠景時，容易覺得疲倦；而今的雲門不同了，有基金會與董事的領導，再也不會因任何個人因素而停掉……」林懷民昨天在雲門舞集復出記者會中，以沉穩自信的口吻宣布這項重大決定。（八十年二月二十一日民生報）

暫關之後的雲門，果然在三年之後大開！

三年不見，雲門舞者蟄伏休養，調整步伐，而數不清的愛舞者卻用這段時間癡心等候。等著能再像從前一樣，驕傲地看自己熟悉的舞者在台上躍起，等著能再與同好一起討論雲門新舞作和社會脈動的牽連。如今，這個願望已在林懷民開朗的聲音中成眞。而且，他承諾這次出發將是一生無悔的事。

儘管已將雲門帶成亞洲主要的國際舞團之一，但今天的林懷民，已不再高談「中國人作曲、中國人編舞、跳給中國人看」的偉大目標，他現在只說：「編舞只是爲了給大家解悶，令生活不會太過無聊。」但是，從復出後的「牛犁歌」、「明牌與換裝」等舞碼來看，他對臺灣社會的觀察將會益趨敏銳，對這塊土地的關懷也將更爲强烈，換句話說，他的舞蹈將直接跨出殿堂，走進民間，擁抱群眾。

「愛臺灣好難，不愛它更難，我生氣、批評沒用，最直接的還是去改變它。我希望民眾可以扶老攜幼相聚，藉著共同的休閒，讓人們忘掉夫妻磨擦、生活的不快，而這，便需要有好的節目來給大家看，可以讓大家『互通聲息』，進而開始精神追求。復出的雲門便要做這個橋樑。」

雲門的復出，背負著各界的期望，說沒有心理壓力是假的，但現在的他，沒空去想那些定位、評價的問題，他也不願多談，只想要做，不斷地做下去。

重新再投入昔日繁瑣的工作細節中，他的內心已較坦然，他笑著說，現在最大的用心是每天找出時間來睡覺，如果一天能睡八小時，就覺得十分開心。去年七月才回國的他，幾乎已將紐約的人、事都遺忘了，感覺自己已回來很久很久，雖然在紐約時，睡覺都有夢，而且有顏色，會想起很多事，但現在忙碌的他，已經不太有夢了，因爲實在太疲累。

他心滿意足地說，從六月至今，他只找出一天沒事，到天祥去住了一夜，原本是計畫住兩夜的，但這已令他很高興了。

重新出發的雲門九月間在八里觀音山麓，找到了一處二二〇坪大的舞蹈排練室，具有國際水準的規模，雲門歷經二十年的尋尋覓覓，才算終於找到一個寬敞而理想的家。此外，他們也正在籌設一所專業舞蹈學校，比照美國專業舞校的方式，沒有學位、學籍的限制，而是附屬於雲門舞集文教基金會的一所私立專業學校，做爲提供學舞者伸展身手的天地。

「目前國內的正規舞蹈教育，從大專舞蹈科系到中學舞蹈實驗班，卻沒有向下延伸到小學，不能從小紮根、培養，加上缺乏舞蹈專業鋼琴伴奏，使得整個訓練工作銜接不上。復興劇校培養學生要六年，我們也希望至少六年，能有一批小孩是一直帶上來。現在師資已無問題，國內較弱的芭蕾，已邀請曾任大陸『中央芭蕾舞團』首席教師的石聖芳擔任首席，她在文革期間離開大陸，來臺前是澳洲芭蕾舞團附屬舞校的首席。場地也快解決，順利的話，明年春天這所學校就可以成立。」

對林懷民來說，以前限於局勢，做短線經營，結果是大家累垮，又沒有奠定根基，因此，現在的他，要做的事都要求至少有十年以上的效果，甚至百年，否則不做。正如他在「重建雲門」一文中所言：「我希望再學習再努力，爲社會建立一個長期發展的舞團，使優秀舞者有好舞跳，社會大眾有好舞看……我們不想創造『奇蹟』，但盼透過日復一日的用心，爲社會留下長遠的貢獻與影響。」

雲門舞集和朱宗慶打擊樂團聯合舉行的「綠色大地」舞樂表演活動，今晚在國家劇院登場。此次表演，各舞作的風格迥異，呈現多元化的成績。（八十年十二月十九日聯合報）

雲門舞集將於十二月十九日至二十二日，在臺北國家戲劇院與「朱宗慶打擊樂團」聯合公演「綠色大地」舞碼，對這齣新戲，林懷民興奮地說：「雲門從來沒有一口氣在一季裏面用四個編舞者，三女一男，我與羅曼菲來自臺灣，黎海寧是香港，凱莎琳．波辛是美國，舞者一次要跳四種不同風格的舞，這是過去沒有過的嘗試。雖然這齣戲探討的是有關大自然的事，有人會聯想爲環保，我不反對，但我希望來看的人，單純的來看跳舞，那才有趣味，戲有很多面貌，環保不是我唯一的用意。」

從民國六十二年創團至今，雲門舞集或平坦、或顚躓，或飛躍、或停滯地走了十八年，每次雲門出現在舞台上，燈光一照，就成了大家注目的焦點。即使是「暫停」的日子，也絲毫不掩其明亮的光芒。在等待的心情中，雲門成了大家內心的牽掛、眷念與懷思。很幸運也很欣慰的是，等待的日子並不長。

回首看前塵，化蝶舞青春，清瘦的林懷民依舊，歲月卻不饒人，雲門舞集蛻變、出發，舞者也成熟、長大。

從當年滿懷理想地創建雲門、令人心碎的再見雲門，一直走到今日不怨不悔的再建雲門，我們不禁要衷心地祝福：

但願雲門舞集，在綠色的大地上，美麗的幕，永遠昇起……

（八十年十一月三十日）

胡奇中先生

時代畫廊提供

一個從鏡框店發跡的畫家——胡奇中

在臺灣廣瀚的藝術星海中，胡奇中，不是一顆最閃亮的明星，但是其不可逼視的光芒，四十年來始終不曾被人遺忘過。從以兩百元臺幣賣出第一張畫，到一幅畫高達兩萬五千美元；從浙江偏僻內山貧窮的小村童，到四海揚名的國際傑出畫家，他一直默默地在走出自己一條璀璨的路，揮灑出屬於自己亮麗而長恒的心靈天空。

但是，胡奇中一開始並沒有意識到要成爲一名畫家，他只是依照從小如天賦般的興趣，很自然地向前摸索，沒有一絲追名圖利的念頭，沒有投入任何一個老師門下，他甚至沒唸過幾年書，至今，許多顏料的色彩他仍然說不出正確的名稱，但他憑著一股追求趣味與美感的狂熱，竟也無師自通地受到大家喜愛，進而爲自己戴上藝術家的桂冠，在畫壇穩穩屹立了四十年。

以三枝筆、五種顏料開始畫起油畫

「我的運氣一直很好。」胡奇中用一口濃重的浙江口音興奮地說：「我在農村成長，根本沒見過畫，可是，對畫卻有一股天生的熱愛。五、六歲時，過年的年畫，我視若珍寶，以前香烟片上的中國古代人物圖案，我一筆一劃照著描，甚至，葬禮儀式中紮成的紙房子，上頭彩繪的花、鳥、騎馬故事等，我可以不吃飯，站在一邊看師傅畫。記得有一次，師傅順手畫了兩隻麻雀送給我，我簡直欣喜極了！這些，大概算是我繪畫的啓蒙吧！」

想起小時候，胡奇中不禁搖頭笑了，似有無限的留戀，雖然那分明是段貧苦得近乎空白的歲月，但他偏就能在黑白之外，再添上一層淡薄的動人色彩。

「因爲一些當兵做官的人騎著馬回到村裏來，十分神氣，使我對當兵產生一股莫名的嚮往之情。十二歲開始逃家，逃了好幾次，十四歲跑到金華去當兵，從此離開了家。先在我一個堂叔服務的軍管區做事，再調爲永康徵兵處處長的傳令兵，他待我很好，保送我到入伍生總隊，但由於年紀太小又讀書不多，被淘汰下來，只好到『戰地失學青年輔導處』去讀書，那裏也是沒錢又沒書，幾個月後只好再跑去當兵，由於會畫作戰地圖，不久到上海，進海軍陸戰隊，然後轉舟山，最後跟著部隊到左營，才眞正安定下來。如果我沒逃離家，恐怕一輩子都會待在農村裏，也可能早被共產黨折磨死了。」

戰亂流徙，漂泊離家，似乎是上一代中國人共有的記憶，有人在記憶裏浮沈一生，鬱鬱而終，有人卻能舔癒傷痕，拭淚咬牙，再創出一個嶄新而鮮麗的記憶。二十幾歲的胡奇中，年輕得容易忘記傷痛，他很快就適應了新環境的風雨晴和，開始揮汗耕耘。而正如他一再强調的，幸運之神也始終眷顧著他。

「陸戰隊移防到上海的復興島後，有一天，我去永安公司五樓閒逛，第一次看到了油畫，覺得眞美，以後一得空就跑去欣賞，我很幸運，看到一個人帶領另一人來買繪畫材料，並且在旁解說，我趁機邊聽邊學，那人最後買了三枝筆、五種顏料走了，我照樣買了三枝筆、五種顏料，就這樣開始畫起油畫。」

賣出的第一張畫是在左營的鏡框店中

僅憑著一點偷聽來的概念，胡奇中從此投入了寬廣而繽紛的油畫世界。海軍的各級部隊長都給他極大的自由，在不誤公事的前提下，他利用空暇四處寫生，尤其是左營後街的一些街頭老婦，一張張飽經歲月風霜的臉顏成了他筆下捕捉的焦點，雖然爲了節省，用的是四開的道林紙、調的是薄薄的松節油，但他很努力地畫，一天出去可以畫二、三張，那眞是一段活得起勁又充實的時光。

「一般人都以爲我只是畫少女、夢幻等浪漫唯美的題材，其實我曾經在寫實畫上投注了很大的心力，民國四十一、二年左右，左營後街的眾生相，都曾一一入我畫中，像裸裎上身、坐在路邊縫補衣褲的老阿婆，一臉皺紋，無牙的微笑，我畫了很多這樣的人物畫。有趣的是，美國人非常喜歡這類作品，都紛紛向我買。」

提到賣畫，胡奇中說出了內心隱藏已久的一樁心願，他說：「我永遠記得我畫的第一張油畫，畫的是左營海邊的一個小女孩，手牽衣角，回首看海。畫完後我很喜歡，就拿到高雄靠左營的陸橋下一家鏡框店，想用鏡框將它框起來，自我欣賞，沒想到這幅畫被人看中，託老闆來問我願不願意出售？我根本不知道畫可以賣錢，就說隨便吧！後來賣了兩百元臺幣，這對一個窮苦的年輕人而言，實在是太大的鼓勵了！」

兩百元在民國四十一、二年不是一筆小數目，深受鼓舞的胡奇中，從此更勤於作畫，後來許多美軍顧問都成了他的忠實主顧，收藏他的畫。在沒有畫廊的時代，他的畫最先是在鏡框店被發掘，不久就放在傢俱店，很多人來買傢俱，往往也看中了他的畫。當時他的畫每幅都賣五美元，因爲第一張是這個價錢，所以，每一幅他都訂這個價錢。

對第一幅油畫，他至今仍念念不忘，據說當年在鏡框店看中畫的是一位醫生，如今他願意以新畫換回那張具有紀念意義的畫。那家鏡框店是在左營陸橋下左邊，隔壁是一家書店，他懇切地希望，當初的買畫者，或者是這幅畫的擁有者，能成全他這份深以爲憾的心願。

他就是這樣的人，單純、質樸、熱情，雖然在藝術技巧上不斷創新，但在情感的國度裏，頻頻回首，戀舊惜情。他賣出的畫上千幅，遍及世界各地，但他最爲眷念的始終還是那新生命初始的第一抹色彩。

一幅畫換一頭牛，最多時養了六十多頭

胡奇中在軍中幾十年，穿的大半是兩邊破洞的舊襪子，因此他不敢去別人家中拜訪，因爲在榻榻

米上必須脫鞋。這樣窘迫的生活，久了也就習以為常。民國四十一年，他獲得國軍「文化大競賽」油畫第一名，領了五萬元獎金，他幾乎是難以置信地面對這一筆鉅額獎金，後來他跑去買了一些不同顏色的襪子及一雙鞋子，又買了許多繪畫顏料，才讓自己因興奮而躍動不止的心稍為平復下來。

原來不知畫能賣錢的他，隨著開始賣畫，財富源源湧入，不禁令他燃起了另一股希望之火。他計畫回大陸後可以從事牧場工作，於是和部隊中的駕駛兵、守總機的兵，三人一起在靠左營的桃子園闢了一座小牧場養牛，胡奇中用一張畫賣了錢，就到岡山去買一頭牛回來，他充分信任夥伴的眞誠與能力，最多時畜養的牛隻高達六十多頭，他由於作畫忙，一向不管事，後來在壽山日本人的油庫附近，又養了十幾頭羊。但是三年之後，牛羊卻一隻隻不翼而飛，守總機的兵說，有的凍死，有的被偷。其實是被那個兵吃喝賭博花掉了！他也不計較，就賣掉所剩的二十幾頭牛，蓋了一棟房子，算是畫室，這也讓他興奮了好久。

沒結婚的年輕人就擁有自己的房子，在當時是難得的際遇，更幸運的是，他部隊中的長官都對他很照顧，為了不希望他退伍，甚至准他到臺北作畫半年，於是他從左營上臺北，在海軍出版社住了半年，直到有一天在火車站被司令撞見，才返回左營。想起這段遭遇，他滿懷感激地說：

「沒有部隊的照顧，我恐怕成不了一位畫家。」

為懷念初戀卻早死的女孩而畫少女系列

不僅如此，他還與同在陸戰隊服役的孫瑛、馮鍾睿、曲本樂等畫家組成了「四海畫會」，相互砥礪畫技，對他的繪畫生涯影響甚鉅。另外，畫家劉國松自師大畢業，也在左營服預官役，胡奇中因此在四十九年參加了「五月畫會」。

他的油畫在三十幾年前堪稱「洛陽紙貴」，尤其是少女系列作品，更是造成轟動。胡奇中筆下的少女，身姿婉麗，顏容溫靜，洋溢著一股流動的喜悅，如詩如歌，氣韞氤氳，充分掌握了少女情懷的純眞與美善，每幅畫都呈現出仙境般明亮、甜美的色彩。對這一點，他有自己的心路自剖：

「我一向怕羞，年輕時初戀的對象是一位老長官的女兒，她很美，但很年輕就去世了，我始終對她有一份懷念的傷情，因此，繪畫時就不自覺地以夢幻、朦朧的手法來表現這樣的心境。此外，一直在戰亂中討生活，苦的滋味嚐多了，很希望在畫裏能不再嗅到現實的殘酷，因此，我堅持只畫美，一切美的事物。對畫的理論我不懂，只是自己覺得可愛、有趣味如此而已。」

透過在臺美軍的購買、宣傳，他是當時賣得最好的一位畫家，美軍俱樂部特地爲他在圓山飯店大廳舉行展覽會，每幅畫標價在四千至八千元之間，結果銷售一空，有人甚至一口氣買了八幅。在西班牙國慶酒會上，很多外國人看了他的畫，就主動到內湖家中去找他購買，這使他結識了許多外國愛畫人士。

「我的運氣眞的很好，有美國人替我宣傳，到內湖家來買畫的人很多，可是不久就出現了仿冒的贋品，這令我很氣憤，遂從此不在外面展售，全部在自己家中賣。五十四至五十七年間，我的畫眞的賣得不錯，可惜我不是一個懂得生意經的人，否則早發了大財。五十五年退伍後，不久到美國，也有畫廊立刻代理了我的畫，使我初到異邦也能無衣、食後顧之憂，這一切都是很幸運的。」

除了繪畫，胡奇中還有一項少為人知的「絕活」，那就是打獵。在舟山群島時，他常去打天鵝、麂子，打中幾百隻，槍法奇準，同一個洞可以連射二槍命中，毫不含糊。一如繪畫的天賦，他自小就喜歡打獵，他回憶說，九歲時玩火藥槍，打松鼠，不慎被火藥弄傷，臉上留下了疤痕，二十幾年後才找醫生把銅片取出。

「我很頑皮，眞的。不論是抓魚、射擊，我都很喜愛，也曾經得到海軍手槍射擊比賽第一名。一九五四年還代表赴美參加射擊比賽，在美國等飛機時，我去參觀了美國博物館，將近一星期的時間，那對我的畫風改變影響很大。」

在他的心中，美從來沒有離開過

打獵是面對死亡的競技，繪畫是追求美感的藝術，胡奇中巧妙地加以融入他豐沛的生命中，又藉畫筆傳遞出獨特的視覺與心靈的美。他掛起了獵槍，卻把手中的彩筆揮舞得更起勁、更光采，「時代畫廊」目前展出的三十多幅畫，就是他這些年來持續灌注而綻放的花果。這當然只是他經營的繪畫園圃中的一小部分，可是，他帶回來了一個中國畫家的驕傲，以及許多人內心昔日美麗的懷想。

雖然他一再強調自己非常幸運，但是，回首一路從浙江老家到上海、舟山、左營、臺北，再到美國，胡奇中經歷翻山越嶺、飄洋過海的人生起伏，當年的小頑童，今日的耳順髮白，胡奇中窮過、苦過，但從不曾後悔過、絕望過，因爲，在他的心中，美，也從來沒有離開過。

（八十年六月一日）

王　藍先生　覃冠生攝

在烽火中迎向藍天

——王藍「藍與黑」的家國情懷

二十年來家國，三千里地山河。
亂世兒女情深，烽烟遍地奈何。

提起王藍的長篇小說「藍與黑」，恐怕已是家喻戶曉的一部名作。風行至今三十餘年，這部以抗日戰爭為時代背景，描述張醒亞、唐琪、鄭美莊三人間之愛情波折，同時刻劃出那時代青年強烈愛國情操的小說，依然膾炙人口，歷久彌新。

三十年前，前北京大學校長蔣夢麟先生曾撰文「談中國新文藝運動」指說：「現在之『藍與黑』與一九三二年之『子夜』（茅盾著小說）相較，其行文之技巧，組織之周密，今勝昔多矣。」

很多人都認為，這是一本讓人忘也忘不了的小說，例如張秀亞即認為「女主角唐琪將永遠活在千萬讀者的心目中」，王鼎鈞也說這本書「傳佈的抗戰經驗，已在中國人自己心中迴響不歇」。

這麼多年來，經過舞台劇、電視連續劇、電影、廣播小說等各種立體媒體的傳播，書中的人物不斷再生，這部小說的魅力，久久不歇。

面對廣大讀者的喜愛，王藍始終懷抱著感恩之心，他經常說：「讀者對我有情，社會對我有義，國家對我有愛，上帝對我有恩。」因爲這分情、義、愛、恩，王藍從當年天津富裕家庭的公子，到太行山上打游擊的熱血青年，再到以寫作、繪畫聞名的藝術家，這一路走來，不論是槍林彈雨、出生入死，還是繁花似錦、燦爛如星，他都不曾忘記過內心深處對家國山河的愛戀，與對紅塵人世的感激、關懷。因此，關於「藍與黑」的一切掌聲、喝采，他一直覺得，那不是他自己一個人的，而是屬於他親歷過、見證過的那個全體中國人的大時代。

在太太的縫紉機上完成這部四十二萬字的小說

「回想寫『藍與黑』的那三個年頭，是國家最艱苦的時期，同胞們生活也極艱苦。我一直認爲，我們每個人命運和國家民族的命運緊緊結合，密不可分。國家遭難時，個人也必苦，除非是漢奸、奸商或不法歹徒，才會在國難中享福。國家好轉，人民生活自然也跟著好轉，眞的是同舟一命。」

其實，不是王藍想成爲作家，而是時代的苦難孕育了他往這條路上前進的機緣；也可以說，「藍與黑」不是他寫的，而是整個國家民族的斑斑血淚，在硝烟四起的土地上，自然浮現的悲劇圖騰。

掩不住內心的激動，王藍提高了聲調解釋說，他自幼立志想成爲畫家，而不是想當作家。可是，七七戰起，日本飛機轟炸天津，他逃難往英租界時，沿途親見同胞被殺害，婦女被凌辱，大批被捉去的華工在修竣日軍工事後被丟進海河（白河），浮屍像魚群過境般往渤海漂流，接著，南京一地就被日軍屠殺了我同胞三十萬……這一切使他接近瘋狂，而渴望丟下畫筆拾起槍來。

「十七歲我到太行山當兵，與我一起從軍的同學、好友，戰死沙場，生前他們那麼活潑、可愛，是足球校隊，是田徑健將或溜冰選手……如今他們的屍骸置諸山野，做了野草雜花的肥料，我不禁傷心痛哭。後來，我終於活著走下太行山。但是，心中積滿了不宣洩就不能忍受的情感，於是，我開始寫作。流著淚寫，淌著血寫，如此形容，一點也不爲過。」

正也源於這股不能壓抑的衝動，遭逢第二次國破家散，渡海來臺後，他在永和克難的小屋中，太太爲金馬前線戰士縫製征衣的舊縫紉機上，埋首完成了這部四十二萬言的感人小說，與其他上百萬字的作品。

被讀者追問情急之下，只好戲說唐琪如今在賣蛋糕

在王藍的筆下，隨著張醒亞與孤女唐琪及富家女鄭美莊的戀愛，展開了中國近代史上最重要的二十年。故事由兩條主線交叉進行：一是描繪三人間錯綜複雜的曲折戀情，一是反映那二十年動盪不安的時代。中國的空前劇變——抗戰與戡亂，恰好濃縮在這三人的戀愛故事中。

整部小說，充滿了悲歡離合的國情、鄉情與愛情，個人的戀愛故事在書中只是動人的襯托，作者眞正的企圖，是更寬廣的民族情、國家愛。

從抗戰將起，到大陸撤守，王藍何其幸、又何其不幸地經歷了那些驚天動地的大事端大變故，因此，「藍與黑」中，由巨室到軍營，由舞場到醫院，由大都會到山村，由斗室對泣到舉國若狂，由熱血青年到漢奸，由亡國奴到勝利者，由黨國元老到引車賣漿者流，每一個人物，每一個場景，都栩栩如生，直逼眼前。曾親歷過那場無情戰火洗禮的人，看了會落淚，而不曾親歷的人，也不禁要動容。

正因爲逼眞，使得「藍與黑」自問世以來，王藍即不斷被讀者追問：這是你的自傳嗎？對這一點他微笑地說：

「我認爲，一部作品的完成，應是作者的情感、思想、生活體驗、全部心血、整個生命的投入，那就是『自傳』。這部小說有眞人眞事，也有想像與虛構的人與事。是眞是假，但願能夠合情合理，忠實地顯現那個時代。」

王藍也承認，他與張醒亞在生活經歷上確實有許多地方相同——在天津度過童年、少年時代，在北平讀高中，喜歡溜冰、騎馬，七七抗戰去太行山當兵，在張蔭梧將軍領導的國軍游擊部隊與日軍作戰，因遭遇日軍、漢奸皇協軍、中共八路軍夾擊，部隊敗下山來，渡黃河經河南、陝西，入四川繼續升學，在學校與中共職業學生鬥爭，後來當新聞記者（王藍曾任職益世報、掃蕩報），勝利後回到天津，並當選天津市參議員，後來共軍林彪部隊圍城，天津淪陷前夕，始搭機脫險……這一切一切都是他親身經歷的。

至於小說中，張醒亞搭機自成都飛臺灣途中，於海南島上空飛機失事，多人死難，張醒亞命大未死但摔壞了腿，這也是眞人眞事，不過不是王藍，而是袁睽九（作家應未遲）的親身遭遇，那一章節是他仔細向袁先生討教後寫成的。所以，許多年來，也有不少讀者指說張醒亞就是袁睽九的化身。

除了張醒亞，小說中塑造得最成功、生動的人物唐琪，長久以來，也因太受讀者喜愛而產生了一些附會、聯想，甚至想追根究柢地查出是否眞有其人？現在下落如何？對於讀者熱心的查詢、追問，有時被逼急了，王藍只好回答說：

「唐琪現在和平東路、新生南路口花旗蛋糕店做店主！」

餐廳、服飾店、精品店、理髮館，都會以「藍與黑」命名

不僅是小說中的人物為人津津樂道，「藍與黑」從民國四十七年出版以來，書名也深入人心，時被引用。

當初何以要將此書命名為「藍」與「黑」呢？王藍語重心長地表示，他嘗試想描寫那個「藍」與「黑」爭戰的時代，以「藍」象徵光明、自由、聖潔、誠實、向上、和平、愛……，以「黑」象徵黑暗、奴役、罪惡、謊言、墮落、殺戮、恨……。張秀亞則分析說，這小說的核心在於剖析精神力量與物質力量的搏鬥，而作者所要吐露的信念是：精神最後必勝。

這或許就是那首風靡至今的電影主題曲「藍與黑」的歌詞中所說的：認清楚藍的珍貴，黑的，就會被粉碎！

如果簡單地將這兩種不同顏色（性格）落實到小說中的人物，則一般人會毫不考慮地判定：唐琪是藍的化身，因爲她堅貞、專情、勇敢、獨力奮鬥、受辱不屈，始終與惡劣環境搏鬥；而鄭美莊則是黑的代表，因爲她嬌縱、任性、出身高貴卻不免墮落。一個信奉愛是奉獻，一個認定愛是佔有；一個在男主角陷入危城時不顧生命救他出險，一個則在男主角鋸腿前夕離他而去。

似乎，唐琪與美莊，一藍一黑，成了光明與黑暗的鮮明對比。

這樣的看法，沒有錯，但也不完全對。

王藍補充說：「唐琪是人，也有人的弱點。美莊是人，也有人性善良的一面。」作家陸珍年早期曾爲文指出：「唐琪有她黑的一面，只是她能把它克服。美莊有她藍的一面，只是她不能留它長住。」前輩作家阮毅成甚至自稱是擁鄭派的盟主，唐琪與鄭美莊，他反倒更喜歡鄭美莊。

藍與黑，許多年來，逐漸變成兩種不同性格的象徵，除了顏色，它在讀者的想像、理解中，增添了許多內涵，耐人尋味。

或許是書名好記，或許是小說暢銷，也或許是書名本身就給人豐富的聯想，許多商店竟以此爲店名，以求招徠顧客。

香港九龍彌敦道有家服飾店，店名就叫「藍與黑」，臺北則有三家，一家是莊敬路的「藍與黑餐廳」，老闆是韓國華僑，中央軍校畢業非常愛國，很喜歡這部小說。中華路有一家「藍與黑理髮館」

，是純理髮。最近，在忠孝東路三段，則開了一家「藍與黑精品店」。

「不知道生意好不好？眞想去看看。」王藍笑著說。

電影插曲「癡癡的等」成為大陸同胞期待「變天」的象徵

由於內容感人，對白上乘，加上强烈的戲劇張力，這部小說問世以來，一直不斷地被改編成舞台劇、電視劇、電影，在世界各地上演著。以舞台劇來說，至少有三種不同的劇本，分別是吳若、黃玉珊，以及孫維新與陳丕燊兩人共同改編的劇本，從未間斷地在臺灣、韓國、菲律賓、美國等地演出，高達一千多場次。

例如一九六四年在菲律賓公演，專程邀請臺灣名演員張茜西、林璣、高幸枝等人赴菲配合演出，在菲華僑界轟動一時。一九八四年在洛杉磯 Ucla 的 Royce-Hall，一九八六年在舊金山 The Palace of Arts 的盛大演出，均獲致極大成功。在洛杉磯的那次演出，是由南加州中國同學會「伶倫劇坊」策劃，曾任臺視記者的陳藹玲當時在美唸書，也上場扮演方大姐一角色。

由演員李玉琥組成的「中華漢聲劇團」，也曾公演此劇，前後由林在培、李天柱飾演張醒亞、葉雯飾唐琪、鄭亞雲飾鄭美莊，引起熱烈的迴響。而本姓仇的一位女大學生，則是在淡江唸書時，因演話劇的唐琪角色太投入，遂將藝名改爲唐琪，「藍與黑」的舞台魅力由此可見一斑。

此外，「藍與黑」曾被香港邵氏公司拍成電影，由關山、林黛、丁紅等著名演員演出。因爲電影風行的關係，片中的一首插曲「癡癡的等」，在廣東各地一度極爲流行，王鼎鈞指出，那首歌頓時成爲大陸同胞期待「變天」的象徵。王藍也認爲，那不是因爲喜歡「藍與黑」的緣故，而是他們內心有「等待天明」的希望，寄託在歌聲裏。

臺灣電視公司曾前後二次將此書拍製成電視連續劇，中國廣播公司則由崔小萍、白茜如、徐謙演播，錄製成廣播劇。民國七十四年，臺灣中華電視台爲慶祝抗戰勝利四十周年，特別製播「藍與黑」連續劇，由歐陽龍、湯蘭花、鄧瑋婷等人演出，在當時創下收視率顛峰。

透過各種視聽媒體的推波助瀾，「藍與黑」的「行情」一直居高不下，自由世界各地的中國人，幾乎無不熟知這部小說的情節與人物。這不僅證明了製作單位的嚴謹、演員成功的揣摩、編劇用心的設計，也同時說明了，這部長篇小說的震撼人心，不論歲月如何沖洗，依然經得起考驗。

盜印猖獗，黃藍、王籃還有黑與藍

正因爲這本書深受讀者喜愛、文壇重視，三十多年來，一直是書市的長銷書，因此引起一些不肖的出版商盜印，張冠李戴，魚目混珠，欺騙了大眾，也給王藍帶來許多不必要的困擾。

「對這一點，我一定要加以澄清，以免以訛傳訛。」王藍頗爲激動地說：「此書出版後，幸運地銷路很好，有幾家書店遂與我接觸，希望我寫續集，但我不同意，於是，有的書店就打消此意，但有的不肖書商（包括香港），大膽盜印，尤其以南部的書商爲多。另有一家出版了『死手』、『情海恩仇』等小說，作者是王籃，因名字不同，無法告他，有讀者誤買，就寫信罵我『墮落』，竟寫這些色情、暴力的作品。」

此外，大陸上起碼有三種出版的作家史料書籍，均記載：王藍字果之，筆名黃藍。這是一極嚴重的錯誤，「黃藍」不是任何人的筆名，是盜印集團無中生有假造出來的一個人名。原來是臺南一李姓書商按照「藍與黑」完全相同的封面印書，卻把書名對調，變成「黑與藍」，封面上不印作者名，而只在書背脊上更易爲黃藍。他氣憤地說，最讓人不能諒解的，乃其內文竟是香港名作家傑克的小說「珊瑚島之夢」，這對他與傑克二人都構成了傷害。另有高雄一書商竟把他盜印的「藍與黑」命他的弟弟假扮王藍在各縣市推銷。

王藍得知後，立即向警方報案，後來終於將此一「眞假王藍」的奇案偵破。

目前王藍手中的盜印本有十幾種之多。前陣子，作家林海音的公子夏祖焯（小說家夏烈），在舊金山又買到一本以「文學出版社」名義發行的盜印本，眼見作家賣血被劫，著作權得不到保護，實在令人心痛不已，卻也徒呼奈何。

小學作文得丙，現在作品被翻譯成英、日、德、韓、法文

「藍與黑」的魅力，幾十年來，不僅征服了國內的讀者，隨著翻譯本的逐一完成，小說也風行海外，廣受讚譽，咸認爲是描寫抗戰作品中不可忽視的重要作品。

英譯本是由美國旅華的學者施鐵民與其中國妻子共同耕耘好幾年，才完成這部四十萬言的巨著。其間的斟酌用心，王藍舉例說，光是第一句話「一個人，一生只戀愛一次，是幸福的。不幸，我剛剛比一次多了一次。」就譯得滿頭大汗。尤其這「比一次多了一次」中文奇妙，英文就不容易表達。此外，書中諸多平劇描寫，也是翻譯的一大挑戰。

韓文版是由漢城梨花大學教授李聖愛女士翻譯，三一閣出版社出版。另外有一位韓國老作家權熙哲，也曾翻譯後在韓國日報上連載很久，但未出書。

目前正在進行的還有日文版，是由曾翻譯紀剛「滾滾遼河」的創價大學教授山口和子在翻譯；法文版也正在接觸；德國的 Mr. W. Bahnson ，則主動向新聞局聲請獲得作者同意，著手翻譯中。對國外讀者而言，這些應是一項喜訊。

眼看著作品被翻譯成各種不同的文字，在國外流傳著，被閱讀、研究，幽默的王藍忍不住道出幼時的一件趣事，他說，小學時代，作文每次都得「丙」，他大姊王怡之當初見到他的作文簿就搖頭，直說：「小弟，看你前額寬大，應不是太笨之人，怎麼作文老是吃大餅（丙）？要知道人有七竅，作文也有七竅，你已不錯，七竅已通了六竅！」他聽了高興地向她道謝，一回頭才想到，原來是罵他一竅不通！

到現在爲止，包括抗戰時在重慶出版的書，王藍總共出了十三本書，他常說，許多他敬重的文壇好友，有的著作等身，有的著作齊腰，而他只是著作等腳而已。

三十年來，他寫得少，畫得多，在繪畫天地裏，揮灑出另一番璀璨的風景，卻也使得深愛他小說作品的讀者，望穿秋水，「痴痴的等」。

季季愛上文學、曹健挨兩百多下耳光，全因「藍與黑」

畢竟，他的小說作品，尤其是「藍與黑」，曾經那麼强烈的感動著大衆的心。有人因這本書而廢寢忘食，激動落淚，有的甚至於因此改變志向，扭轉了一生的命運。在中國近代的小說作品中，像「藍與黑」這麼有影響力的恐怕不多。

作家尼洛（李明）在一篇文章中提到：「我在十四、五歲時，曾受到巴金與王藍的影響。巴金寫的『家』給我影響很深，使我產生『唯有革命才是現代人』的想法。而王藍當時亦曾寫了一本名爲『相思債』的書，描寫北方淪陷的青年心向國家、投奔南方的故事。顯然的，王藍的『相思債』力量大於巴金的『家』，所以我才會在臺灣，否則，我很可能去了延安，並死於文化大革命了。」

小說家季季也透露，當她初中一年級接觸「藍與黑」時，就與文學結下不解之緣。大學聯考的日期與救國團文藝寫作研究隊活動撞期，她毫不猶豫地選擇成爲拒絕聯考的女子。

何以這部小說會對她造成這麼重大的影響呢？季季理性地分析說，民國四十年代時，日據時代成名的省籍老作家，仍在努力學習國語，創作還在掙扎階段，而大陸來臺作家的作品，則相對顯得較爲成熟，當時還在虎尾女中初中部就讀的季季很自然地就被深深吸引了。

至於年輕時喜演舞台劇的曹健，則道出了「藍與黑」令他終生難忘的「後遺症」。他說，民國四十幾年演「藍與黑」時，有一場張醒亞挨唐琪嘴巴子的戲，和他演對手戲的女主角傅碧輝，硬是不懂得打人的技巧，習慣從底下往上打，不讓對方有個防備，而且全身力量都使在手臂上，打得他眼冒金星。

「當年我還年輕，不過三十來歲年紀，挨點打還受得了，可是那場『藍與黑』是全省環島、包括外島的勞軍演出，兩百多場演下來，頭一兩場下了戲女主角還會表示：『噯，打太重啦！』以後就習以爲常。我呢，起初只覺得嗡嗡一陣，過後也沒事，可是慢慢就發覺右耳不太對勁了。」

此外，一些日常生活的小事故，也讓王藍領略到忠實讀者的熱情，以及這部小說深廣的影響力。有一次，他應邀到臺南成大演講，遺失了手提包，計程車司機連夜送到飯店還給他，拒收任何酬謝，只要王藍親筆簽名的小說做爲紀念，原來他和太太都是王藍的忠實讀者。這件事揭諸報端後，一時傳爲佳話。

更有趣的是，一個十八歲的少女離家出走，迄兩個月下落不明，父母焦急萬分，四出尋找，她的九歲妹妹知道她喜歡王藍的小說，特去函王藍，要求他寫一篇小說勸姐姐回家。他深受感動，但認爲小說發表會耽誤時間，所以最後代爲向警方報案；新聞見報，那位少女終於返家。

而最讓王藍感觸良深的，是一位在夏威夷大學主修東亞文學的日本女留學生木村江里，她在讀了「藍與黑」後，專程到她的教授羅錦堂博士辦公室，向羅教授一再深深鞠躬說，以前她從不知道當年日本如何侵略中國。她連稱抱歉、難過、對不起……並對中國人爲自由堅强抵抗及爲中國作家寫出了如此感人、眞實描繪那個時代的文學作品，表示最大的敬意。

羅教授則安慰她說，那是上一代日本軍閥與政客犯下的錯誤，不必難過。也讓王藍感到欣慰的，是英譯本問世後，美國前鋒論壇報以整版評介，標題「讓西方人省思的一本中國小說」——迄今西方人並不太知道中國人爲何、如何抗日抗共，此書令西方人認識中國歷史眞象與中國人的苦難及奮鬥。

在美國紐約大學教德國文學課程的 Joseph P. Strelka教授寫了兩萬字評論推崇「藍與黑」的文章，收入他撰寫的評論世界各國作家作品的一部專書中。

哥倫比亞大學則定於明年秋天，在該校舉行「藍與黑」研討會。「藍與黑」的影響力，已無遠弗屆地深入到不同民族的心靈中。

「藍與黑」的續集每一位讀者都可以用行動來寫

這樣一部家喻戶曉、膾炙人口的文學名作，使王藍在文壇上奠定了地位，也在精神上獲得了無法衡量的豐收成果。當美國的文學名著「飄」出版續集之際，許多深愛「藍與黑」的讀者們，怕也不免要浪漫地憧憬：「藍與黑」有沒有續集呢？

這個問題，有不少讀者追問了他三十多年，而他一貫的回答也始終沒變：「續集，我不寫。」

他懇切地强調，在「藍與黑」最後一章借表姊夫對醒亞說的話：「爲了早日與唐琪重聚，你必須在這場爭自由、反奴役的激戰中，貢獻你最大的力量。不但你要如此，我、慧亞、賀大哥、所有的朋友，凡是知道、同情、愛護你和唐琪的人，也都能幫助你和唐琪團聚並永遠生活在一起的方法，也正是也只有，把我們所有的一切，奉獻給反共復國的戰鬥……」這段話已說得很明白，每一位讀者都可以，以他們的行動完成「藍與黑」中唐琪和張醒亞重聚的「續集」。

因此，多位女中同學來信要他把唐琪受辱改爲「施暴未遂」，因爲她們不忍心看到唐琪受辱如此之深；另有大學的同學來信說，應該讓唐琪跟醒亞未婚生子，有個孩子戲劇性更濃、震撼力更大……這些熱心的建議，王藍暫時仍不預備修改，但對這些讀者的關心，他則表示由衷的感激。

「藍」與「黑」的戰爭並未結束

沒有續集，並不代表結束。

抗戰時漫天的烽火已經湮滅，時代的悲劇也逐漸遠去，似乎，一切都在改變之中。

當年在縫紉機上寫作，現在已有專用的寫字枱；當年永和的克難小屋拆掉了，現在住的是臺北市黃金地段的敦化南路電梯大廈；以前颱風來時，躲在小屋裏拿臉盆、桶罐接水，如今則可以在大樓內舒適地看電視、喝咖啡；以前大熱天，穿著麵粉袋剪成的短褲，寫稿，汗流浹背，現在可以在冷氣房裏讀書、寫文章……。

民族的苦難，歷史的傷口，被歲月的手輕輕撫平，細細縫合。昔日的顛沛流離之苦、家破人散之痛，靜靜地放在心靈不起眼的一角。可是，只要一個角落，它就一直都在，只要還在，就永遠不會忘記。

「藍」與「黑」的戰爭並未結束，正義與邪惡、光明與黑暗的拉鋸仍在持續，我們依然需要，在烽火中迎向藍天的勇氣，以及在黑裏常藍的信心。

記憶會褪色，但不會消失；歷史會走過，但一定留下痕跡。

「藍與黑」，就是歷史走過的痕跡，我們永不消失的記憶。

（八十年十二月三十日～十二月三十一日）

藤田梓、鄧昌國與兒子　中央日報提供

夢裏的星光

——鄧昌國、藤田梓愛的故事

名小提琴家及指揮家鄧昌國逝世至今已兩個多月了。

那幕讓人久久難忘的畫面彷彿仍在眼前：六十九歲的鄧昌國，陷入昏迷已有數日，癌細胞正一點一滴地侵蝕掉他日益羸弱的身軀，華語教會牧師一旁爲他低聲祝禱，而多日來爲他奔走求醫的前妻藤田梓，則含淚彈奏著他生前最喜愛的那首鋼琴曲「離別歌」，襯著少數親人學生的詩歌聲，他安詳地離開人世，永遠放下那把心愛的小提琴、熟悉的樂譜，也永遠揮別他摯愛的家人——特別是走過聚散分合波折，如今最是一往情深的藤田梓。

在她心中，鄧昌國永遠是星星裏來的王子，現在只不過是告別凡塵，回到他星星的故鄉而已，曾經一起構築過恩愛不渝的天地，一起翺翔在琴鍵流淌的夢河，也曾共同走過幾十年變與不變的盟誓，對鄧昌國來說，沒有她的相知相伴，這顆星子的光與熱，將不會如此燦麗耀眼；而對藤田梓來說，這場逝去的愛戀，將永遠是記憶深處低迴不散的唯一樂章。

在音樂舞台上，兩人曾經合作無間、完美演出過；在人生舞台上，兩人也曾以金童玉女、神仙愛侶的微笑，引來無數稱羨的喝采與祝福。雖然，完美的故事竟以缺憾收場，但至少在最後又以愛與諒解，把悲劇淡化成琴鍵上一聲聲無奈卻也無怨的樂音。

摺一百隻紙鶴，翻洋過海送去給鄧昌國，可惜他看不見

兩個月轉眼已過，但對藤田梓而言，這場巨大的悲傷並未遠離。我們到忠孝東路「臺北蕭邦音樂基金會」裏拜訪她時，哀戚的神色依稀可見，尤其是取出鄧昌國病後的照片爲我們解說時，她不時喃喃唸著「那麼瘦，那麼瘦，眞是——」語氣仍自然流露出一絲疼惜與不忍。她細心地翻看一幀幀新沖洗的照片，可是她的心思恐怕又翩翩飛回到舊日美好的時光中吧？

「我很敏感，如果沒有離婚的話，他瘦了我馬上知道，不可能讓病情拖了一年才去檢查的。」藤田梓悠悠地談起他病後的景況與心情說：「去年九月三十日，他原計畫要指揮臺北市立交響樂團演出，但九月十四日他打電話給我說，因身體欠佳，恐怕無法演出，我嚇了一跳。原來那時候病情已十分嚴重，癌細胞蔓延多處，發現太晚了。可是，他眞的相信可以治好，一直不願放棄，但美國的醫生卻毫不留情地對他說，你快死了，回去做你想做的事吧！這令他深受刺激。我找了很多中藥，也找日本靈芝，切了熬煮給他喝。」

求生意志旺盛的鄧昌國，於十月十七日返國就醫，住進三總、榮總，均因病情嚴重而無法開刀。

他哥哥鄧昌明有一兒子鄧南雄是史丹福大學畢業的知名醫師，聽說華盛頓DC正在進行一項相關實驗，遂又安排他赴美，恰巧藤田梓空出一週時間，推著坐輪椅的他一同前往，但也因體力太虛弱，而無法使用其藥物，只得改用普通治療。後來又回到尤金市家中休養。然而，他的現任妻子五年多來，一直因背疾而長期躺在床上，無法照顧他，加上看護的人並不理想，更加遽其病情的惡化。藤田梓說：「我因有事處理而回臺，二月間，他在電話裏直喊：很痛！很痛！我聽了眞是難過。醫院安排替他打針，使他神經麻痺，比較不會痛，不料麻藥進入他的心臟，一度造成心臟跳動停止！趕緊用幫浦急救才挽回一命。但也因此導致他的腦筋不清楚，而一直昏睡不醒。住院三天後回家，吊二十四小時點滴止痛藥。我趕去看他的那天下午，他恰巧清醒了一會，而且竟然開口跟我說話！」

情深意重的藤田梓，記起日本著名的傳說，傳說中的白鶴是日本人幸福、歡喜的象徵，因此她在臺時就親手摺紙鶴，請學生、朋友幫忙，一共摺了一百隻，飄洋過海送去給鄧昌國，可惜這份用心他卻無法領受，因爲他的眼睛幾乎看不見了。不過，在難得短暫的清醒時刻，他卻對藤田梓說了一句：「我不可能跟妳去日本了。」這句話令藤田梓傷心欲絕。因爲，她認識很多日本著名醫師，而且日本醫院的環境、服務態度均佳，二月間她曾勸鄧昌國到日本治療，那時他的體重增加了兩磅，情況似有好轉，他還頗有信心地說，再增加五磅就去。誰知他最後還是無法成行。

幾十年的恩義情怨，無數日子的風雨相隨，多少別離相思、魂縈夢牽，都只能在短暫的清醒中一傾吐，許多想說、該說的話卻來不及了。然而，終究還是見了最後一面，也聽見了內心深處，最相惜、不忍的聲音。

話別之後，鄧昌國隨即再度陷入昏迷，一直到生命盡頭，沒有再醒來。也許，是那份深愛，才使他能強撐住最後一口氣，等候藤田梓的到來吧！

除了這場生命最莊嚴的等候外，鄧昌國對她的關愛，在日常生活中處處流露。

「他去世時，我彈奏的是蕭邦練習曲第三號，即「離別歌」。在二月的聚會時，他請我彈奏此曲給他聽，一方面是他眞的喜歡這首曲子，但另一方面他是想考考我，因爲其中有些技巧很困難，如果不多練習，一定無法即刻彈奏出來，結果我馬上就彈給他聽。他聽了很欣慰。我知道這也是他關心我的方式之一。」

正是這樣的性情相合、靈犀相通，當年才會彼此一見鍾情，進而共譜戀曲，同築愛巢吧！藤田梓回憶起數十年前的往事，忍不住又沈浸在歡愉、年輕的浪漫氣氛裏。她說，相識之後，鄧昌國一年內寫了三百多封情書給她，而她才寫了一百多封。鄧昌國喜歡寫，下筆也快，有時一天寫兩封信，攻勢十分密集。

離婚的事，藤田梓事先並不知情，一度還想到法院告他

「我很喜歡小動物，什麼動物都愛。我們在臺灣認識半年後，他到巴黎開會，買了一隻小白羊玩偶，回來路過日本時送給我，非常可愛，我天天抱著，可能是抱太久了，白羊竟成了灰羊！」

是這隻小白羊打動她的心嗎？還是鄧昌國體貼入微的愛意？六個月後，藤田梓由日本來臺與他結婚。不到一年的愛情短跑，他們在衆人的祝福聲中，攜手走上了人生另一段更璀璨甜蜜的路程。有趣的是，結婚半年後，他們到日本請客，鄧昌國在飛機上竟說不敢下飛機，因爲日本有很多人追求藤田梓，他怕下機後會挨揍。

難掩一臉稚氣的藤田梓開心地笑著說：「其實，追昌國的人也不少！」

「你們既然如此相愛，又有共同的興趣，爲何結婚十八年後竟然離婚呢？坦白說，這一點令許多人至今仍感到不解。」笑聲過後，我們很冒昧地提出這個令她尷尬的問題，明知不合時宜，但是這個衆所關切的謎團，許多年來一直爲外人所好奇、附會，我們十分懇切地想聽聽她的心聲。婚姻從圓滿到殘缺，愛情從誓言相守到無奈分手，這之間的曲折，不應該隨著鄧昌國的撒手人世而永遠埋沒吧？

「離婚的事，我事先一點也不知情。」藤田梓有些黯然，卻也坦然地回憶起那段曾令她心碎的過往，她說：

「當時是爲了孩子的教育問題，唸復興小學的老大南耀，因爲是左撇子，老師一定要糾正他。我媽媽是日本知名兒童文學作家，她認爲這種教育方式有問題。經考慮後，老大轉學到美國學校。但是唸完九年級後，他卻無校可去，爲了升學，我們唯一的選擇便是送他出國。可是，那麼小的孩子一個人留在美國是多麼難的事，他才十二歲，不懂爲什麼弟弟可以和爸媽一起回臺灣，他卻必須一個人留在美國？所以，等老二南星小學畢業，我便馬上帶著他去美國和哥哥相聚。

「我和孩子住美國，昌國留在臺灣，本來他說馬上會來和我們團聚，卻終始沒有來。有幾次他說要來，最後卻因是公務員的身分及其他原因無法成行。現在回想起來，那個時代，中國政府先是退出聯合國，接著中美斷交，一位音樂家在當時想移民美國似乎是會遭人批評的。他對外也不願說我們離開臺灣，怕受批評，而說我在美巡迴演奏。總之，他一直都沒有來美國和孩子長住。」

另一方面，那時美國原有的許多適合鄧昌國身分的職位也一下子沒有了。在找不到適合工作的情況下，兩人就一直分開兩地生活了九年。直到獲悉他要再婚的那一刻，藤田梓依然無法理解何以他會做出如此決定？

「我眞的不懂，孩子與我都嚇了一跳。接到信後，我非常生氣，甚至想到法院告他，但事實已造成，我也無可奈何。離婚後的二、三年，我沒跟他說過一句話。後來想開了，覺得只要他幸福就好，因此每年總有一、二次，在生日時大家聚會吃飯、聊天。我們之間相差十一歲，那時他已五十歲，我猜測他的心理，可能是覺得如果到美國，五十歲的人想從頭開始很難，退休又太年輕。他曾說我走得太快，他跟不上了。但這不該構成離婚的理由嘛！我在美國照顧小孩，他們超過十三歲就有因兵役限齡出國的問題，因此我不能回國，而他也不願放棄臺灣的一切。也許就是這樣，才發生這種事。」藤田梓皺起眉頭，提高音調，對我們一直搖搖頭：「可是，我眞的不懂，如果生活起居需要人照顧，請個歐巴桑不就得了，爲何一定要結婚？」

這個疑問存在她心中許多年，始終不能參透。她開玩笑地向我們請教說：「你們是男人，這到底是什麼心理呢？」

也許，五十歲眞是人生的一道關卡吧！她自言自語地接下自己的問題。

鄧昌國每天回家第一件事是看信，但她希望能先抱抱她，而不是先抱信

「他一直到臨死之前都沒有表示過後悔嗎？」

「不曉得。」藤田梓考慮了許久，幽幽地吐出這三個字。但她隨即平靜地補充說，他不是一個講這種話的人。

「他對學生、朋友都很健談，可以說上一個鐘頭也不會累，但跟他最親近的家人反而不太談私人的事。他喜歡用寫的方式來表達，但對我而言並不適合，我要知道立即的反應。例如我打電話問他一件事，他卻要用信件回答我，當我收到時已是十天後的事了。我如果再寫信跟他討論，他再回覆時，我恐怕已忘記這件事了！」藤田梓又笑了開來，神情完全像個小女孩，彷彿那些曾有的悲傷、苦痛，一下子又遠離了。

「我是急性子的人，而他不同。我像火，他像水。我們經常爲此討論，他不理我。也可能他覺得我太吵，他比較喜歡安靜的生活。我說，不如我什麼都不做，在家做家庭主婦，整天陪他好嗎？他又說不好，太不舒服了！」

藤田梓感慨地說，他太忙了，一早到國立藝專，下午到藝術館，自己又要從事音樂工作。她可以

整天在家彈琴，他則回家時已疲憊不堪。而她看到他回來就一直黏他，他並不喜歡。「他每天回家的第一件事是看信，我希望他先抱抱我，而不是先抱信。屢次向他抗議，他也說好，但都是勉強敷衍。他不是個羅曼蒂克的人，就算做樣子也沒關係，我還是會很高興，但他並不如此。」

離婚之後的生活，藤田梓由初期的難以置信、傷心悲痛，逐漸拭乾淚水、走出陰影，到後來的無怨無悔、獨立自主，幾年的風雨歷鍊下來，她已不再是昔日依賴、柔弱的溫室女子。兩個孩子在她一手提攜下，都唸完加州理工學院的學位，並且先後都成爲美國公司的工程師，是很優秀的發電專家。甚至於，當鄧昌國不幸罹患癌症，她也不在乎別人異樣的眼光，一直陪著他四處求醫、診病，堅強地支持著他微弱的身軀，鼓舞他不屈的求生意志。

「離婚後兩個小孩的生活費用都由我一人負責，但我一直沒抱怨。我們在美時，他會匯錢來，但不夠，幸虧我巡迴旅行演奏有收入。離婚後，我到過鎭公所查戶籍登記，上面寫著『離婚』。他們秘密結婚，沒有請客，也希望我不要聲張。我曾經叫小孩去探望過他，似乎不很快樂。」

即使如此，藤田梓對鄧昌國的情感絲毫未曾稍減，她覺得只不過是長期分開，一如那九年的兩地生活，既然沒有進法院宣判，離婚對她而言實在不具特別意義。在他去世前的那段日子，她依然如往昔般照顧、憐惜這位她一生中唯一所嫁的男人。

而鄧昌國即使一直沒有表示後悔之意，但在他臨終前的一些言行上，仍可看出他對藤田梓眞心的愛與遺憾的端倪。他寫了遺書給二兒子，希望不要追問爲什麼，因爲每個人的一生都是不完美的，總會有一點矛盾、缺點；此外，他們兩人結婚的前二週，鄧昌國的母親去世，將家傳的一只翠玉戒指給了他，做爲娶媳之紀念物，一九八〇年藤田梓在美住家遭竊，其他金飾物品都被偷走，唯獨這戒指仍在，於是她又還給鄧昌國保管。他一直放在身邊，未交給第二任妻子，直到去世前，才交給他最疼愛的二兒子，並且交代說，死後將戒指交給你母親。後來南星拿給她，她內心非常激動。因此，她決定死後交給二兒子，繼續傳承鄧家的香火。

在她心中，星子的光芒始終明亮，一如三十二年前，兩人初見、心動、相許的那一剎那

至於鄧昌國現任的妻子，幾年前，在藤田梓毫不知情下闖進了她的世界，如今，隨著鄧昌國的離世，也已返回尤金市，由她一位四十多歲的兒子照顧。她比藤田梓大五、六歲，也是再婚，由於身體有恙，長時間臥病在床，反而需要人加以照料，因此，鄧昌國病後的日子，藤田梓的出現與照顧，現任妻子並無任何不快。畢竟，感情的事沒有人能釐得清。情愛的浪漫、甜美，在經過許多年後，眞正剩下的恐怕只有道義責任與難以追回的記憶了。

「不管他如何待我，也不管時光過去多久，我還是永遠喜歡他。」

藤田梓平靜地道出此刻內心的感受，複雜的情緒起伏，一旦到了最深處，似乎也只剩下這句單純的話。

從年輕美麗到雍容華貴，風姿依然綽約的藤田梓，在臺灣成立了「蕭邦音樂基金會」，擔任理事長一職，透過古典音樂，推廣蕭邦音樂的演奏與理論。五月間剛結束全省巡迴演奏，今年秋天她將在國家音樂廳演出，之後又會在高雄、臺南等地巡迴演奏，而收入則悉數捐給基金會。此外，她在文化大學、藝術學院兩校兼課，每週五小時，家中也收了幾個學生，加上每天不間斷的練琴，生活忙碌而充實。

雖然，在她眼中的星星王子——鄧昌國，離開人間已兩個多月，而且永遠不會再回到凡塵，但是在她心中，星子的光芒始終明亮不改。此後的人生路上，這顆星子將一直陪伴、呵護著她，一如三十二年前，兩人初見、心動、相許的那一剎那。不是嗎？琴還在，情還在，夢裏的星光當然也還在。

（八十一年六月十九日）

張鐵林先生　　郭惠煜攝

人啊，在中國就是風景

——大陸第五代導演張鐵林

認識張鐵林的人，都說他「多才多藝」。可是他自己並不認爲如此，而總是自稱「現代都市的手藝人」。

民國八十年底，他以「外國人」這部影片來臺參加「金馬」、「亞太」影展，當時採訪記者都視之爲導演。今年初，他因接中影公司一部戲約，第二次來臺，身分變成演員，惜後該戲夭折未拍；不久，記者們在中影文化城見到他，他搖身一變成了電視演員；一個月後，敦煌藝術中心展出「張鐵林個人書畫展」；又一個月，他的名字赫然出現在新聞局主辦的一九九二年優良電影劇本得獎名單中，我們不禁納悶，他怎麼又是個劇作家呢？

這就是張鐵林，一個不好稱呼的年輕才子。

踏入他暫居頂好戲院附近的「家」時，立刻會被一壁懸掛的書法給震憾住，桌上、牆角、地下，全都是寫過、未寫的書法。這個「家」簡直就是個工作室，兩條沿牆拉起的尼龍繩克難地權充用來掛字，寫好的字就夾上去「晾乾」，順便可瞧瞧那一筆寫壞了。架設在近天花板的睡床，則幾乎可有可無地被忽略了。

對他來說，從六歲開始寫書法起，一直就沒有中斷過，三十年歲月走來，寫字成了生活中的一部分，忙時是消遣，累時是休息。即使拍電影時，一個人在旅館，他會拿筆沾水在地板上練習，寫完用拖把拖乾，再寫。完全是上了癮，他笑著說。

寫字的淵源，跟童年的經驗有關。祖父是中醫師，用毛筆開方子，文房四寶在家裏造就了一種氣氛，拿筆就成了自然的事。小學、中學在西安唸，每天在碑林中打轉，看到的都是名家書法眞蹟。加上同學很多都是名家子弟，也懂寫字，耳濡目染之餘，就開始練起書法。

楚戈稱讚他的書法「活潑風發，一如其人」，司馬中原更是誇不絕口地逢人說道：年輕一輩的書法家，沒見過寫得這麼好的。

而書法，不過是張鐵林諸多「手藝」之一。

「我現在所做的每一件事，都是過去三十年生活的烙印。三十年的社會經驗，造就了一批像我這樣的手藝人。我有豐富旳經驗，但不是最豐富的；我會許多手藝但不是只我一人會，像我這樣人有一批。」

以拍電影爲例，他與陳凱歌、張藝謀同時進入北京電影學院，是屬於大陸第五代導演。在電影學院一邊唸書也一邊拍戲，第一部電視劇就把他捧紅了。後來先後演了七、八部電影，包括李翰祥導演的「垂簾聽政」，他飾恭親王一角，與劉曉慶有幾場對手戲；還有「中越反擊戰」等。七十二年他到上海主演「大橋下面」，獲當年「金雞」、「百花」電影獎最佳男演員提名。民國七十三年，他獲得獎學金進入英國國家電影研究院編導系，在英國一待就是八年。

這八年間，他曾在倫敦皇家節日大廳參加「東方書畫聯展」，創作十米長卷「茶館」；又曾赴東京拍攝影片「人文社會」，赴北京為BBC拍攝「中國之旅」；畫作參加佳士得拍賣；以編導劇情片「外國人」獲英國影藝院青年獎。不同的藝術長才表現，一再得到喝采與鼓舞，才三十五歲，他已是國際知名的書畫家、演員及導演。

五月間在臺上映的電影「黃飛鴻續集——男兒當自强」，他在片中飾演國父孫中山，角色突出，演來維妙維肖，令人印象深刻。對該戲的導演徐克，他十分推崇，演藝系出身的他，正好有觀摹學習的機會。目前他與徐克簽了兩年六部戲約，大概十月以後即可開拍。

等待拍戲的日子，他到臺北來領取今年的優良電影劇本獎。

談到這部劇本《山不轉水轉》，張鐵林十分感慨地說，這是他在一九七三年被下放到陝西渭河灘務農時的親身經歷，不過，劇本所呈現的只是他十分之一的遭遇而已，眞實的故事比劇本更精彩，也更悲慘，那四年的記憶，對他來說，是徹徹底底地認清了共產黨那一套。

劇本的背景是六十年代，大陸知青被迫「上山下鄉」向「貧下中農」學習的高潮。地點則是張鐵林被下放的黃河、渭河交界的偏僻小農村。焦山、文良、李順、楊柳等四名年輕人，在河岸邊安家落戶，接受農民的再教育。

由於四人個性的差異，作者下筆的重點，即在於刻劃面對苦難、折磨時，各人不同的心理反應，焦山有「革命理想」，李順憤世嫉俗，楊柳知天認命，文良識時務，這四種類型，其實正象徵了當時中國人民在那場運動中的心態與性格。

不論是清楚或受騙，抵抗或接受，無奈的情緒與茫然的思考，都像運動中的口號，如影隨形。這當然有作者辛酸血淚的控訴，爲了生活，角力毆鬥，偷雞摸狗，到頭來，焦山在風雨中上山砍柴，不慎失足崖下，成爲無辜的鬼魂，下放青年聚眾鄉里欲討公道，但共產黨卻以「公檢法」反判其他三人「殺人」，導致李、文二人入獄，楊柳遠走他鄉。

但是，作者的意圖並不只是要紀錄下這場苦難，也無意將這個故事寫成一齣悲劇，相反的，他努力要在其中透顯出一股不屈、樂天的精神，也就是嘗試以樂觀的心情來看待這段悲哀的過往，說明中國老百姓即使在大災難的輾壓下，也永遠不會放棄生存的勇氣與等待朝陽昇起的希望。

「山不轉，水轉。」中國人的强韌生命力就在這句話裏表露無遺。

張鐵林時常笑稱自己是「三頭六臂」，苦難的經歷使他懂得了許多手藝，即使是在兵慌馬亂的時代裏，他也堅信自己餓不死。

「不導戲，我可以演；不演戲，我可以寫劇本；不寫劇本，我可以畫畫；不畫，我起碼可以擺攤寫幾個字。」

這就是張鐵林，活脫脫一個生命力旺盛的年輕人。

正如他自己在劇本中所說的——人啊，在中國就是風景。不論是焦山、文良、李順、楊柳還是張鐵林，都是大地山河中動人的風景，中國人的歷史，就是由這一幕幕風景編織而成。山不轉，水轉，說的是中國人，當然也是他自己。

（八十一年九月三日）

蕭乾與文潔若攝於1954年

一生志業，六十風華

——蕭乾暢談創作、翻譯與新聞採訪生涯

蕭乾，一個中國當代優秀的小說家、散文家，同時也是傑出的記者和出色的翻譯家。在他六十年的文學生涯中，除了被迫停筆的那二十二年，他的一生不曾離開過稿紙。

二十三歲開始發表小說，二十五歲走上報導文學的道路，這位八十二歲高齡的前輩作家，成名於三〇年代，卻也經歷了近半世紀的政治風暴與人世滄桑。一九五七年的反右鬥爭中，他被打為「反黨反社會主義」的大右派，作品被視為「毒草」；一九六六年的文革動亂，他又被指爲罪大惡極的牛鬼蛇神，導致一家人飽嚐流離失散之苦，他爲此想跳樓自殺，「用一具血肉模糊的屍體來抗議」，但想到年幼的兒女，他最後還是堅韌地活了下去。

六十九歲時，他終獲平反，生命的漂泊、動盪，至此才逐漸安歇，一些充滿血淚的篇章，才又在他不屈的筆尖下完成發表。看來，這位忠於自我、堅持原則的前輩作家，在人生險惡詭譎的風雲中，已獲得了最後的勝利。

回顧他個人生命的記錄，貧窮、傷痛、迫害、屈辱都不曾擊倒過他，面對邪惡的壓力，他不曾低頭。當橫逆與荒謬來臨時，他也不曾逃避。

八十年的生活煎熬，六十年的文學闖盪，蕭乾，已成為時代良心的見證，一個中國現代知識分子堅毅的典型。正如高希均教授所言，他是一位「早就應當尊敬的作家」，他的作品也是「早就應當熟悉的作品」。兩岸文化開放交流以來，他的作品迅速在臺出版，也深受讀者喜愛。他的勇氣，震撼了許多人；他的故事，感動了許多人；他的精神，也鼓舞了許多人。

門口貼字條「警告」來訪者把握時間、勿臨時邀稿

正是懷抱著這份敬仰之情、關懷之意，中副主編梅新和我們一行，透過一番連繫、安排之後，很難得的，在一個初夏四月的上午，踏進北平一條胡同的三樓，會晤到了心儀已久的蕭乾，以及他共過生死患難的妻子文潔若。

那是一個充滿書香的家。五個房間，可是光線頗暗，只有文潔若的房間稍顯明亮。四月的北京，已有薄薄炎熱暑氣，靠著幾扇窗子微開，有些許涼風輕輕吹來，加上淡暗的光，進了屋內，倒也自有一股靜意，急躁不起來。

書，當然是多的，但也是凌亂的，整個書房幾乎都被書籍淹沒，他筆耕的天地，只侷促得剩下桌面一方小小的空間。許多年來，他就在這片小天地中經營自己熱愛的寫作事業，追憶自己坎坷流離的

一生，也感謝曾有的磨難與扶持。對一個自稱「從小就沒有家」，長大後又像一隻「漂泊在外的鴿子」，搬過無數次家的人，擁有一個不再遷徙的窩，已經是絕大的幸福，而又能夠隨意擺設心愛的書，再雜再亂，也沒有人干涉，那不是夢寐以求的自由嗎？

現在的蕭乾，心情平靜、無爭、自由，但生活卻是緊湊、忙碌的。從六十九歲平反起，他就不斷赴美國、西德、挪威、美國及新加坡講學，一九八四年並在奧斯陸接受了挪威國王奧拉夫五世接見，一九八六年更在北京獲頒挪威王國政府國家勳章。從不間斷的文學交流活動，加上再度提筆創作的投入，他是如此盡情地享受著自由的快樂，以及努力揮灑他生命中一度遭到摧折的文學熱情。

這使他獲得了無數心靈的共鳴、喝采，並博得文學界由衷的尊重，從世界各地湧到這條胡同來探望他的人，一直絡繹不絕。尤其是來自台灣的訪客，有時眞讓他應接不暇呢！

我們想起進門之前，門口貼著一張泛黃的小字條，上面寫著兩點採訪的注意事項：一是請來訪者把握時間和問題，以免引發他的心臟病；二是不要邀稿，因爲他的作品都已事先預訂，臨時約稿，增加負擔。乍見這張「警告」字樣，我們都爲這次的採訪提高了警覺，心想一定不可以談太久，而且要遵守這些規定才行。

可是，白髮蒼蒼的他，看來依舊硬朗，說起話來依然健談，當我們在他的書房中坐定，話匣子打開之後，這些規定一下就忘了，一個半鐘頭下來，爽朗、率眞的他，不僅有問必答，而且談興高昂，一些往事在他侃侃而談下，都清晰地浮現，把我們深深吸引，而渾然不覺時光飛逝。不僅如此，後來我們還是打了一通邀稿電話。他說手頭無存稿，將來一定爲「中副」撰稿。

以新聞記者為手段，寫小說才是真正目的

大概是幾十年來的風霜歷練吧！通達人情的他，始終一臉盈盈笑意地面對我們一連串的問題，從早期的進入《大公報》投身採訪寫作開始，到目前的翻譯工作、生活心境，都做了詳盡誠懇的表白。尤其是蕭乾曾主編過《大公報》「文藝」副刊，因此，同是學新聞出身的中副主編梅新一開始就先對當時副刊的情況向他請教。

對這一點，他立即有感而發地說，現在大陸報社的文藝部門動輒二、三十人，而當年他卻是一人主編「文藝」版，不僅如此，報社老闆還要他兼管另外十一種學術週刊的編輯、校對、通讀清樣，以及寄奉稿酬等。當時《大公報》還辦有一個綜合性週刊《國聞週刊》，它的文藝欄也由他兼管。在這種忙碌情形下，他仍能預編出若干期，以便擠出時間赴各地旅行，從事通訊稿的寫作，實在不易。

至於當時的環境，他笑著說，那像今天坐在高樓大廈，冬有暖氣、夏有風扇。那時整個編輯部僅設在一間三米寬、三十幾米長的大屋子裏，一進門就是一長條桌子，供國內及國際版合用，其他各版的編輯則各占一張辦公桌。樓下是匡噹匡噹的機器房，對面則是日夜噴烏煙和煤屑的法租界發電廠。

「我熱愛這份編輯工作，青年朋友寄來的文章，但凡能用的，即使還需要修修補補，我也千方百計讓它們見天日，這給我很大的快樂。我上午發稿，下午就能看大樣，第二天一早，機器房報紙就會

像流水般淌出來。拿著前天自己設計的刊物，嗅著那未乾的油墨氣味，那種喜悅並不亞於一個產婦抱著自己那剛出生的嬰兒。」

事實上，蕭乾本是《大公報》的投稿者，但不久就變成了編者。他回憶說，一九三三年九月，楊振聲與沈從文兩位先生所主編的天津《大公報．文藝》副刊發表了他的第一篇小說〈蠶〉，一九三五年七月，他唸完燕京大學新聞系，就進了天津《大公報》，先是編一個娛樂性的《小公園》，兩個月後接手編《文藝》。次年，上海《大公報》出版，他被調往上海，同時負責滬津兩地的《大公報·文藝》。一九三八年，香港《大公報》出刊，他一直編到一九三九年九月赴英爲止。一九五六年，《人民日報》創刊文藝版，他還當過一陣子顧問，直到第二年被扣上右派帽子爲止。此後，他就告別了報紙副刊工作。

「我本來的意願是以新聞記者爲手段，寫小說才是我眞正的目的。」蕭乾解釋說，他是在大三時由英文系轉到新聞系的，那時想到大學畢業後必須找項工作，而他很怕教書，以前教過幾次，都覺範圍狹窄，無法伸展，他一心想到廣大的世界中去，而最能拓展眼界的職業便是新聞記者。他渴望有一天能像美國老師斯諾那樣跑遍世界各地，直接採訪人生。

可惜，進了報社後，他並未如願以償擔任記者，而是編副刊，於是，他就向社長胡霖要求，在完成編副刊的職責之餘，准許他外出採訪。既然要求的是額外的工作，胡社長立即欣然首肯。由於副刊並無時間性，可以提前發一、二個月的稿量，因此在《大公報》時，他跑了不少地方，例如魯西、蘇北水災，他去採訪，寫了不少採訪稿，其中有一篇〈魯西流民圖〉，時被轉載，轟動一時。

「我先到濟南，在那裏訪問了大明湖畔的收容所，並向有關方面了解災情，寫了一篇通訊稿給天津報社。然後，我們又南行濟寧，轉往兗州，一路上，我看到大片大片的莊稼被淹沒，牲畜被溺斃、屋舍坍塌，非常淒慘。車站的站台很自然地成了難民的臨時露天收容所，那裏擠滿了衣衫襤褸、面帶菜色的男女老少，他們以爲我們是『放賑的』，一隻隻削瘦的手朝我們伸來，而我卻拿不出任何吃的東西，只能含著淚傾聽他們悲苦的吐訴。晚上，我在客棧的昏暗燈光下，結合在濟南車站所見，寫了〈魯西流民圖〉。這是我進《大公報》後的第一篇旅行特寫。」

這篇特寫刊出後，各地的賑捐因此更爲踴躍，他也接到了胡社長表揚的電報，這令他得到了一個啓示：那些用數字表示的災情報告感動不了誰，只有用文字描繪現場實況，才眞實，才有讀者。從第一篇採訪稿起，他就決定了手中的筆將永遠描繪民間疾苦。

放棄劍橋大學碩士學位，投身歐洲戰場採訪寫作

另外一次膾炙人口的採訪寫作，是一九三九年春，他從香港趕到昆明去採訪正在修築中的滇緬公路。那次他一口氣寫了五、六篇通訊，登在港版及渝版《大公報》上。在文中他稱揚那些鋪土、鋪石也鋪血肉的兩千五百萬民工爲「歷史的原料」，因爲，在他的心目中，他們才是抗日戰爭的脊骨，歷史的棟樑。

一九三九年，倫敦大學東方學院聘請他去教書，初見聘函，當然是喜出望外，然而仔細琢磨，發現待遇並不高，更要命的是：旅費自籌。他只好望洋興歎。幸虧胡霖社長從編輯部風聞此事，立即主動把他叫到辦公室，詢問意向，胡社長堅決主張馬上覆信，接受聘請。

「當時希特勒已經相繼呑併了奧地利和捷克，戰雲已經在歐洲上空瀰漫。社長判斷歐洲非打起來不可，而且會打大仗。於是，他勸我不必計較條件，先去了再說。至於旅費，報館願意先墊，去了再寫通訊來還就是。」

就這樣，他到了倫敦，教書並兼《大公報》特派記者，一去就是七年。

爲了還旅費這筆數目字很大的債務，他在英國確實寫過不少通訊。這段時期他寫的稿，後來結集爲《人生採訪》一書，其中英國民族在戰爭中所表現的精神力量，有極生動而深入的寫眞。例如當納粹飛機對倫敦狂轟濫炸時，爲了對殘暴的敵人表示蔑視，他們在搬空的繪畫館裏舉辦起午餐音樂會。外邊高射炮叮咚齊響，大廳裏鋼琴家正安祥地演奏著蕭邦和貝多芬的樂曲。

當大轟炸期間，他聽說重慶在躲空襲時秩序混亂，於是他寫了一篇採訪稿，敘述英國人在躲警報時，不管情況多危急，依然會禮讓婦女、兒童在先，一路魚貫而行，因此未聞有擠死人的事。

「總之，即使我在國外寫文章，也仍是針對國內的發展，儘量提供一些有關的消息。」

邊寫通訊稿，邊唸書求學位，蕭乾在倫敦的日子大致還算安定，直到一九四四年春天，他的生命卻突然面臨了重大的抉擇。有一天，正當他身披黑袍、頭戴方帽在劍橋鑽研著意識流小說時，《大公報》社長胡霖隨中國訪英團來到了劍橋，並專程去找他，坐在他書室的沙發上，問起他的計畫，然後沈吟了一下，替他出主意說：「你還差一年就可以得個碩士學位，可是學位對你有什麼用場？當記者不需要它。眼看第二戰場就要開闢了，這可是千載難逢的機會啊！」接著，胡霖現身說法地追述起第一次世界大戰期間在歐洲採訪的往事，那時胡霖是中國駐歐唯一的記者，曾報導過「凡爾賽和約」的簽訂，於是胡霖向他挑戰說：是弄個空洞的學位，還是到西歐戰場上去馳騁一下？

「我一生逢到過幾次挑戰，那也是其中之一。當時，單篇論文已寫了十來篇，導師也還滿意。只要加以聯貫一番，就可以湊出一篇畢業論文。況且三年的獎學金又還剩一年，何必這麼功虧一簣呢！然而，有另一個更響亮的聲音在召喚著我：你不是要採訪人生嗎？當初不就是爲了怕教書，才轉到新聞系，好當一名記者嗎？現在，千載難逢的機會已經來到了！」

胡社長對他說：你儘管慢慢地考慮，明天再答覆即可。可是，蕭乾沒等到第二天，他轉過身，咬了咬牙，就橫下心說：「胡先生，我決定了——去！」

當晚他就向導師說明他的意向，雖然不免吃了一驚，感到失望，但導師仍悵然地表示充分理解，而尊重門生的意願。因此，學期一結束，他就搬出宿舍，告別了恬靜優雅的大學城，正式申請成爲一名隨軍記者。

採訪完馮玉祥，趕緊找廁所拿出本子來記下要點

由此看來，蕭乾走上採訪人生的道路，《大公報》社長胡霖的影響是一大關鍵，對這一點，他肯定地點頭表示：

「我常想念他。他和張季鸞兩人經營大公報幾十年，從天津、上海、香港、桂林到重慶，使這份報紙生存、發展，實在很了不起。張季鸞是舊文人的典型，社論寫得很漂亮，但不諳經營之道，而胡先生很擅長經營，也有魄力、眼光。《大公報》能風行一時，我認爲胡霖功不可沒。

「胡先生雖對我很照顧，但他斥責人時也是嚴厲的，例如我進天津《大公報》沒幾天，他就派我去採訪本市法院新聞，這本來只需一人寫即可，我回來後發現還有另一位同事也去採訪，就興奮地走過去想告訴他這次採訪多麼有意思，但坐在要聞版的胡社長連忙過來，對我說：『你寫你的，他寫他的，不要商量。』因此，我把副刊發完後，就動手寫法院的報導。

第二天，本市版登出的是我寫的那篇。胡先生退了那人的稿，也辭退了他。這時我才明白，原來我那次的採訪曾造成另一位同事的失業。我無意中竟成了他的工具。或許，這份報紙之所以成功的理由就在此吧！你不能混日子，混不下去的！報社的待遇優渥，但也可以隨時辭退你。上海『八一三』時，《大公報》由十六版縮減爲四版，取消了文藝版，社方馬上給半個月工資辭退了我，一點也不仁慈。」

蕭乾開心地回憶起這一段往事，對他來說，《大公報》給了他邁向採訪事業的起步，許多特殊的經歷也是在那段時期發生，而令他至今津津樂道。

我們問起許多採訪對象中，他對那一人印象深刻時，他只稍加思索一會，就興致高昂地回答說：「馮玉祥。當年我們採訪，不像現在條件優越，如果拿本簿子記，受訪者說話會不自然，只好靠腦子記。我在泰山訪問馮玉祥兩小時結束後，就趕緊找了間廁所拿出本子來記下要點，否則會遺漏，因爲他談話的層面很廣，有關抗戰、拉丁化等問題都提及。

「人物採訪實在是一門藝術，須結合主、客觀條件，只拿著擬好的問題訪問，往往不易成功，你問的，對方未必有興趣，而且問一個答一個，缺少生動的連貫性。最好是在閒談之中，儘量引導其情緒。如訪馮玉祥那一次，因蔣先生不準備立即對日抗戰，而他在軍事委員會中是主張抗戰的，因此那次的訪問談了不少這方面問題。但是，他眞正有興趣的焦點不在此，而是有關漢語拉丁化的問題。我就讓他盡情地暢談。果然，平時我拍通訊稿到報社，第二天就登出來，可是那一篇卻被壓了一週多，因爲要向南京方面請示，最後把有關抗戰部分刪掉了。幸虧他還談了拉丁化問題，否則那次採訪就交了白卷！」

十六歲時在書店打雜，替魯迅、冰心、周作人等送過稿費

由於採訪之故，蕭乾對馮玉祥這位曾在中國近代史上叱咤一時的人物有了較多的瞭解，他提到，馮是一興趣廣泛的人，整座泰山都歸其管轄，創設了「馮玉祥社會科學研究所」、「馮玉祥國學研究所」之類的機構，邀請北大教授來上課。馮會作詩、作畫，陪他一同去採訪的便是馮的繪畫老師趙望

雲。

「何以馮玉祥會請趙望雲來教他作畫呢？」

「因爲，趙望雲覺得，中國繪畫中的人物都是古裝，房子都是茅屋，人物好像都還在唐宋時代，而他要畫當代人物，畫民生疾苦，因此《大公報》就派他與我兩人去採訪水災，我負責寫稿，他畫圖。他那些與時代生活相結合的畫，極富現實感，馮玉祥很欣賞，也想學，就一批批買了下來，並不時替他買宣紙、筆墨，給他幾千元費用去旅行，就這樣，趙望雲成了職業畫家。只可惜，那些畫如今已不知流落何方了。」

在多年的採訪生活中，蕭乾一直保持著隨身攜帶本子速記的習慣，他說，自從開始從事新聞工作起，他就如此，也常勸一些現代記者應該要如此。他的許多文稿都是因爲有這些隨手寫下的資料才得以完成。有時夜裏二、三點，突然有靈感，就會開燈立即寫下，因此，當記者不帶本子是不行的。不過，這個習慣卻給他帶來一次驚險的遭遇：

「一九三八年，《大公報》在香港出刊，打電話要我馬上去參與籌備，我與施蟄存（按：著名散文作家、文學評論家）二人立即動身，坐火車三天到安南（越南），再坐船三天到香港。在快到中、安邊境時，我正倚窗以文字速寫紅河風景，突然間，有人從背後把我緊緊摟住，原來是邊境檢查員，認爲我是特務。幸虧施蟄存一直跟著我，在邊境檢查站出具證明，站方又向昆明反覆核實，才得以放行。」

在追述了這許多有關採訪新聞的往事後，我們的話題自然又轉到了文學。因爲自五月五日起，北京的中國歷史博物館將舉行「蕭乾文學生涯六十年展覽」，及「蕭乾文學回憶錄」、「蕭乾研究全集」發表會，來自臺灣的作家何凡、林海音、尹雪曼、陳信元均前往參加，大陸藝文界人士也有四百餘人到場祝賀。在海峽兩岸，蕭乾的文學成就早已爲人肯定，推爲大家。然而，這位文學大家成長的歷程卻是備嘗艱辛的。「首先，我要聲明，我不是偉大的文學家，我寧願自己是一名記者。眞正開始接觸文學，是在十六歲時。我自小家境困苦，父親在我未出生時死去，母親在我十歲時過世，既無兄弟姐妹，又無叔伯。小時候曾織過地毯、送過牛奶，可惜當我從地毯房領到第一次工錢時，母親就嚥氣了。」

初中時，蕭乾開始考慮謀生的職業，恰巧《世界日報》招考練習生，但他並沒考上，當時他十六歲，主持面試的是成舍我先生。

「後來，考北新書局的練習生時，我卻被通知錄取。剛去時，做的全是打雜工作：捲《語絲》、跑郵局、跑印刷廠以及給作家們送稿費，最常做的工作則是校對。校上一天，油墨氣味常使我頭昏。我特別害怕送稿費，那麼厚一疊鈔票，萬一丟了我可賠不起！我都是請伙伴用手絹把錢綁在我的腕子上，這樣一路騎車都死死盯住它。」

「那時見的作家可多了——如魯迅、周作人、冰心、劉半農、錢玄同、張競生等。一九三六年我在上海見到魯迅先生時，曾問他可還記得我這個多次給他送過稿費、刊物的小徒弟，他定睛望了我好一陣，然後親切地笑了起來。」

第一篇小說刊在沈從文編的大公報副刊，並獲林徽因賞識

白天在門市部工作，下班後蕭乾總是選一兩本書帶回家去讀，當時北新書店是最早出版現代文學書籍的地方，如魯迅的《吶喊》等即是。因此，書店像是一個課堂，增長了他的見識，也培養了日後對文學喜好的基礎。

他的第一篇小說〈蠶〉早在一九三三年十一月發表於《大公報》。原稿文革期間沒被毀掉，這次展覽會上還陳列出來，只是第一頁已散佚不見。當時主編《大公報》的是沈從文。蕭乾補充說，那篇小說發表得可能有點勉强，刊登在最下方，但在當時藝文界聲望很高的林徽因女士看完後，卻對沈從文說，自辦刊物以來，她最喜歡這篇小說，她準備要為此擧辦一次茶會。沈從文立即通知了我，身為編者，他也為此感到榮耀。

自第一篇小說發表至今，蕭在文學路上孜孜矻矻耕耘了六十年，從來不曾懈怠過，即使是被迫害得身心俱疲、不能動筆的時刻，他也咬牙撑了過來。現在的他，最大的感觸是：「我總是覺得自己很幸運！」

他始終相信，人的一生總會吃苦，但這苦已沒必要再去提起，因為能活到現在已是莫大的幸運。文革之後，他的許多書稿、照片都被刼毁，但他並不心疼，因為和那些腿被打斷、送命的人相比，他

自覺已很幸運，尤其是他所受的苦，比起一般人並不算厲害，從一九四九年至今，他起碼沒挨過一次打。雖然，他曾在無盡的寫認罪書、悔過書上消耗了寶貴的二十二年，雖然他也曾動過自殺的念頭，但都熬過來了。

與他患難多年的妻子文潔若，就曾在一篇文章中提到，有一次，她發現他萌生了自殺的念頭，就用激將法來點醒他，說：「你儘管去死吧！你死了我一個人可以把三個孩子拉拔長大。可兩個小的就不會再記得你了。人家會恥笑他們說：『你們的爸爸壞透了，是個對家人對自己都極不負責的傢伙。』」

靠著逆來順受本事，自覺這一生還算幸運

「經過多年磨難，我找到了一個在任何環境下都能使自己知足長樂的竅門：想想比自己更慘的。通過實踐，我發現這是不難做到的。不論你倒霉到怎樣地步，總可以找到比你更不幸的人。在我翻譯過的《好兵帥克》書中，有一個士兵，一生逆來順受，依然沒有喪失自己，只是不做不必要的抵抗而已。像巴金與我，能沒被打成殘廢，能如此活了下來，沒有一點逆來順受的本事是不行的。」

這當然是中國文人的悲哀，但又有多少人眞正能幸運一生呢？現在的蕭乾，淡忘了悲苦，享受生活中一點一滴的小自由、小甜蜜，和許多晚景淒涼、不得善終的人相比，我們只能誠摯地替他感到慶幸。

每天早上五點，蕭乾就起床工作，或校對或寫作，一直筆耕到八點，然後開始忙著接見一些遠道來的訪客。雖然掛名在文史館工作，但那只是榮譽職，不必管行政事務。寫了兩本回憶錄之後，他仍不斷地寫一些短文章。他透露，本來也有過寫中、長篇的計劃，探討中國知識分子命運的問題，但後來放棄了，因爲離時代太近，無法站在高處，如果時間久些，這些人與事經過一番提煉，再寫就不同了，而現在心理上仍有束縛，不好落筆。

目前蕭乾正埋首的工作，是接受譯林出版社的委託，與文潔若兩人翻譯喬艾思的《尤利西斯》一書，共八十萬字，由文潔若翻譯，蕭乾校訂，現已進行了五分之一，預計一九九四年完成、出版。

蕭乾曾把翻譯工作比喻成「一根稻草」，他說：「在我一生中，文字翻譯始終是我的安全閥。每當我遇上麻煩，倒了楣，它就很自然地成爲我的收容所。由於這份工作，我那喪家之犬顚沛流離生活才得以結束。」

八十二年歲月如水淌過，蕭乾在文學創作、翻譯、新聞採訪中走過中國的苦難，他用筆，見證了一個時代的風起雲湧、坎坷流離；也用筆，吐盡了自己的青春生命，織就了缺憾但還算斑爛的一生風華。

起身告辭，走出這位文壇長者蟄居的胡同老家時，我們不禁想起當年含淚織地毯、送羊奶，後來立志採訪人生、走入世界的蕭乾，以及挨鬥、忍辱、依舊不願倒下的蕭乾。這樣的一位老人，風霜滿臉，卻還能在朗朗笑聲中，傳遞出一絲生命不屈的堅毅，這難道就是所謂中國文人介然如石的耿硬風骨嗎？

「總的來說，我這一生是幸運的。」

這句話又在我耳際響起。不明白的只是，這究竟是一種無言的認命、真心的慶幸，還是深沈的控訴？

（八十一年五月二十七～二十八日）

《卷二》走過書堆的歲月

鄭　騫先生　　覃冠生攝

清晝堂裡秋陽暖

——化雨春風一甲子的鄭騫教授

來到先生家已是晚上九點。

初秋的夜，溫州街上除一兩處小吃攤前零落坐了幾個人，發出瑣細的交談聲外，整條街道顯得寂靜清瑟，宛然要入夢。些些微風吹著，一身涼意。先生家庭院上頭掛了幾盞紙燈，沒捻亮，像守護神似的在高處看著。就要拜訪心儀已久的清晝堂主人，我內心有點忐忑、興奮。

撳了門鈴，先生的女婿一臉笑意地迎我們入內，然後，就看到著白色唐裝的先生拄著枴杖，一步步蹣跚地走到他平日慣坐的沙發上。八十五年歲月走過，清癯的身姿，一旦坐定，依然生氣滿滿，氣定神閒。知道我們來訪，他顯然很高興，話匣子一下就打開了：

「以前我在外頭散步，現在只敢在家裏客廳、房間走來走去。去年臺大金祥恒先生早上到臺大操場散步，回來時被車撞死了，從此，我女兒就不放心我出門，我也有點膽怯，只好在屋內或庭院裏散步了。」先生常戲稱自己腰以上七十歲，腰以下九十歲，中間一段八十歲，所以平均還是八十歲。他上醫院看病，醫生對他說：你沒病，只是機能退化而已。

「膝蓋軟，走路沒勁，不過還好，總是比上不足，比下有餘。而且我一棍在手，有恃無恐，」他自我解嘲：「我走路是有驚無險，自己明知無險，但旁人看來總是有驚。」

這番話把我們逗笑了，可是他仍事不關己似地說下去：「我現在的情況可用三句話來形容：『記遠不記近』，十年前的事我記得，十天前的事記不得；『看小不看大』，人走過去我看不清楚，報紙上九號字我卻能看明白；『吃硬不吃軟』，黃瓜我吃，可是麵條不行，因爲剪不斷，理還亂，我時爲假牙所苦。」說起假牙，他興致高昂地說起一些糗事：「有一回上課，我講書太用力，假牙噴出來，學生想笑不敢笑，我呢，只覺啼笑皆非。還有一次，一個朋友的太太過世，我打電話訂花圈，結果老闆硬是聽不懂我的口音，單是鄭字，說了四遍，他還是稱呼我趙先生，令我很生氣。恰巧一位東吳學生來看我，他幫我打電話，一樣的詞，他說一遍就辦妥了，我不禁悲從中來，教一輩子書的人，講話竟然讓人聽不懂，眞是悲哀。」

其實，有很多學生上第一堂課時會豎起耳朵，因爲聽得吃力，可是聽慣了之後反而很喜歡聽他上課。先生目前在東吳、輔仁大學仍講授「詩詞專題研究」，聽講的大多是教授、副教授及博士班研究生。化雨春風一甲子，先生可謂作育英才無數，一些知名學者如葉慶炳、曾永義、吳宏一、黃啓方、林文月、陳萬益、樂蘅軍、鄭清茂等，都是出自他的門下。

「我教這麼久的書，從沒教過低年級，一開始就是教大學。我二十六歲燕京大學畢業，在大學讀書期間曾經請假一年，在天津河北省立女子學院任教，而且是教授兼系主任的名義，這有些不可思議吧，可是當時只要校長、教育部同意即可。燕大畢業後，到北平匯文中學教書，該校雖為中學，實是大學底子，無論課程組織都依照大學，因此，一教就是九年，安之若素，很愉快。後來又曾任教燕京大學、國立東北大學、上海暨南大學，民國三十七年來臺就到臺大任教，直到六十三年退休為止。」

先生教書，循循善誘，他認為老師最重要的是「不要與學生為敵」。他舉目前大陸上國寶級的書畫家啓功先生為例，啓功先生是滿州旗人，民國元年生，現任大陸書畫學會會長，在匯文中學時，他是先生的弟子，上課很喜歡抬槓，尤其是談到佛理問題，他總是有意見，兩人經常辯論，但先生對他絲毫不以為忤。不過，若學生真不爭氣，先生還是有其原則：

「我教一輩子大學，只當過一個學生。去年有一個學生經常缺課，有一次點名後，他說下次一定來，結果他下次一定沒來，我只好讓他不及格。」

輕描淡寫地閒說著，想來心中仍是很沈痛的，先生習慣性地拍了拍頭，他好像經常如此，碰到一些費心傷神的事，他就輕拍著自己的頭，一拍，再拍，又悄悄淌過了。

「我在燕京大學讀書時，師資陣容很堅强，因為北洋軍閥割據，城裏許多學校都發不出薪水，只發四分之一，很多名學者只好到城外兼課。記得當時有所謂『五馬三沈』，是指馬衡、馬鑑、馬廉、沈士遠、沈尹默、沈兼士等八人，他們全是北大名教授，章太炎的學生。周作人也曾教過我，他聲音細，一口浙江話，學生聽不太懂，可是分數打得不嚴，很多人選。那時教室有兩個門，有些學生點完名後就溜走了，其餘不溜的，才是眞正想聽課的。沈尹默本名是君默，但人家說有口就不能默，所以把君改成尹，他有個外號叫『鬼谷子』，足智多謀的意思。」

先生說起這數十前的往事，如數家珍，從容淡緩而不激動，我們的情緒反倒給挑起來了，這些書本上讀過多次的名字，經他一說好像全活了。央他再多說些，他斜著身子，微微仰起頭，以爲他陷入了沈思，可是突然間他又開口滔滔說了起來：「錢玄同先生，脾氣爽直，教我們聲韻學，可是才半年就出問題了。當時有很多教授，考卷都晚改，分數也遲報，受過美國西式教育的註冊主任梅貽寶先生就想出個法子：遲交一天罰五元。錢玄同聞訊大怒，說我們不是賣分數的，我永遠不交！這下事態嚴重，系主任馬鑑先生趕緊打躬作揖，說爲了學生，拜託一定要交。錢玄同就說：好，分數我明天交，可是以後我不來教，薪水也不要了！」他頓了頓，又想起一個人：「我到臺大兩個月後，傅斯年校長才來。當時臺大校園眞是一片凌亂，玻璃、地板全都殘破不堪，連圖書館的地板都有人拆了拿去劈材燒。從日本手中接收過來的第一任校長羅宗洛，三十五年春就離校回到大陸去了。傅校長剛來時說：我來沒別的，只是整理校地，給大家有一個地方好做事、讀書而已。在他去世前三天，我在校園中遇見他，彼此點點頭，我就感覺到他氣色很壞，果然不久就去世了。有人說他是在議會被氣死的，有句話說：郭大炮一炮打走傅大炮。我倒認爲他是爲學校累死的。」

說著說著，胡適、臺靜農、許世瑛等人，都一一從先生的記憶中走出來，親近得像在眼前，使我們在佩服先生好體力之餘，也不禁爲他極佳的記憶力所折服。

先生的女婿從房內走出來，示意我們時間已晚，看看錶，竟已十一點了，我們只得悵然告辭。先生似有不捨，依然神采奕奕，又堅持起來送客，我們推讓再三，也深感依依。從他厚重的近視眼鏡背後，熱切的情感毫不掩飾地流露。出得門來，秋風颯颯，可是我們都有一股如浴秋陽後的暖意，久久散不去。

先生總說自己現在是「九無老人」——無父、無母、無兄、無姊、無弟、無妹、無妻、無妾、無子。語頗蒼涼，卻也自有一番瀟灑、豁達，其實，教了一輩子書，他擁有的還有滿園桃李，不論是私淑或親炙，先生那親切、風趣、博學的風采，永遠都是學生們溫暖記憶中重要的一頁。

回頭又看到先生庭院中掛著的幾盞紙燈，誰說它不亮，我分明見它在暗暗秋夜裏，在長長溫州街上，散放出秋陽般的光與熱，那燈，六十年前就一直亮著了。

（七十九年十月五日）

吳大猷先生　蔡昭弘攝

吳大猷的幾件心事

微雨輕落的夜晚，滿城燈火一如往常地連綴出一條條流動不歇的星河，車潮人聲交纏雜沓，中副主編梅新先生和我在教師節的前夕，驅車前往廣州街，準備拜訪將於九月二十九日歡度八十四歲壽辰的中研院院長吳大猷先生。一路上，奔馳與追逐的速度很艱難地控制著，不久，我們就被困在東區擁擠的車陣裏。時間是夜裏八時，雨水不規律地敲打著車頂，也敲打著我們焦急的心。

也許不該那麼晚才打這通電話，可是結束一天忙碌的工作，忽然想起過兩天是他的生日，實在就忍不住想去看他，當他從電話那端熱情地應允我們冒昧的請求時，我們並不知道這段路程如此險阻難行，於是，車子駛入濃蔭蔽天的廣州街時，我們竟覺得有些微微的唐突不安了。

進入科導會，上五樓，再轉行一道長廊，整棟建築物完全沉浸在無爭的寧謐中，這使得我們急迫的腳步不由得慢了下來。彷彿自喧囂擾攘的紅塵，一下子走進了安靜無聲的世界，尋常的寂寂長廊，倒透出幾分孤清、曠遠、敻然遺世獨立的味道。

他還是我們熟悉的樣子，一頭疏落但光閃的銀髮、炯炯有神的眼睛、寬鬆的家居衣服，以及發自內心的一臉微笑，我們的歉意、不安，似乎突然都顯得多餘了。放下院長、博士、物理學家、主任委員等名銜，他其實更像一個灑脫不拘、溫藹寬厚的長者。

寬厚親切的長者，是一介書生，有著中國傳統知識分子憂國淑世的心志與耿介不阿的脾性，這些我們都是知道的：直率不做假，誠正不自欺，一直是他的人與文章所給人的印象，這些我們也並不陌生，只不過，習慣了他在學界的叱咤風雲、輝煌的成就、傲人的記錄與充滿掌聲的榮耀，乍見他一人孤單地伏案沉思，內心不禁深深憾動而浮生些許的感傷。

煩心——報紙、電視都不太想看

現在的吳大猷，心境上早已繁華落盡，不忮不求，但身爲國內最高學術研究機構的掌舵者，他必須把重任攬在自己肩上，面對許多不平之事，他也義無反顧地放在自己心上，或直言不諱，或爲文建言，這樣的性格，無形中使他比起別人更增添了沉重的心理負擔，而且易遭誤解。但他從不在意。

「我從美國回來，不是要討好人，只是想做事，該做的、該說的，我就做、就說。我從來不說一句不是我心裏眞正想說的話，只是，有時口太寬、話太直，徒惹是非，對自己一點好處也沒有，但這脾氣就是改不了。」

八十四歲了，年輕的血性在說話時激昂的頓挫裏依稀可見，握拳、揚眉，還是不改的剛正姿勢。這樣的熱情血性，使他看不慣人間諸多的不義與混亂，因此，只好少看報紙，以免煩心。至於電視，他倒是都開著，卻不是看，只是讓房間有一點聲音罷了。

說到聲音，他最不喜歡人家稱他是「學者專家」、「學術重鎭」，什麼說話可以「一言九鼎」，他認爲全是廢話！他不以爲自己的聲音有這麼大的效力。長久以來，他只是盡一個讀書人的言責，發出內心微弱的聲音而已，常常不一定有用。最近，中研院李鎭源院士加入刑法一百條的抗爭行列，他就不以爲然：

「李院士的學術成就無庸置疑，我們也都很敬佩，可是，我總認爲刑法一百條所涉及的是複雜的法律問題，對一生不搞政治的研究學者而言，能眞正懂多少呢？七十幾歲的人，感情未免過於衝動了些。其實，當前許多政治上的紛爭，爭的都是不必要的枝節問題，徒增一片亂象，實在令人憂心，我說了也沒用，每天看報紙都只覺得煩，乾脆少看！」

盡心——科導會歷史像是吳大猷的自傳

撇開政治，聊起學術，他立刻就有了回到本行的自在興致。最近一期的「傳記文學」上，他發表了一篇有關科導會二十四年發展簡史的文章，由於身爲主任委員，科導會的許多建議、政策，都是他一手策劃、執行，所以他很坦然地說：

「二十四年來，幾乎是我一個人在唱獨角戲，所以這一篇文章寫起來，好像是吳大猷的自傳，但這是沒辦法的事，事實如此。我的房間內、走廊上，一大堆有關科學方面的國、高中教科書，可以說幾十年來，我把全副心力都放在這上面，自問對得起臺灣，也對得起自己的良心。」

繁忙的工作、會務的確佔了他大部分的時間，但他從不忘記自己教學、研究的本分，這兩年來，他在臺大物理系講授物理的發展與哲學，教材是一九七八年寫的，後來由物理學會翻譯出版。由於臺大在下學期爲他安排了十幾週的課程，準備籌款將他教學的過程錄影，因此，他想把這本書再重新增改，以便將來書與錄影帶可以併看：

「十幾年前寫的，現在不放心，打算重做一次，而且要先寫妥投影片，上課時較省時省事，但這要費一番工夫，所以現在有空就做一些，明年春天才可派上用場。」

談得興起，他翻著資料津津有味地向我們解說，知無不言的性格輕易就表露無遺了。那種得意、誠懇的神情，我在一些老師的臉上偶然見過，但是他又好像有些不同，一生在科學領域裏追尋眞理，他所煥發的光采，毋寧說是更近於一個傳道的牧師。

開心——睡前看三國演義，好玩！好玩！

在物理學界，沒有人可以否認他是這條道路上的前驅者，最近美國密歇根大學頒給他榮譽博士學位，不過是把他的地位往前推進一步而已，即使沒有這個獎，他還是走在前頭，引領風雲。大陸方面一直積極地爭取他回去看看，但他不想，幾年前自美返國定居、自願喪失美國居留權的那份決心，至今沒變，這塊土地，這裏的人民，值得他奉獻，只要有需要，他眞心願意。

「這次去美國領獎，是三年來第一次離開臺灣，因為是長途飛行，之前還特地去醫院做了全身檢查，醫生說可以去，才決定成行的。去大陸更辛苦，交通不方便，如果只是去做秀，那沒有意思，我從不做毫無意義的事。」

他說著順手從書架上取下一本大陸學者編的科學百科全書，有關物理學方面的共兩本，他翻開這套大陸寄贈的書，指出其中列名的衆多物理學家，大陸、美國等海外的很多，臺灣只有吳大猷一人。

把書放回書櫥的同時，我們看到牆上掛著一幀赴美領獎、與布希總統握手放大照片。他笑著解釋說，這是密歇根大學周到的服務，他們不但拍了照片，還送請布希總統夫婦一起簽名，再寄送給他。因為兩人親筆署名的照片並不多見，「全臺灣恐怕只有我這一張吧！」他格外珍惜地說。

我們知道他有睡前讀書的習慣，好奇地問他現在的床頭書是那一本？他神秘地開始微笑起來，露出一絲孩童似的天眞，走近一看，原來還是「三國演義」！他一面撫挲書頁、一面意味深長地向我們推薦：

「這本書陪了我幾十年，只不過以前看的是大字的石印本，現在是三民書局出版的校訂本。每晚睡前隨興翻看，但看得很仔細，寫了不少眉批，也找出一些錯誤，非常好玩，也看得開心，連這本書共六十一萬字，我都數清楚呢！實在是很有意思的一本書。」

心願——找人寫一本公正、客觀的「中國近代史」

除了「三國演義」，最近較用心讀的床頭書是陳世昌的「中國近代史概要」。雖然是床頭書，他的選擇也是有深刻的用意：

「我一直有個心願，想找一個人，寫一本『中國近代史』，因爲目前大陸上五十歲左右的人，在共黨教條下成長，對歷史的認識完全是一面倒，而國民政府方面對中共的描述也失之片面，實在很需要一本客觀、公正的近代史，給兩岸的人看。我一到中研院，就曾跟近史所的人提起這件事，而且不只一次地提，但始終沒有任何回音，令我很失望。」

在吳大猷的心目中，這位寫近代史的人，必須富有分析力、魄力與才情，呈現歷史既要能見樹，也要見林。他認爲，歷史最重要的是要將各種史實寫出來，而且找出其中的因果關係：

「舉例來說，一九三〇年，即九一八事變的前一年，爆發了中原大戰，馮玉祥、閻錫山與南京方面投入一百多萬軍隊在河南決一死戰，並且雙方暗中派代表赴東三省尋求張學良的支持，後來張學良決定支持南京，這場大戰才得以早日結束。對於張學良的投靠南京，日本軍閥頗爲驚懼，加上中原大戰規模空前、死傷慘重，導致國力大損，日本軍閥認爲機不可失，才有九一八事變的發生。這之間的關係必須詳細說明才能讓人眞正了解。」

正因爲他心中有自己的理想，因此，他希望能找到一位具有上述能力、也信得過的人來負責，只要覓妥合適人選，他願意設法籌款來支持這件意義深遠的事。兩個月前，他寫信給在美國唸中國歷史的一位年輕學者，提起這件事，獲得贊同與支持；一個月前，他又寫了一封信給在美的院士，也同意在明年召開院士會議時，返國詳談。這不是一件容易的事，他很清楚，以前傅斯年、蔣廷黻召集一批人寫上古史，拖了十幾年才完成。但是，他始終認爲，這是一件重要而且必要的大事，不能拖延，應該儘快進行。

不論是著述、讀史、講學、研究，是非分明、擇善固執，恐怕是吳大猷性格中最突出、明顯的兩大特點吧！

一直，對於眞僞對錯，他都能了然於胸，對於愛憎悲喜，也從不掩藏於心，直言無畏、好惡顯於色，使他無可避免地得罪了一些人，但也正因爲這樣的眞性情，使他贏得無數人由衷的尊敬與推重。一個畢生鑽研科學眞理的人，一個年屆耄耋猶汲汲不懈於教學、編教材的人，心中尙能念念不忘於寫史，這樣的心願實在令人動容。

離開廣州街時，十時已過，坐進車裏，才發現連一句祝壽的話都忘了說，不禁又感到一絲不安。秋夜雨絲晃漾，車潮漸稀，人聲已渺，城市的燈火有些早已熄滅，有些則黯淡了下來。我忽然覺得，有一朵灼燦的燈花正悄悄在我心裏溫暖地亮了開來。我不知道，在送走了我們之後，這位寬厚慈藹的長者，是否已疲倦得沉沉入睡？還是在床頭小燈下興味盎然地周遊三國？又或者，坐回書桌前，埋頭繼續未完的研究？

當然，我也不知道，在許多個深靜的夜裏，他是否還懷抱著這許多的心事與未了的願望入夢？

（八十年十月十五日）

祝基瀅先生

中央日報提供

臺大・政大・伊利諾

——祝基瀅在書堆裏走過風雨晴和

一如在美國加州州立大學溪口分校時，對學校大眾傳播教育的傑出貢獻，現任中國國民黨文化工作會主任的祝基瀅博士，也在自美返國三年後的今天，以其豐富的專業知識、溫文儒雅的學者風範，及對工作的全力以赴、積極耕耘，成功地詮釋了執政黨一貫追求民主、革新的理念，爲執政黨與民眾之間，扮演了溝通無礙的橋樑，並且在日益繁重、激烈的政黨競爭中，開創了一番光明、寬廣的嶄新氣象。

不可否認的，迥異於以往的國內政治環境，使得政黨的文宣工作益趨複雜，各種挑戰相對增加，因此，肩頭的責任也比以往沉重幾分，但是，不論在何種場合，身爲執政黨的發言人，他總是能在面對問題時，從容以對，態度誠懇，充滿了自信，也流露出靈活應變的智慧。對他來說，這份工作與自己的專長能夠結合，他覺得很滿意，也很感興趣。

雖然，出任現職非其始料所及，正如同在大學唸經濟系時，沒想到以後會投入大眾傳播學術領域是一樣的，祝基瀅回想自己過去走過的一路行旅，有挑戰，也有幸運；充滿了艱辛，也洋溢著歡笑。因此，不論是繁花麗景，還是坎坷險阻，他都格外珍惜、感激，從而對自己深深期許。

有半年時間，每天從羅斯福路一段走到新公園圖書館看書

其實，祝基瀅最早的興趣是文學。

童年時，適逢抗戰開始，他的家鄉福州曾經兩度陷敵，舉家遷徙在閩北各地，因此求學一直斷斷續續。小學三年級時，在福建沙縣讀書，由於體弱輟學在家休養，生活很無聊。四年級時遷居南平，很奇怪的，每天上午九時，就會腹部劇痛，歷一小時，經醫生檢查，也無寄生蟲，始終查不出病因，因此再度休學。這一段時期，生活更加單調，每天上午腹痛之後，很想找一點事做，以消磨時間。

因爲逃難遷徙，祖父和父親的藏書都留在家鄉，他不想讀學校的教科書，而父母又嚴禁閱讀連環漫畫，因此只在家中找到了兩本書：一是新出版的「中國之命運」，一是「閱微草堂筆記」。祝基瀅回憶說：

「第一本書給我的印象是，文字易解，內容艱深。後者給我的印象則恰恰相反，文字部分經母親解釋，整段故事情節很快就能了解。漸漸的，我每天必讀一小段『閱微草堂筆記』。後來母親借了一部『岳飛傳』給我讀。從『岳飛傳』開始，我接觸了其他的古典小說，如『三國演義』、『紅樓夢』等，這大概算是我對文學最初的啓蒙吧！」

一直到唸成功高中時，他對文學的愛好依然十分强烈。當年中興大學法學院前身的行政專校也設在成功中學，教室不夠分配，有半年時間只能上學半天，下午放假。於是，他每天從羅斯福路二段的舅父家，走到新公園的省立圖書館（現爲省立博物館），以看書打發時間。那時的省立圖書館有不少中文藏書，連早年上海出版的「西風」雜誌都有，他反覆閱讀雜誌中的每一篇散文和長篇文藝小說，並且，瀏覽許多中國近代名人傳記，和有關國際時事分析的書籍。回想那段在圖書館中流連忘返的日子，祝基瀅覺得，對他日後的文章寫作有極大的幫助。

受父親影響，大學唸經濟系，受祖父影響，研究所唸新聞

雖然對文學有一份熱愛，但祝基瀅大學唸的是經濟系，後來更考上政大新聞研究所，並且出國深造大眾傳播，這之間的轉變，據他表示，是分別受到他父親、祖父的影響。

他父親是從事財政工作的，曾追隨嚴前總統家淦先生在福建省政府財政廳任事，他大學之所以唸經濟系，便是受其父親影響。

「其實，以我的讀書興趣而言，當時是想考臺大歷史系，但是心想身在大陸的父親，若知道兒子與他同行，也會引以自慰，所以，我去讀了臺大經濟系。我並不後悔讀經濟，這四年使我奠定了良好的社會科學基礎，因爲，大眾傳播的範疇尚未定型，它的理論是建立在心理學、社會學、政治學、經濟學等基礎上，這些在大學課程中都已包括了。」

至於後來轉讀新聞，則是受到祖父的影響與薰陶。他祖父在新聞界用的名字是祝茂郇，曾在福州辦了一份極受歡迎的「新聞報」，也是同盟會會員，當時革命七十二烈士中的林覺民、方聲洞等人都是祝家的鄰居好友，住處只隔了一條街，與他祖父是來往密切的生死之交。他的祖母陳秀文女士還與方、林等烈士的夫人一起參加識字班，感情很好。

黃花崗之役前夕，他祖父本已決定放下一切，與好友們一起併肩作戰，但林覺民等先烈卻都不贊成，而勸他好好運用報紙宣揚革命思想，這樣對革命事業的幫助會更大，因此，在好友的勸阻下，才沒有赴義廣州，但他祖父獻身革命的意願則始終未曾稍減。民國二年時，他祖父因在報上聲討袁世凱，因而被抓入牢中，幾乎被砍頭，幸好一位俠士把他從獄中救出，才倖免於難。

「我祖父是個名士派的讀書人，革命成功後，他只在政府中做了一週工作即辭掉，因為他覺得上班限制了他下午去下棋的時間，所以他寧可不幹。他一生沒做過官，就是這一星期而已。福州兩度淪陷時，日本人曾兩次找他出來主持偽政府，但他堅持不肯，也許是辦報時認識的一些日本朋友暗中幫忙，日本人始終沒有惱羞成怒而抓他。」

祖父一生堅持的辦報理想與救國熱忱，對祝基瀅在日後生命流向的選擇上，提供了可資效法的標竿。至今他仍有此心願，如果回到大陸，一定要在家鄉辦一份報紙，服務桑梓，以繼承祖父的遺志。福州是五口通商的都市，貿易發達，他認為要辦一份報紙並不難。

與哥哥兩人離家來臺，只帶一床舊棉被

民國三十八年，北方變色，大批流亡學生南下。祝基瀅家就住在福州省政府旁，因此有許多流亡學生每天睡在他家門口，當時他祖父已生病，獲悉後，就鼓勵他與哥哥一起到臺灣去，不要留下來。恰巧有一位親戚是軍人，從南京撤退要到臺灣，途經福州，到他家來，他的父母遂託那位親戚帶他們兄弟走。

他們含淚揮別父母，搭乘中字一〇六號登陸艦離開家鄉，到臺灣投靠舅父。直到一九八一年，他父母才到美國與他團聚，然後遷居來臺。

回想起那兵荒馬亂的時代，一路顛沛逃難的生活，祝基瀅不勝感慨地說：

「剛到臺灣來的那段時期，生活非常艱苦。在心情上，一個十四歲的孩子，與哥哥兩人，寄居在舅父家，與大陸上的父母音訊斷絕，而大陸上又不斷傳來清算、鬥爭、槍決等惡訊，家仇國恨使我內心抑鬱，不得化解，常感寂寞苦悶。在物質方面，舅父是小公務員，家境並不寬裕。三十八年秋天，我進入成功中學就讀，還記得穿的常是破底鞋，一套制服要穿六天，週日才洗。我唯一從大陸上帶來的是一床舊棉被，很硬，根本睡不暖。」

在那種處境下，心靈唯一的依靠就是兄弟互相鼓勵，以及接近書本，獲取知識上的滿足。但是，他哥哥身體不好，中學畢業時恰好生了一場重病，未再升學，於是遠赴臺東做事。他們拮据得連通信

的郵資都買不起，於是想到一個取巧的方法，把寫好的薄信紙夾在捲起來的雜誌內寄去，因爲印刷品比較便宜，他哥哥回信也是用他寄去的舊雜誌，再捲起來寄回。

「我哥哥現在是郵政總局的一個主管，我們常開玩笑地說，欠了郵政局很多郵資呢！」祝基瀅微微笑了起來，似乎，許多的辛酸苦澀都隨著笑容飛遠了，但不論飛得多遠，滄桑的記憶永遠在心版上烙印下難以湮滅的影痕。

患難手足的眞情，在另一件事上也可看出。祝基瀅因對文學的愛好，因此，從高中開始，他就參加許多論文比賽，常能榜上有名。他記得第一次得的獎是經國先生在總政戰部主任時所辦的「克難」論文比賽，與教育廳合辦，大概是民國三十九或四十年，他獲得全臺灣克難論文比賽，高中組的第一名，獎金是四百元，這在當時是一筆不小的數目。他領了這筆錢後如何處理呢？

「我把這筆錢寄給我哥哥，讓他充當旅費，從臺東坐車到臺北來參加考試，那時候從臺東到臺北要花二、三天的時間，需要一筆錢才能成行。」

臺大四年，生活清苦但收穫豐碩

飽嚐離親之痛的祝基瀅，對手足之情格外珍惜，此外，年輕卻懂事的他，也珍惜升學的機會，拚命讀書，立志想出人頭地。果然，高中畢業後，同時考取臺大經濟系、師院史地系和當時行政專校地政系。

進入臺大經濟系後，他刻苦自修，多方選課旁聽，努力充實自己渴望的社會科學知識。至今，他仍對幾位經濟系的老師印象深刻，因爲他們或在學問、或在人格風範上，都曾給他許多影響。

例如大一教政治學的薩孟武先生，一口福州國語令很多同學直搖頭，無法記筆記，但對他而言，卻倍感親切。當然，薩先生對他影響最深的，不是他的國語，而是組織能力，這在薩先生的演講和文章中充分表現出來，不論穿揷多少幽默的故事，都與主題有密切關聯。

此外，他也透露，由於知道薩先生在閱試卷、讀文章時特別注意內容和組織，因此，祝基瀅在答試卷時，每次都用紅筆劃出答案的重點，果然考試都得高分。

大一的經濟學概論、大四的經濟政策這兩門課，都由施建生先生講授，祝基瀅回憶說，在當時，施先生是系上最年輕的教授，也是批評政府經濟政策最有力的教授之一。大四下學期，政府發表施先生出任高教司司長，學生一早閱報已經知曉，當施先生一如往常跨進教室時，全班同學不約而同地鼓掌致賀，施先生先是一怔，繼而恍然大笑，最後故作生氣狀，教訓他們說：「我們相處了四年，上過無數次的課，你們從來沒鼓過掌，今天當了司長，你們就鼓掌，滿腦子還是傳統『學而優則仕』的思想，我灌輸給你們的現代經濟學知識，和先進工商社會的企業觀念，顯然對你們並無影響，怎不令人失望？」

這番話令祝基瀅深感獲益匪淺，並在往後做事的過程中，時時以此自我警惕。

另外，在臺大經濟系的教授中，他對一位張果爲先生仰慕甚久，因爲抗戰期間，張先生出任福建省銀行董事長，在福建省銀行發行的紙幣上，印有張先生的簽名，因此他從小就認識張先生的大名，而在童年時一度想做財政廳長。但祝基瀅到大三選張先生的財政學時，已經不想做廳長，而只想做一名新聞記者了。

至於當時一般大學生的生活，祝基瀅用「清苦」二字來形容。他舉了一個有趣的例子說，很多同學都沒有手錶，同班的一位好友，在大四那年，利用一筆獎金買了一只手錶，那一學期，這位朋友每節課中幾乎每五分鐘要看一次錶，大大影響了聽課的注意力，當然，他因注意同學看錶的次數，聽課的注意力也不能集中。現在，那位好友已是一位名教授，子女手上人人一只好錶。

「回頭重溫那段日子的種種情景，覺得自己的收穫還是不少。在學業方面，摸到了一些做學問的方法；在人際關係方面，擴大了接觸面；在思想上，開始建立屬於自己的人生觀。最可貴的收穫則是友誼，久而彌堅的友誼。我至今仍非常懷念在臺大的那四年歲月。」

宛如一條湍急壯闊的大河，蜿蜒曲折地一路前流，轉一些彎，撞擊一些四散的水花，但整個洶湧的水勢，還是朝著源頭初起時嚮往的大海奔去。文學、歷史、經濟，茁壯了這條河。

瑰麗的夢想，像一顆深埋的種子，在醞釀，在蓄勢待發，只要陽光、小雨灑落下來，就會破土而出，撐起一片新綠的天空。

民國四十三年政大新研所在臺復校的消息，正是他等待已久的陽光小雨。唸完一年級的祝基瀅，覺得祖父的形象愈來愈清晰，心裏不時竄升起一股巨大的力量，彷彿有一個強烈的聲音，不停地告訴他要轉唸新聞。這個聲音愈來愈大，他埋頭苦讀的時間也愈來愈長。

大三那年，他終於下定決心考新研所。

「做了這個決定之後，我的讀書計劃大受影響。一方面繼續研讀經濟學的書籍，一方面閱讀新聞學的資料，以準備夏天的研究所入學考試。當時國內新聞學書籍非常缺乏，記得只有中央文物供應社出版了董顯光先生等合著的『新聞學論叢』和劉光炎先生著的『新聞學』兩書。在投考前，我再借到政大新聞系的講義一本，以及早年大陸出版的『新聞學』一冊。很幸運地，我考上了。」

為出國留學，辭去新聞局科長職位，並延後婚期

新聞研究所畢業之後，祝基瀅並沒有往報社工作這條路走，對這一點，他表示完全是機緣所致。他說，當時國內剛開始有高考，新研所的學生考高考的風氣很盛，他去考「新聞行政」時，在考場中認識了一位在新聞局工作的陳高唐先生。放榜後，共錄取四名，陳先生考第一名，他是第二名。不久，陳先生升科長，因爲局裏有缺，遂找他到第二處（國際關係處）工作，就這樣，他進了新聞局。那時的局長是沈錡先生，現在駐南非大使的陸以正則是他的處長。

「其實，我有一個機會可以進中華日報。」祝基瀅補充說：「當年金門料羅灣事件死了幾位新聞記者，其中一位是中華日報專跑美軍軍事新聞的記者，後來他們招考記者，補這個人的缺，那時中華日報的編輯部在中山北路，總編輯是歐陽醇先生，幾十個人應試，我考取了。歐陽老師在口試時對我

說，下週一來上班，負責跑美軍軍事新聞。回家之後，我告訴外祖母說，要去中華日報上班了。她老人家一聽就問我，是不是去頂那個死人的缺？我說，是啊！結果她堅決不讓我去。如果那一次我進了報社，可能早已踏入新聞界了。

「不久，高考放榜，我問外祖母說，新聞局的工作可以去嗎？她很快答應了，因爲那不是頂死人的缺。所以，很多事都是有機緣的。」

民國五十二年時，祝基瀅已在新聞局分配有宿舍，也計劃在十月份結婚，生活似乎在平穩的軌道上如常地前進，快樂、安定的日子也即將到來。就在滿懷憧憬、前景可期之際，他突然同時接到加拿大英屬哥倫比亞大學（溫哥華）的入學許可通知，這份通知，攪亂了他的生活，也使他面臨了生命中另一次的大轉折。仔細衡量後，他還是想去，經與未婚妻商量，她非常贊成，不僅如此，連岳父、母都鼓勵他出國進修，所以，那年的八月底，他就遠赴加拿大唸經濟，後來又由加拿大轉到美國南伊大唸新聞。出國的機票錢還是在電力公司工作的表哥借給他的。

「記得我到臺灣銀行去結外匯時，我大學經濟系的同學，已在臺銀負責外匯工作了，他很奇怪地問我，畢業六年了，還出國唸書幹什麼？我起初心裏一怔，覺得不錯，但我已決定出去，一點也不後悔。」

省吃儉用，一學期伙食費只用四十美元

到美國南伊大唸書的祝基瀅，又再次嚐到了當年少小離家時的拮据、困窘，只不過，歲月的歷練和知識的增長，已使他由初懂人事的小孩，蛻變成迎向挑戰的年輕人。如今，再大的辛酸，被歲月幾番沖刷，也已漸漸的在記憶裏沈澱出一絲淡淡的甜蜜，他甚至有些懷念起那種與生活挑戰的日子：

「一九六四年，我在南伊大唸書時，曾經一學期伙食費只用了四十美元，當時每學期的學費也不過六十美元。每天省吃儉用，美國牛奶很便宜，我常常買來喝，再吃些麵條、一些肉，就以四十美元過了一學期。」

爲了應付日常生活的開支，祝基瀅到南伊大新聞處兼職。對這份工作，他表示，必須感謝他的老師克萊敦教授。克萊敦教授曾在政大客座，也兼新聞局的外籍編輯顧問，因爲業務關係，與祝基瀅時有接觸，看過他寫的英文稿，覺得不錯，所以在南伊大時，推薦他到學校的新聞處工作。

那是一個組織相當龐大的單位，工作性質是每天定時向新聞界發稿，並應新聞界之要求提供特殊資料。每天工作四小時，服務範圍以伊州和密蘇里州東部爲主。每一位新聞處的新聞人員都有固定的採訪範圍，他是負責學校對國外的活動，包括研究合同、交換計畫，和來自國外的留學生以及學校附近的宗教活動。由於已在國內新聞局工作了三年，因此，他對於處理國際活動的新聞並不生疏，很快就駕輕就熟。

「這個工作，我做了六年，天天訪問、寫稿，累積了不少經驗，深感樂在其中。」祝基瀅覺得那眞是一段充實、難忘的時光。

此外，寒暑假時，克萊敦教授又介紹他到地方報館「共和人日報」工作。「採訪的第一條路線是從殯儀館開始。」他微笑地說，這是有道理的，因爲美國是各地移民的大熔爐，各國人都有，如果把死者的名字拼錯，死者親屬會痛罵你，這樣可以訓練挨罵，學習拼對名字，這其實是很重要的基礎訓練。而且一週薪水有八十元，算是相當不錯的待遇。

正由於這些實際的新聞經歷，使他在一九六九年聖誕節寫信給幾所大學申請教職後，元月七日就收到紐澤西一所大學的邀請，不過，他後來選擇了加州州立大學。

在中國餐館分菜，在賭場掃地打工

一九六四年的夏天，祝基瀅和太太林如在紐約結婚。和許多赴美進修的中國留學生一樣，他們也不得不利用課餘時間打工，賺取學費及生活費。他們首先在紐約博覽會中打工。祝基瀅經同學介紹，到博覽會一家猶太人經營的快速餐館，專賣九毛九一餐的所謂中國菜，餐館名曰「重慶館」。

「我去應徵，經理說，廚房需要人，明天即可上班，工資每小時一元二角五分。誰知道工作第二天，左手腕就被熱氣燙傷，紅腫潰爛，至今手上仍留傷痕。領班遂調我去分菜，不必跑路，但一站就是四小時。中午十二時上班，要到下午四時才休息吃『午』餐。四時半開始，又馬不停蹄地忙到八時才下班。」

這個工作，他做了三個月，使他深切體會到勞動工作者生活的一面，他們的物質生活雖然貧乏，但精神是愉快的，大家的膚色、語言雖異，但情感卻很眞摯。一個夏天下來，打工賺了近一千美元，加上又有獎學金，他頗爲興奮地說：「等我取得博士學位時，銀行中已略有存款，甚至還開了一輛雪佛蘭的車呢！」

不僅如此，祝基瀅也在賭場打過工。一九六五年的夏天，加州有一家「撒哈拉達和」賭場開幕，招募記點寫票、掃地等臨時工，記點寫票的人需經訓練，而且不一定錄用，掃地工作則不必訓練，一定可以錄用，於是，他太太去應徵記點查票工作，他則去掃地，一天八小時。他常開玩笑說，太太是技術工，自已則是出賣勞力的。

「掃地其實很有樂趣，可以看到各色各樣的人。而且賭場中因玩『吃角子老虎』不小心掉在地上的銅板很多。一天掃下來，總有一、二元的『外快』。賭場的規矩，錢掉在地上，誰撿到就是誰的，一點也不會有爭執。此外，免費欣賞當地的風景，享受那裏的氣氛，也是工作之外的樂趣。」

沒有一絲埋怨，他在異鄉掙錢度日，也沒有一點怠惰，他始終埋頭苦讀，汲取新知。對他來說，生命的每一步，都是踏實的見證，唸書時如此，打工時如此，教書時也不例外。

主持大眾傳播研究中心，走在風氣之先

祝基瀅在加州待了十九年，起初加州州立大學要他負責規劃大眾傳播學系的研究所課程，兩年之後要成立，但隨著一項項計畫的順利完成，這個原本只是大眾傳播的研究所，逐漸擴大爲研究中心，

教學與研究並重，其規模相當於六個系：新聞系、廣播電視系、公共關係系、資訊系、教學教育科技（即視聽媒體）系、美工設計系。在一九七〇年代即有美工、資訊等系，是走在風氣之先的。國內近幾年開始發展的電腦畫面，那時已在進行。

「全校一萬二千人，我們中心的學生即有一千二百人，佔了十分之一。對我而言，主持這個龐大中心，並不覺得因難，這或許與我在新聞局的行政經驗、南伊大的採訪經驗有關吧！」

這個研究中心的從無到有，他投注了相當的精力與時間，無論是師資延聘、課程設計，或設備添購，在在都顯示出他縝密的思慮與正確、前瞻的眼光，這使他博得了同事、學生的敬重。在以前沒有外國人當選過的全校教授參議會中，他競選並當選過參議員，而且在參議會的三個委員會中，做過教育政策、教授人事這兩個委員會的召集人。

這些職務的歷練，對他做事能力的培養幫助極大，他欣慰地表示，當年在參議會提案通過的若干條例，至今仍在實施。他覺得，這就是一種肯定，也是一種快樂。

心，愈來愈堅定；路，愈來愈寬廣

民國七十七年十二月，他放棄了美國加州州立大學穩定、高薪、發展可期的職位，返國投入黨務工作，轉眼已屆三年。一千多個日子，書生報國的本色不改，學者從政的風範依舊，正如同幼年聽長輩們提起祖父獻身革命、辦報救國時的嚮往一般，他愈來愈能體會祖父那種慷慨激越的滿懷壯志，一腔熱血，而且，深深引以爲榮。

從當年登陸艦上揮淚離家的回顧茫然，到今日的肩扛重責、鬢髮微霜，祝基瀅在書堆裏成長，在風雨晴和中走過自己的悲喜苦樂，像一樹清麗雅潔的美麗花蕊，看到無盡蔚藍的穹蒼，正飽含水分，一步一步的向四方舒展，向天空綻放。

走過一路歲月迢遙，如今的祝基瀅，依然深深覺得，心愈來愈堅定，而路也愈來愈寬廣。

（八十一年三月十六日—十七日）

鄭子瑜先生　　　　黃玉懿攝

打碎了的墨水瓶

——鄭子瑜教授艱辛的治學歷程

打電話給鄭子瑜教授前，我十分擔心語言溝通的問題，萬一他不會說國語，我蹩腳的廣東話恐怕得硬著頭皮上場。這令我頗感頭痛而有些猶豫。電話一接通，從彼端傳來一句標準的廣東話：「搵邊個？」我心一涼，結結巴巴說明了身份，沒想到他立即改口，流利的國語脫口而出：「我是新加坡來的，那邊也講華語。」原來這場訪問最大的障礙根本就不存在，我不禁感到雀躍而鬆了一口氣。

初夏天氣，晨間稍覺微涼，我從沙田車站搭中文大學的校車上山。走進中國文化研究所，一座小池首先映入眼簾，細碎紛飛的濛濛水氣，被閃閃初陽一照，倒也十分熱鬧多姿。不過，整個研究所的氣氛肅穆而雅靜，外面學生來往的嘈雜聲到此似乎都止了步。

由於碩士論文研究晚清詩人黃遵憲的緣故，對首先提出「黃學」一詞的鄭教授，事實上早已在一些文章中多所熟識，絲毫不覺陌生，果然，木門甫開，鄭教授便親切地迎我入內，臉上洋溢著開心的笑意。

「臺灣的學生，你是第一個來看我的！」

我聽了有些訝異。他隨即又補充道：「大陸研究黃遵憲的人很多，如古直、汪向榮、任訪秋、吳劍青、鍾叔河、麥若鵬、楊天石、盛邦和、鄭海麟等；香港方面有吳天任、羅香林、左舜生、王德昭等；新加坡則有林文慶、陳育崧、王仲厚等；日本也有很多。但臺灣地區，據我所知，只有程光裕、張朋園而已。其實，黃遵憲是非常值得深入研究的。這幾年來，大陸有很多研究生來信跟我討論，相關的論文也不斷發表。」

鄭教授是研究黃遵憲的專家，一九五九年曾由新加坡商務印書館出版《人境廬叢考》一書，但此書在臺灣不易見到，於是他很熱心地要找出來給我看。趁此機會，我瀏覽了他的研究室。四坪大的空間，堆滿了書籍、資料，許多正待整理的文稿也堆疊散置。但是，他很快就找出了這本書。

長年失業，在挨餓中成長

「研究室內怎麼放了好幾口皮箱？」

「因爲我經常會回新加坡，有時也會去臺灣，我的媳婦住在臺中呢！」他提高了嗓子繼續說道：「我是一九一六年生於福建漳州，家境貧寒，一生出來便在挨餓中過日子，又由挨餓中成長。父親名濟川，長年失業。我有一個哥哥，兩個弟弟，但都在重病時因請不起醫生而活活死去。我不知有幾個妹妹，只記得一出生就送給人家做童養媳了。」

說到這裏，鄭教授的神情有股掩不住的寂寥，但他依然平靜地娓娓訴說這些半世紀前的往事：「我五歲進小學，買不起筆，常從操場上撿拾同學們用剩丟掉的鉛筆屑；買不起課本，就從同學那裏借課本來抄，這養成了我以後喜歡寫作的習慣。小學會考得到第一名，免費進入福建省立第八中學。高中尚未畢業，便以同等程度考入集美學校師範特別班，學、宿、膳費全免，但須兼任教學工作。不料畢業就失業，於是我報名加入教育廳委託廈門大學開辦的中等學校教師進修班。我沒有正式上課，更沒畢業，但後來卻得到了一張畢業證書。即使如此，我仍難逃失業的厄運。那時家鄉的情況一團糟，民生困苦。我父親也是個讀書人，卻永遠找不到工作，生怕我重蹈他的覆轍，本來不贊成我去讀書，但我卻自己鑽進學校裏去。不意讀了許多年的書，仍得賦閒在家，所以父親看見我讀書寫作便發火，甚至打碎了我的墨水瓶。於是，我離開家，乘桴南渡，那時我才二十來歲。」

受黃遵憲侄兒黃伯權鼓勵而開始研究

這眞是一段艱辛又困苦的求學歷程。離家之後，到那裏去呢？又怎麼會研究黃遵憲呢？許多的好奇與不解頓時萌生，他似乎看出我的焦慮，很快地接下去說：

「我到過北婆羅洲、汶萊、沙撈越和新加坡，長期從事繁重的工作，過著非人的生活，但始終堅持不懈，利用一切機會讀書。直到一九五八年，才稍有喘息的機會，得以從事比較深入的學術研究。那時黃遵憲的侄兒黃伯權剛自中國銀行新加坡分行總經理退休，我和黃氏有交情，得到他的鼓勵，開始對黃遵憲的思想行誼做一些研究工作，最後編寫成《人境廬叢考》一書。我的一些意見，頗能被研究黃遵憲的學者所接受。日本的黃學研究者對我尤其偏愛，像鈴木虎雄、實藤惠秀、鈴木由次郎、增田涉等，都曾和我通信討論問題。一九六一年，我爲《南洋學報》主編了《黃遵憲研究專號》，更受到海內外學術界的重視。一九六二年，應聘至日本，在中央大學、早稻田大學、大東文化大學、東洋文學研究會等學術機構巡迴講學。」

鑽研中國修辭學，成就斐然

鄭教授除了研究黃學外，也專力於修辭學的撰述，成就斐然，爲何會選擇此一研究方向呢？我提出心中的疑問。

「在去日本講學之前，我已經閱讀過一些修辭學的著作。我細心研究陳望道的《修辭學發凡》，發現了一個奧秘：不論那一門學科，只要能深入研究，就會透徹了解，發生濃厚的興趣，甚至廢寢忘食，久而久之，定能有一些成就。於是我將自己的一得之見寫了封長信給我所敬仰的陳望道先生，和他討論『照應』的修辭法。後來這封信曾獲香港報紙和日本刊物轉載，在海內外修辭學界曾引起小小的漣漪。六十年代初，我又陸陸續續寫了一些修辭學的論文，其中〈漢文的特殊修辭技巧〉一文，東洋文學研究會會長大矢根文次郎利用〈編後話〉全文加以推介，並讚譽有加。這件事增強了我的自信心，我更加苦心鑽研修辭學。一九六四年四月，我應聘任東京早稻田大學語學教育研究所客座教授兼研究員，每週給該校文學院和教育學院的教授們講授兩個小時的「中國修辭學」。就這樣，我竟然一躍而成爲國際著名大學的教授。」

鄭教授最近也由臺灣的文史哲出版社修訂重印了《中國修辭學史》一書，這本重要著作，曾被大陸學者郭紹虞譽爲中國第一本修辭學史。有關此書的撰寫過程，他說明道：

「一九七三年，我應邀發表論文於英國牛津大學舉辦的世界漢學家會議。一九七八年，東京大東文化大學爲了創辦外語學研究院，聘請我爲『中國修辭學研究』教授，我遂乘此機會整理以前搜集的資料，並夜以繼日，動筆撰寫《中國修辭學史稿》。由於身居海外，研究困難重重，正感心灰意懶之際，忽然接到德國學者Dr. Harald Richter的來信，告訴我一九七九年第一期的《復旦學報》刊有陳望道的《治學特點》一文，引用了我的《中國修辭學的變遷》。我之所以能在治學條件遠不如人的情況下，終於在一九八一年完成此書，實得力於這篇文章的及時鼓勵。」

學無師承，一切都靠自己摸索

鄭教授提起這些年努力走過的點滴往事，精神始終振揚高昂，畢竟，在困苦環境中要不改讀書之志，他是比常人付出了更多的辛酸代價。

「我學無師承，一路都是暗中摸索，孤軍奮鬥，所以比別人多走了許多彎路；又由於長時期無法在學術機構任職，而非學術性的工作又極爲繁重，迫得我喘不過氣來，所以雖然剝奪了我很多的睡眠和休閒時間，讀書終究有限，成就也非常薄弱。記得在編寫《中國修辭學史稿》那兩三年，還有較早時在早稻田大學與實藤惠秀教授共同編校《黃遵憲與日本友人筆談遺稿》的那一年，不論週末、週日或假期，也不論氣溫多冷或多熱，我都是日夜鑽研，幾乎全無休息，才使這兩本書得以完成。我在寫學術論文時，曾立志要做到每一篇論文都須有自己的心得才行。我研究黃遵憲，有我的創見，雖然並不多。至於研究修辭學，創見就較多了，似乎我的《中國修辭學的變遷》和《中國修辭學史稿》這兩部書可以說全是創見，因為在我之前，還沒有人寫過類似的書。」

治學成敗的關鍵全在有無決心

從墨水瓶被父親打碎的那一刻起，經過數十年漫長的研究生涯，到如今卓然有成，鄭教授以充滿無限慨歎的口吻說出他內心的想法：

「按理說，我早該放棄學術研究了，然而我卻心有未甘，仍舊死抱住學術不放，可以說是自討苦吃，愚不可及，結果事不止倍而功尚不及半。我希望世間像我這樣不幸遭遇的不會再有。從一九三五年在上海《逸經》文史半月刊發表文章至今，已超過半個世紀了，只有對黃遵憲的研究比較有心得。我認為治學成敗的關鍵全在『決心』的有無，只要持續研究就會深入了解，深入了解自會發生興趣，所以說興趣是可以培養的。興趣既發生，欲罷不能，日子久了，自然會有一些心得。這是我長期以來最深的一點體驗。」

訪談至此，時間已近中午，但鄭教授依然興致勃勃地說起目前正在研究唐宋八大家古文修辭的進展。我要求替他拍攝幾幀照片，他欣然同意，很嚴肅地坐在他日夜研究、工作的案前，案上書稿堆叠散置。閃光燈一閃，我彷彿見到了七十年前，他因買不起筆，而在操場上撿拾同學們丟掉的鉛筆時，那瘦小、憂苦，但堅毅的身影……

（七十九年五月十七日）

陳鼓應先生

北大十年

——陳鼓應的道家心路與人間關懷

前臺大哲學系副教授、北大哲學系教授陳鼓應，在倉惶離臺十四年後，終於結束了無根飄泊的流浪生活，回到臺灣。

撫今追昔，五十八歲的陳鼓應，面對臺灣政治環境的變遷，人事浮沉的更迭，不禁有強烈的滄桑之感。昔日與他一起議論時政，或浪跡海外的異議分子，如今多已晉身國會殿堂，成爲檯面上的焦點人物。而他則不失讀書人本色，即使生活在動盪的環境裏，也始終沉潛在老莊哲學的天地之中，安然不改其志。

「除卻文章無嗜好，世無朋友眞凄涼」，這句前人的詩，或許可以道出他一貫的生活重心與生命型態。在學術與政治之間擺盪多年，他最珍惜的永遠是朋友與文章。

面對受他牽連的十幾位同事，他心中愧疚，希望社會還他公道

二十年前，臺大哲學系事件發生，最早被解聘的陳鼓應，到政大國關中心後，有關單位規定他五年不准寫文章，也不准演講，開始一段「學術軟禁」的生活。他沒有辦法，只好閉門讀書，鑽研先秦諸子學說。也是在那時，許多朋友都不敢和他來往，甚至也不敢和他走在一起。有一次，一個朋友晚上來看他，離去時下雨，陳鼓應想爲朋友撐傘，也因朋友怕被人發現而遭婉拒。

似乎，朋友與文章，突然間都棄他而去。陳鼓應的生命因此起了很大的變化，不但從此展開坎坷的學術生涯，也嚐盡了人間的冷暖。

五年後，陳鼓應要求開一門「莊子」課，仍然被拒絕，一切學術活動也不被允許。情緒沮喪而沉悶的他，因緣際會地參加了六十七年的國代選舉，不料競選活動不久即因中美斷交而中止。當時國內政治情勢頗爲緊張，許多人紛紛出國，陳鼓應也赴美爲雜誌募款及旅遊，但沒想到，這一出國就回不來了。

被限制入境的陳鼓應，定居於美國加州柏克萊。後來在一偶然機緣下，赴大陸任北京大學哲學系客座教授，開設老莊研究等課程。在離臺十四年間，他一直致力於講學與學術研究，從未參加政治活動。其間他曾十六次申請返臺，但直至今年三月間才獲准入境。

「其實，臺大哲學系事件我眞的很冤枉，我根本沒有搞讀書會，學生讀什麼書我不清楚，他們頂多是讀了英文本的馬克思主義而已，這其實也沒什麼，但我當時眞的不曉得。不過，這件事已經過去了。」陳鼓應回想起當年的情景，語氣中雖不失激動，但更多的是歲月洗煉後的冷靜與坦然。如果會有一絲不平，那恐怕也不是爲自己，而是當年受他牽累，先後被解聘的十幾位同事與朋友吧！他說：「這些人受我牽連，我心裏有很大的愧疚，很希望能爲他們做些事情，同時也盼望這個社會還給我們一個公道。」

回臺之後，他已明顯感受到整個政治、社會氣氛的民主、開放。尤其是他曾到立法院，看到不同政治立場、意見的人，私下還是好朋友，他格外感到高興。「我初下飛機，朋友說我怎麼沒有笑容，那是因爲我還有那種戒嚴下的心情。但是接觸了此地的朋友後，我發現眞的不同了，不同意見的人，友情仍在，人生最可貴的不就在此嗎？」

至於曾經讀書、教書過的臺大校園，在異鄉的陳鼓應也是經常魂縈夢回，畢竟，他曾在此意興風發，也在此遭受無情的打擊，校園裏的一草一木，在十四年的睽違後，依然熟悉、鮮明地烙印在他心版上，一旦舊地重逢，難免觸景生情，不勝唏噓，「我回臺大走了一圈，看到高聳的椰子樹，奔放的杜鵑花，舊時的回憶，不禁一陣陣湧上。」

遺憾的是，二十年前，陳鼓應人在臺大，卻追懷北大五四精神，後來他在北大，又無時不能忘懷臺大怒放的杜鵑。這樣的際遇，似乎註定了陳鼓應飄泊與孤獨的命運。不過，幸運的是，他不必告老異鄉，更重要的，現實環境裏的孤獨與冷漠，他在學術研究的天地裏尋到了溫暖與依靠。道家哲學的逍遙自適，使他時而有夢蝶的浪漫，又不失大鵬衝天的壯志。北大近十年的沈潛，他平靜讀書度日，生活淡泊自足，埋頭在心愛的學術研究裏，有了璀璨的進展與受人矚目的成就。

第一位在大陸執教的學者，被扣上「投共」的帽子

從臺大到美國，再由美國到北大，現在又回到臺大，這一路走來，陳鼓應語重心長地說，他的人生完全不是照自己的計畫發展，一切都是偶然。

「一九七九年，我到美國，承杜維明教授的推介，到加州大學柏克萊校區做研究工作，由於申請基金的緣故，我選擇的課題是『臺灣知識分子的改革運動』。後來，芝加哥大學有一研究五四新文化運動的小組，由鄒讜教授主持，邀我加入，並以陳獨秀爲研究對象，因爲我過去研究的是先秦傳統文化，因此，想與五四知識群的文化觀做一番比較。爲了收集資料，我去過日本、香港，最後還去了大陸。」

當陳鼓應埋首於研究工作時，他也必須與生活的艱難搏鬥。他的太太湯鳳娥四處打些零工，四口之家擠在大學旁租賃的兩房一廳的屋子裏，年屆中年避走海外，人生地不熟的困境可想而知。但是，也就在那段艱苦的日子裏，他寫了不少極有價值的文章。

在柏克萊時，有一知名的訪問學者趙寶煦教授，拿他被譯成英文出版的老莊著作，向時任北大哲學系主任的黃楠森教授推薦；另外，在耶魯大學的一位訪問學者，是北大校長張龍翔的學生，也同時推薦，因此，他於民國七十三年八月，進了北大研究並講學一年。

起初，他與北大的關係是鬆散的，因爲他在搜集陳獨秀的資料時，發現有些檔案僅供內部參考，

必須列名隸屬於某個單位，才可透過單位的資料室去訂閱，因此他希望能成爲北大的成員，但並未言明專任或兼任，這樣他有時必須返回柏克萊做研究才可來去自如。

陳鼓應是第一個在大陸執教的學者，在當時的政治氣氛下，被扣上「投共」的帽子，一點也不意外，只是又有多少人了解，他在滯美七、八年裏不斷申請返臺，而他第一次到大陸是第六次申請被拒絕之後。

「當時臺灣的黨外雜誌『前進』周刊中有一篇文章提到，李雲漢將軍見到鄧小平，提議並推薦我到北大。其實，我根本不認識他，這完全是風馬牛不相干。」對這些硬加在他身上的指控與附會，他顯得十分無奈，但也只能付諸一笑。一笑泯恩仇吧？紅塵人事的糾葛終究比不上學術天地的寬廣，讓他心動，讓他覺得自在。多少風雨走過來，在他的心中，書房的一燈熒然，永遠是他最終的依靠與溫暖的慰藉。

「五四知識群有很多值得研究之處，如章太炎、陳獨秀等，他們的生命型態都很精彩。我花了不少時間，想從陳獨秀的身上，看出貫穿他一生的民族危機意識與追求民主自由的精神。透過這線索，可以看出政治、社會結構的變遷，以及知識分子對時代的反應。」

在北京除了講課、做研究外，不參加政治活動，連過年也照常看書

但是就在他專研的過程中，恰好有一朋友對他說，大陸學界受蘇聯的影響，對尼采的誤解比對陳

獨秀還深，這引發了他開設尼采、莊子哲學課程的機緣。同時，北京有一所民間首辦的「中國文化書院」，由湯一介教授任院長，其師資來源是以北大及社科院的一群教授為主，如龐朴、包遵信、李澤厚、杜維明、陳鼓應等，還有一些是資深學者，如馮友蘭、梁漱溟、季咸林等，共有三、四十人，輪流演講，完全是私學型態。但很多年輕講師、研究生都來聽講。湯一介就請他講「尼采哲學與莊子哲學的比較研究」。於是，他一方面為此演講準備，一方面也在北大以此講題開課。

「我在北大，除了這門課外，還開過老莊哲學、道儒墨法論、稷下道家、帛書黃帝四經等課。幾個月前，易傳繫辭出土，全世界都極為重視。我一邊研究，一邊開了帛書繫辭研究的課。北大是學術前鋒，課堂上差不多有三分之一的外籍生，還有很多博士生，他們都想了解這些最新資料。我花了很大功夫在準備教材。」

讀書、備課、研究，佔去了陳鼓應大部分的時間。他的生活很規律，住的是向公家借的房子，不必繳房租，有三間書房。通常他白天不出門，在家看書，如果有臺、港、美國的朋友來，他也會告訴對方，自己要讀書。陳鼓應笑著說，他一到北京，太太就勸告他，除了講課、做研究外，政治活動少參加，他欣然同意。事實上，北京太大，從北大到王府井就要走一個多小時，一進一出要花三小時，因此，除非有特殊情況才會在白天出門。

「我騎車三分鐘即到北大校園，那裏空氣好，我早晨去做做體操，完全是應付式的活動，不花太多時間。如果要聊天，因為必須與北京的學者交換學術意見，而且我也負責刊物的約稿工作，就會邀約他們利用吃中飯時邊吃邊聊。一到晚上，則有學生來，有時和他們一起在校園中散步。」

安貧樂道的精神，在陳鼓應單純、簡樸的生活型態中，充分顯露出來。他天天看書、寫文章、準備資料，日復一日，沒有週末、假期，連過年也照常看書。不煙、不酒的他，每天晚上十二點前一定睡覺。以前喜歡爬山，或者到頤和園南邊去游泳，這兩年幾乎沒有了。不過，從小就喜愛看電影、話劇的他，對藝術欣賞活動倒是一直熱中，大陸第五代導演的電影，人民藝術學院的每一齣話劇，他都不錯過。

一篇「論道家在中國哲學史上的主幹地位」文章，引起很大爭議

正因爲生活的重心都擺在學術研究上，下筆速度很慢的陳鼓應，這四年多來，陸續發表了十幾篇論文，成果算是豐碩。這些論文主要環繞著「道家主幹說」。具體而言，討論了以下三個問題：第一是老學和孔學的學術順序與「哲學的突破」問題；第二是道家中黃老之學的發生、演變及地位問題；第三是「易傳」和道家的關係問題。

陳鼓應簡單解釋說，他在大陸重要的「哲學研究」雜誌上發表一篇〈論道家在中國哲學史上的主幹地位〉的文章，引起很大爭論，因爲從馮友蘭開始，幾乎所有哲學史都以儒家爲主線，但他卻持不同的見解。爲此，「哲學研究」編輯在發表這篇文章之前，十分慎重，恰巧他於一九八九年到山東淄博參加一項國際性的管子學術會議，他們找了十幾位來參加會議的學者專家，對他的論文加以討論。

結果贊成與質疑者各佔一半。其中有一位教授說，如果他能論證易傳是道家作品，而非儒家作品，那將會是很强的論據。

「在那之前我曾寫了一篇論文〈易傳繫辭所受老子思想的影響〉。他們說，如果我能繼續研究，證明易傳是道家作品，則論據很強。我回北京後，就一面教書，一面陸續寫了五、六篇論文。」陳鼓應興奮地繼續說道：「去年《馬王堆漢墓文物》一書首次公布了學者盼望已久的帛書『繫辭』，與今本『繫辭』相比，少了近千字，而所缺的內容，如『顏氏之子』一段、『三陳九德』一節，以及文王與『易』關係一事，都是儒家色彩較濃的部分，這就更强力證明了『繫辭』的道家性質。」

他舉例說，易傳有尙陽、尙剛思想，一般學者認爲是對老子尙陰、尙柔思想的改造，但實際上，他發現稷下道家的作品裏，如《管子．樞言篇》，其中有尙陽思想；《文子》當中也有，而它們都是黃老道家的作品，這是强而有力的論證，因爲先秦諸子幾乎都沒有尙陽思想，只有黃老道家才有，像孔、孟就不談陰陽，不重剛柔。

運用馬王堆出土的「帛書」，做了有力的論證

此外，他又運用馬王堆出土的「帛書」，如「黃帝四經」，這是戰國中期的作品，裏面也提到陰陽、剛柔及尙功思想，稷下道家可說非常重視這一點。如《管子》一書是以稷下道家爲主體所編成的一部著作，其中「功」字出現二、三百處之多，可見財、勢、富、位，都是稷下道家所崇尙的。它一

方面崇尚這些，另一方面又融合了法、儒、陰陽家的思想，當然主要是受老子影響，這條思想線索的發展十分清楚，可以看出從老莊到稷下道家，再發展到易傳的過程。

相反的，如果從儒家著作中去找，則缺乏線索。這是十分有力的論據。道家在先秦、兩漢都有極大的影響力，例如《淮南子》一書，是兩漢哲學論著中最豐富者，它是以道家思想爲主體；東漢最偉大的思想家王充，他自己承認受黃老思想影響很大；楊雄的《太玄》，是儒道相互影響，而以道家爲主體的著作；做爲戰國時代百家爭鳴總結的《管子》，被認爲是雜家，其實它是以稷下道家爲主體的著作；做爲先秦時代總結的《呂氏春秋》，傳統也被認爲是雜家，其實是以老莊思想爲主體的著作。因此，我們可以從這些書中找出一個重要的思想線索。

「兩千年來，易傳一直被認爲是儒家作品，但是它的主體部分：在宇宙論和辯證法思想、在探究天人之際的問題上，從老莊、稷下道家到易傳，都有著許多在根本上相同的思想。」陳鼓應進一步闡釋說：「如天地人一體觀及從天道推演人事的思維方式，是由老子提出並在道家系統中發展起來的，而在易傳中有著明顯地體現；又如形而上的道論內容，是老莊及黃老道家的共同主張，孔孟都不談，而易傳中也有較系統的論述，且明顯地受老莊和黃老道家的重大影響。」

一談起學術，五十八歲的陳鼓應，雖然歷盡風霜的臉顏，卻彷彿整個人光采起來，手勢、表情、語氣，生動而豐富，謙虛中有著一分篤定的自信，內斂中又不失一股洋溢的豪放，對一生擺盪於學術與政治之間的他而言，學術的陳鼓應，恐怕才是他眞正的面目與衷心的期許吧？至於政治上的陳鼓應，或許只能說，是陰錯陽差的無心插柳，漸行漸遠的年少輕狂吧？沒什麼對與錯，只是生命多轉了幾個彎而已。

「我覺得，書中的天地眞是非常寬廣，世俗上的功名、利祿、權位，從大學讀書開始，我就看得很淡。唸師大史地系時，我的歷史成績並不好，但看到民初軍閥的起起落落，一些叱吒風雲的人物轉眼消失，加上老師們的影響，使我更加重視時代關懷與人格氣象的培養。」

陳鼓應承認，在臺灣所經歷的風浪、打擊，使他鍛鍊得比較堅强。他從來沒有消極過，始終是以積極心態去面對人與事，道家的美或心胸、藝術眼光，使他看待人事更加美好，以前若有不同的政治意見，他會爭得面紅耳赤，但現在這種强烈的自我意識已淡下來，他會欣賞不同的觀點、智慧、生活經驗，道家「有容乃大」的精神，使他有一開闊的精神領域與思想空間。

時向馮友蘭、張岱年、熊偉等前輩請益，豐富了他的學術生活

「一九八四年八月，我初到大陸時，眞正最迫切想做的，是回老家看看。我是福建長汀縣河田鄉人，媽媽在鼓浪嶼懷了我，因此我名字中有『鼓』，而『應』是排行，後來我在漳州出生。因戰火興起，我們一家又回到長汀。我的童年記憶全在長汀。可是，老家實在太偏僻，從廈門坐車要九個小時才到，所以我也不常回去。」

陳鼓應感慨地說，他一直有强烈的落葉歸根的心情，但現在他也發現，人才是最重要的，尤其是

朋友，地點反而不重要了。他在北京、臺灣都有不少朋友，這些是他心中最珍惜的資產。

在北大的日子，他結交的全是學界中人，這些學術上的前輩與同行，使他雖在異鄉而不覺寂寞。他如數家珍地一一介紹道：「馮友蘭先生，是殷海光先生的老師，學問十分淵博，也有長者的風範，我偶爾去看他，有時對他說，你對道家的觀念我不很贊同，要批評，他就說沒關係，你儘管批評吧。我很懷念他。接觸次數較多的是張岱年教授，今年八十幾歲，人很寬厚，像我的老師方東美教授一樣，很有學問，他現在是北大哲學系教授、清大思想文化研究所所長。像蔡尙思先生，八十八歲了，身體依然健朗，是王國維、梁啓超的學生；熊偉教授任教於北大外國哲研所，也八十幾歲，他是海德格爾唯一的中國學生；朱伯崑先生七十幾歲，研究易經、易學哲學史的成果，無人能及，臺北藍燈書局出版了他的《易學哲學史》四冊。」

此外，如任繼愈、涂又光、蕭萐父等人，也都是全國一流的學者。現任社科院歷史所所長的李學勤，以考古文獻的鑑定，結合思想史，每一篇論文發表，全世界都密切注意；研究《管子》全國最好的胡家聰先生，他常一通電話就聊上一個多小時；研究古代語文、文字學的專家裘錫圭，專攻蘇格拉底哲學的葉秀山，還有王樹人、許抗生、王葆玹諸人，都是他時相往來、請益的大陸學者。這些人豐富了他的學術生活，使他在學術追求的旅程中不致孤軍奮鬥。

「我在北大的一個朋友，住四樓，沒有梯燈，我總是摸黑上樓，冬天很冷，我們坐在暖炕上，泡杯清茶，就天南地北聊起來，那也是精神上至高的享受，雖然在物質上十分簡陋。」陳鼓應有感而發地說：「大陸學者對學術鑽研的執著與安貧樂道的精神，令我印象深刻。」

至於北大學生的學習情況，陳鼓應也有他的看法，他表示，初去時，發現臺灣學生的英文程度比較好，對古典文化的接觸、訓練也比較紮實。不過，他也注意到，北大的大一英文課本編得很出色，比他當年唸書時更好，令他吃驚，或許以後英文程度會更爲提昇。雖然大學生的程度不是很優秀，但陳鼓應强調，研究生則十分優秀，至少哲學所的博士生程度就很高，像去年剛畢業的兩名博士生就很傑出，一位研究道教，一位研究老子，學術功力都已超過一般教授。

太太經常扮演煞車角色，因個性不同，看法也常是「一國兩制」

由於長期浸淫在道家哲學的領域中，他對目前哲學界研究老莊的情形瞭如指掌。他並不諱言地指出，這些年來全世界有突破觀點的書並不多。在莊子方面，研究非常紮實的著作不多，單篇論文好的倒是有。兩年前，美國夏威夷大學出版了一部《莊子論文集》，把美國研究莊子的成果彙集成書，但並不理想。

在老子研究方面，陳鼓應指出，去年北大有一博士生王博，他研究老子史官文化的思維方式與特色，極有突破性的價值。中國的史官文化有幾百年傳統，他的論文試圖解決這個問題。因爲老子在當時的地位等於是中央圖書館館長、國史館館長，是學界泰斗，晚年辭官退隱，有了哲學反思的機會。老子一生有豐富的政治、社會經驗，晚年又從事哲學沈思，老子的人與書，充分表現了史官的思維方式與史官文化的特色。在這方面，王博的博士論文有重大的突破，值得注意。

在北大的單純生活，陳鼓應大多是一人度過。當年他初到大陸，由於孩子們在大陸趕不上當地學生的程度，特別是數學，雖然他們在美國的數學算是不錯，但在清華大學唸書的兒子與北大附中的女兒，卻除了英文外，其他科目都感到壓力極大，於是太太又帶著兩個孩子返回柏克萊。以後則陸續往返相聚幾個月，聚少離多的生活，陳鼓應完全把時間投入學術研究中。現在因兒子已獲得威斯康辛大學電子工程碩士，並在貝爾公司工作，家中經濟好轉，遂在柏克萊買了房子。女兒也已進入麻省的史密斯女子學院的研究所，專攻社會學。

「以前因工作、唸書的關係，四個人分散各地，現在終於又湊到一起。」陳鼓應雖未言明，但看得出他心中的寬慰。在過去這段飄泊不定的日子，親情的支持恐怕是他得以安然度過的重要力量吧！尤其是他的太太，無怨無悔的相伴相守，全心全意的鼓勵扶持，最是讓他感激在心。

「我和她相差十歲，每次遇到重大挫折時，她總是安慰我，要我別慌，比我還堅强。我有時比較衝動，不計後果，年輕時常闖禍，她也不責備我。我們的個性不同，我總是感情投入太濃烈，而她則適時扮演了煞車的角色，不像我容易執著、激動，因此，我們對事情的看法經常是『一國兩制』。」

他輕鬆的笑著說，像對孩子的教育，太太一向主張適當管教、督促，而他則是道家，完全放任，因此孩子們比較聽媽媽的話，家中有事討論，太太總是較多票，而他則是少數。不過，當陳鼓應決定飄洋過海到大陸從事研究，她必須一人在美工作並撫養小孩時，她仍然大力支持。

「我太太個性較倔强，如果有衝突時，我强不過她，就只好不講話，」陳鼓應又開心地笑起來：「她一直認爲，我談道家比談政治好，事實上，我自己也覺得，談政治有時會口直心快，但摔跤次數多了以後，我也就少碰政治了。」

所有思想關懷都放在學術上，心中只有大浪過後的寧靜與晴朗

不碰政治後的陳鼓應，所有的思想關懷都放在學術上面，他在北京，遠離了臺灣的風雨，也不接觸北京的是非，心中只有大浪過後的寧靜與晴朗。

「從去年開始，我和幾位學者主編了『道家文化研究』學刊，目前已由上海古籍出版社出版了兩輯，以後還將陸續出版。我們想使這份刊物成爲包括大陸、香港、臺灣及世界各地在內的道家研究者發表意見的園地。同時，這份學刊也將爲我們正在進行的『中國道家思想發展史』的寫作提供準備，這些課題是我今後努力的重點。」

當然，甫由臺北五南書局出版《老莊新論》的陳鼓應，近幾年來他對稷下道家和易傳研究，由於是對道家主幹說的進一步論證，這工作他也將繼續進行。

從臺北而加州，由加州而北京，幾經滄桑，多添白髮的陳鼓應，在繞了一大圈子，經歷十四年的等待後，終於一償夙願，從北京回到了臺北。一個多月的緊湊行程，他除了幾場公開學術講演外，就是探望多年不見的老友們，並對這塊他曾經熟悉的土地，做最深情的巡禮。

二十年前那場使他生活爲之大變動、大振盪的事件，歷史終將會還他一個公道，雖然他還必須等待下去，但我們期待他很快地又能如蝶般翩翩飛回，不是夢，而是眞正的回家。

（八十二年六月十～十一日）

許世旭先生　　覃冠生攝

寫詩要胸懷，研究要頭腦

——韓國詩人許世旭的漢學研究

對國內愛好新詩的人而言，韓國詩人許世旭，是一個並不陌生的名字。他曾以中文出版過兩本散文集、兩本詩集，及一本自選集，文筆清麗動人，詩風柔俠兼具，早爲國內文壇所喜愛、傳頌。以一個「外國人士」的出身，能如此嫻熟地運用中文來創作高難度的現代詩，而且成就非凡，實在不易。單單以他這方面獨樹一幟的表現，就足以傲步文壇，毫無遜色。

但他的重要性不只如此。

除了詞采風流的詩藝，他還有嚴謹深厚的學識。在中韓漢學界，他也是不容忽視的知名學者。

對中韓現代文學的交流，他做得最早、最多

在他的手中，首次將臺灣現代詩翻譯成韓文，也把韓國著名古典小說《春香傳》譯成中文，對兩國現代文學的交流，他做得最早、最多。他是第一位獲得中華民國文學博士的外籍生，也是第一位以

中文直接創作現代詩的外國作家。他的中文造詣促使他在兩國漢學研究上，擔負起吃重的橋樑角色。

許多年來，我們時常看到他兩地汲汲奔走的身影，更不斷見到他一手典雅中文詩作的發表，我們明知他是韓國人，卻總是忘記。正如他自己所言，只要一離開韓國金浦機場，在飛往臺灣的路上，他就覺得自己是中國人了。這份濃烈的中國情懷，加上對中國文學的眞正愛好，使他每次踏上這片土地時，便會油然滋生回到故鄉的親切與喜悅。

雖然，在政治上，中韓邦交已斷，但兩國人民長年的友誼依然深厚。對許世旭而言，曾經在這塊土地上度過了人生中黃金般的青春歲月，在這裏完成學業、結交不少肝膽相照的文壇摯友，也在這裏堅定了一生致力研究、創作生活的盟誓，在他心中，中華民國臺灣永遠是他的另一個「家鄉」，他不會離棄這裏，正如同不會放棄文學一般。

擔任過韓國外國語大學中文系主任、研究所長的許世旭，目前是高麗大學中文系教授，由於課務繁忙，加上寫作計畫不輟，使他幾次來臺都是匆匆停留，而無法與文友多聚。去年適逢休假一年，加上向中華民國教育部申請漢學研究中心的研究補助經費獲准，因此，他可以長期在臺從事研究工作，再次重溫當年學生時代的舊夢。

對於回到中文世界，與昔日好友把酒言歡的生活，詩人內心止不住的興奮，輕易地洋溢在一臉笑意上。

時間彷彿又回到了三十多年前，一個隻身飄洋過海的異國遊子，年輕，有夢，滿懷憧憬地投進中國文學的廣瀚學海中，要尋找一處安身立命的所在，卻因緣際會地趕上了臺灣現代詩萌芽、發展的風雲時代……

如今的他，可以用一口流利的中文侃侃而談文學理論，也可以一手典雅的中文抒情寫志，這樣一路艱辛走來，他不僅無怨無悔，而且始終樂在其中。

「我這一生大概就是這樣，不會再改變了。」許世旭閒閒淡淡地說出這句話，但話裏斬釘截鐵的決心，也是明明白白。他習慣性地點燃一根煙，打開話匣子，也把記憶繚繚繞繞地喚了回來。

二十六歲來臺念中文，是第一批留臺的韓國學生

許世旭談到他學習中文的經過時說：「我二十六歲到臺灣來唸中文，是第一批留臺的韓國學生。說起和中文的淵源，還必須追溯到一九五〇年的韓戰。當時我十六歲，唸高中一年級，正是戰爭進行得如火如荼的時候。國家規定滿十七歲者必須當兵，而我非常幸運的因年齡不足，逃過此劫。否則想來也必是凶多吉少的。因爲新兵往往來不及訓練就上陣，也許只懂得開槍，其他的就只好交由上天安排。在這種性命朝不保夕的情況下，當時有所謂『五分鐘軍官』的名詞，由此可見一斑。」

這位韓國第一個中國文學博士沈思了一下，又以徐緩的語調繼續他三十三年前的回憶：「儘管不用上戰場，事情卻並不如我預料的盡如我意。我的父親是漢學家，也是非常保守的學者。一九五〇年的冬天，他開始要我唸書。接觸的第一本中文書籍是千字文。後來陸續讀四書、古文觀止、唐詩三百

首。可是我沒有唸完就逃開了——離家出走，自己到寄宿學校去接受新式教育。這是因爲父親請了一位老先生專門教我古文。我不是排斥中文，但年少氣盛的我，嚮往的是有朝氣活力的教育方式，因此認爲傳統的私塾教育稍嫌落伍。

「當時的韓國社會非常保守，而我父親又是很典型的讀書人。他希望我唸完古文後再成家，也當一個傳統的書生。他覺得新學問沒有學習的價值，因此並不贊成我的看法。所以當我唸完兩年多的古文，在一九五二年離家出走時，想來他必是十分失望的，儘管他並沒有斷絕我的學費和生活費。

「高中畢業後，我投考韓國文學系。落榜的消息傳來後，心裏很難過和愧疚。一方面是因爲當初違拗了父親的心願，不告而別，另外也爲自己因唸了兩年多古文而無法應付新式的考試懊惱，覺得自己簡直一無所成。」

許世旭就在這種茫然迷失的心態下，找高中老師商量，希望老師能給他一些建議。老師認爲他既然有深厚的古文基礎，便建議他考韓國華語大學中文系。可是韓大中文系四年的生活並不能滿足他對文學的要求，是以畢業之後，服完兩年兵役，便又通過中華民國外籍獎學金考試，進入師大研究所，想一圓自己的理想。

學術研究與文學創作並重，自稱是「兩棲動物」

回想接觸漢學的淵源，許世旭不禁追溯到初三唸過的一篇文章〈北京印象〉。這是除了韓戰和家學（父親和祖父俱爲漢學家）之外，間接促成他來臺的因素之一。這篇文章儘管寫的是只是北京一地，但卻引發了他對中國無限的嚮往。後來因種種因素，臺北成爲他落腳的地方。

滿懷理想的詩人進入師大國文研究所之後，才發現事與願違。國文研究所走的是國學研究路線，文學創作風氣並不盛。這令他微微感到失望，但還是在師大待了八年。其中兩年半時間唸碩士班，論文題目是「李杜詩比較研究」，而博士班研究的是「韓中詩話之淵源考」。

「來臺北後不久，我開始『兩棲動物』生活。一面專注於學術研究，同時也開始文學創作。甚至回韓國之後，我仍持續這種生活方式，並且也用韓文寫詩在國內發表，寄到臺灣的則用中文。」詩人頓了一頓，彷彿在追索自己和文學的因緣。卻顧所來徑的心情，唯有詩人自己才能有深刻的體會吧！

「我記得第一篇詩是發表在白先勇主編的《現代文學》。那時是一九六一年的春天。可是在更早之前，我就已經和許多人來往、打成一片了。其中一位最『老』的朋友就是梅新。」詩人說到這裏笑了一笑，彷彿當年許多的趣事浮現腦海，用詞也略顯幽默活潑起來。

「剛來的時候十分不習慣，中國話也講得結結巴巴。異鄉人的寂寞心情不斷煎熬著我。我也沒有宗教信仰可以寄託。可是我十分大膽，儘管中國話說得不流利，還逕自到中山北路一段的糧食局宿舍找覃子豪。他是四川人，四川口音的國語聽得我一頭霧水，兩個人對話時往往各說各的，有點牛頭不對馬嘴，可是我們還是聊了很久。」

原來許世旭在韓國時已接觸過新詩，尤其喜歡徐志摩的才情。拜訪覃子豪也是按圖索驥——按覃子豪詩集後面的住址一路尋去的。這本詩集在韓國就已買了，陪他漂洋過海到臺灣來。

也許冥冥中對於人與人的相契早有安排吧！詩人在和覃子豪歡談之後準備離開時，與恰巧來訪的「翩翩美少年」楚戈碰面，兩人一見如故。他們由覃子豪家，相伴走到新公園。那邊小攤子林立，而且價錢十分便宜。他們就到那裏喝酒，聊得十分投緣。

帶著覃子豪詩集漂洋過海來臺，與楚戈一見如故

詩人微笑地沉湎在回憶裏，昔日把酒言歡的一幕似乎又重現腦海。繼而他話鋒一轉，由文學的回憶小徑再拐回學術的殿堂。

「我是師大國文研究所第五屆的學生，當時班上一共三人，一位是研究聲韻的陳新雄，另一位是現任中研院文哲所所長的戴璉璋。研究所的功課很忙。我總是在學術殿堂悶足了五天之後，星期六便和一群詩人去玩。當時楚戈每週末從林口來找我。我們一群人：在大直的商禽、基隆港務局的鄭愁予，還有辛鬱、梅新等，在張百川住的正聲廣播公司宿舍聚會，飲最便宜的米酒，喝商禽釣回來的三尾指頭般大的小魚煮成的清湯，偶爾吃吃狗肉，就這樣快樂的玩兩天。

「這活潑輕鬆的兩天彷彿把我從古都般的師大帶到年輕飛躍的另一個世界。這樣的生活背景對我的學術和創作都十分重要。他們就像導線—把我引到創作的路上，同時不斷的互相砥礪、切磋詩藝，使我創作不輟。

「當然我也沒有忽略學術研究。我以五年半的時間拿到博士學位，算是相當快的。當時許多媒體都競相報導，連我的母校也知道中華民國出了一個外籍生博士，因此馬上把我聘回韓國教書。從離家開始算起，已過了二十四年了。

「我一直說自己是道地的『兩棲動物』。不但學術創作並行，甚至在大學裏也同時教授古典、現代課程，而創作時又是中、韓兩種語文共同進行。」

觸及學術領域時，詩人的用語和態度頓時變得嚴肅起來。暫時放下詩人的豪情，他冷靜剖析自己這些年來，對中國文學研究的心得與基本的文學觀。首先在文學分類上他認爲應當從體裁來劃分，譬如詩、散文、小說、戲曲、批評等，而不是把研究唐朝、宋朝、元明清等各歸類爲派。他不贊成這種依朝代來區別的作法，而覺得應該從體例上去區分。

「這幾年來研究新詩，我認爲它絕不是舶來品，即非橫的移植。就是紀弦現在也不承認這番話，當時他只是爲了抵抗古典文學强大的潮流才提出這番主張。我們看二十年代早期的詩，無論主題、風格、材料都和現在無異，只是在形式上有所不同。所謂老舊的題材，如春恨、悲秋等，現代詩也一樣有，只不過表現手法不太一樣就是了。又譬如參與意識，古代的社會詩、邊塞詩也有，絕不是現代的特別產物。我始終堅信，詩人只有眞僞好壞的分別，而沒有所謂社會派、抒情派的差異。」

完成三十五萬字的《中國現代詩研究》，開始研究中國文學史

從自己兩棲的創作生涯談到文學觀，詩人的思路似乎愈來愈順暢。他認爲自己同時從事散文和新詩的創作方式，和古代文人十分相似。觀諸文學史，中國的文人幾乎都具備雙重性，無論在思想或作品的形態，都沒有純單一性的，或是儒道兼俱，或是散文、詩雙管齊下。在生活上也往往耕讀而居，這是傳統士大夫的典型。

此外，他也認爲文學的產生不是突然的，必然有它的淵源，因此他在著手寫文學史時，特別注意根源的說明。文學是時代的產物，但是他不贊成社會主義的唯物史觀。新的學說容易被人注意，但也可能是一種譁衆取寵、欺騙大衆的手段。這也就是他一再强調的，文學只有眞僞好壞之分，而無參與社會派、抒情派的武斷說法。譬如詩經，從社會派的角度來看，它是社會詩，可是若從抒情派的觀點來看，三百首詩篇也可歸爲抒情詩。所以他不贊成以風格來把詩人歸爲詠物、抒情等，而應該掌握作家的每一種文體，包括祭文、銘、誄、傳記等，從較概括性的角度來評量才客觀。

說到這裏，他提出了一個長久以來被研究文學史的學者所忽略的問題——物量。「所謂『物量』是統計上的觀念。過去的文學研究者，對數據的看法顯得過於籠統，都只注意到著名和重要作者的作品數量，而忽略了較不出名作者的作品統計工作。」

「我認爲作品的好壞是一回事，而數量的多寡又是一回事，兩者是截然不同的問題。可是一般都

疏忽了作這樣的考量。所以我特別重視這方面的資料收集。」

對他來說，掌握了全面的資料，也就是尋找到了問題的重心。這樣才能對課題作更全面、宏觀的考究。

基於這種從歷史的眼光來支持自己的角度，詩人開始古典文學史的寫作，同時也完成了將近五百頁、三十五萬字的《中國現代詩研究》一書。這本書主要探討新詩和舊詩的聯貫性，已在韓國出版。目前則將心力放在研究中國文學史。中國古代文學史已於一九八〇年寫成，現正致力於近代文學史的研究，而且宋元部份已定稿，預定今年完成明清兩個朝代。

赴大陸講學之餘，有計畫實際遊覽文化遺跡

許世旭曾於前年十二月至一月間到大陸去講學。他是應聘爲重慶西南師大中國新詩研究所客座教授，把一個學期的課程集中在一個月內上完。目前這是唯一研究新詩的研究所，學生素質很高。回憶那段天天上課的日子，他說：「重慶是霧都，幾乎一整天都雲霧繚繞。我任教之處是個十分有紀念性的地方，那就是抗戰時文人學者集中的北碚。梁實秋的『雅舍』就在西南師大附近。他在那兒住了八年，最好的作品都是在這時期完成的。我曾到那裏去過幾次，建築物還在，但已破損不堪。倒是離『雅舍』一公里遠的老舍故居仍保留得很好。」

由於詩人研究的文學課題所發生的時代都在大陸，因此對於大陸的古蹟山水十分嚮往。他從一九

八八年開始有計畫的去遊覽文化遺跡，單是長江便去了三次，每次所到的地方都不同。

「八九年春天，我從上海到南京，目標是走遍長江下游所有與文學有關的風景名勝。九〇年則從李白的故鄉—青蓮鄉一直玩到重慶，前後共一個月。經過覃子豪的老家時，還到覃子豪紀念館去遊覽。再來就是前年年底至去年年初到重慶去教書的日子，我從那裏玩到九江。」

不但如此，詩人也計劃到西北去，實際體會塞外特殊人文風貌，悠遊古代文人騷客筆下的浪漫世界。三次的長江之旅，令他覺得文學與山水實在密不可分，地理環境確是文學的溫床，也決定了文學的風格、型態。因此他不禁有「相見恨晚」的感慨，認爲十六歲即接觸中國文學，卻要到五十歲方有緣親自和詩詞歌賦的山水相見。

他很興奮地透露，目前正替韓國四大報之一的《韓國日報》撰寫「中國文學之旅」專欄，從去年五月一日起，每星期二刊出一整版。他是對照文學史的資料，再加以實地考證，同時不斷收集新的資訊，這種嘗試，對他來說，算是研究中國文學史和旅遊玩樂之外的副產品。

「這種旅行方式其實很有意義，在遊山玩水之外還可寫散文和詩，我打算在『中國文學之旅』的專欄結束後，仔細的把北碚的一切風貌寫成文學作品。」

做學問時踏實、嚴肅，寫詩時則瀟灑、狂放

從這一段談話中，可以看出許世旭這一生果然是和文學結下不解之緣了，不論何時何地都始終對

創作念念不忘，在他心中，對文學的熱愛已和生命一般重要。如果抽離了詩與研究，恐怕詩人的世界將不再繽紛多彩。

「我記得是在一九五五年參加韓國大學生徵文比賽得獎時，就開始不間斷的創作新詩。唸大學後半段和服役的四年時間曾一度停筆，可是到臺灣後因異鄉寂寞的遊子心理，又驅使我再度執筆。創作生涯的開始，是投給《現代文學》的一首詩，後來則幾乎每一期的《現代詩》都有我的作品。當時綽號『老朋友』的紀弦是主編，他常常鼓勵我寫，因此直到六十三年停刊，我成了這份詩刊的常客，此外，我也在《創世紀》和其他報刊雜誌發表詩作。

「也許作品實在發表得太頻密了，加上師大國文研究所寫現代詩的人又只有我一個，故格外受人矚目。所長林尹先生有一回便把我叫去訓話，認為我遠從韓國來唸書，不該把心思花在新詩的創作，而應對古典文學多多用心。

「我雖然也認同他的話，但始終無法割捨對新詩的熱愛，所以偷偷的用『許素汀』這個筆名發表作品，這一用就是十五年。當時為挽回尷尬的處境，我也開始寫舊詩。這對我的學術研究很有幫助。

「從那時起，我便常和當時在文化學院教書的陳新雄一起喝酒、寫舊詩。大概陳新雄曾在林老師面前誇讚了我一番，因此他有一天竟和顏悅色的對我說：『你既然能寫舊詩，那我也不反對你寫新詩了。』我聽了非常高興，因為那就表示他對我已能諒解了。」

詩人說到這裏，大大的舒了口氣，可想而知當年老師的那一席話對他而言是多麼重要。

除了學術和文學之外，許世旭還致力於中韓文學交流的努力。他目前出版了一本自選集、兩本詩集、兩本散文集，此外還從事把中國的新舊詩翻譯成韓文的工作。這方面的作品計有《韓國詩選》、《春香傳》等。

《春香傳》是韓國最有價值的古典小說，把它翻譯成中文是一件工程浩大，但十分有意義的事；因爲他把韓國文學介紹到中國來，才使中國文學界對韓國古典文學也能有所瞭解。

除了古典文學，許世旭也是第一個把中國的新詩譯成韓文的詩人，同時還不間斷的把中國古詩介紹到韓國去，在中韓漢學界，他無疑的是一座重要的橋樑。

這就是許世旭，一個亦狂亦狷的書生，一個亦俠亦秀的儒者。他做學問時踏實、嚴肅，但寫詩時又瀟灑、狂放，兩種不同的生命型態，在他的世界裏調和得恰到好處。

正如他期許自己的一句話：「寫詩要胸懷，研究要頭腦」，他做到了，而且成就斐然。

對他來說，一生的青春歲月，一往無回的決心，加上一腔昂然沸騰的熱情，似乎，全只是爲了替這句話下個完美的註腳罷了。

（八十二年八月二十一日）

《卷三》替人間點一盞燈

張　雲先生　　郭惠煜攝

三十八歲一毛二

——警界新兵張雲

對臺大法學士張雲而言，在近四十歲的「高齡」才穿上一線二星的警員制服，其心情是悲喜交集的。喜的是，多年來欲效法父親、投身警界服務的心願終於達成；悲的是，曾在警界服務了二十多年的父親，已在民國六十四年因腦溢血逝世，不能看到他穿上警員制服的風采了。

身為警察子弟，張雲早就將這條路視為回家的路。穿上什麼階級的制服，其實也不是那麼重要，他在乎的是，能夠進到警界這個大家庭，這個家庭中，曾經有他父親默默走過的足跡，今天，他只是循著腳印，在落後了許多年後，奮力追趕上來而已。

換四所小學，搬十三次家

「我父親曾對我說，你可以去撿垃圾、挑糞便，就是不可以去當警察。」張雲十分感慨地說出父親的叮嚀，雖然，他沒有遵照父親的囑咐，但他完全能夠理解父親當年說此話時沉痛的感受。飄泊不定的生活，危險不安的日子，他父親永遠擔負著沒有好好照顧家庭的愧疚，對妻子、對兒女，他父親實在不願意自己的兒子，有一天也必須面臨相同的兩難處境與心理煎熬。

「我父親從不把工作上的事情告訴我們，因為他覺得自己一個人承擔就夠了，何必牽累妻子、兒女一起來受罪。可是，從小每天看他穿著制服出門，一臉疲憊地回來，我心裏就想，有一天，我一定要分擔他的勞苦。」

張雲統計過，小時候一共換了四所小學，搬過十三次家，「安定」對他們來說，經常只是內心的奢求而已。不僅如此，他們還要有心理準備，父親出門去，可能隨時會永遠不再回來。對一個以保護他人生命、財產安全的警察而言，自家的生命、財產「安全」，有時竟顯得脆弱而不堪一擊。

「記得小時候，有一次，一個惡性重大的流氓揚言要殺我全家，我父母雖未對我們明言發生了什麼事，但他們不斷地吩咐，若有人問家在那裏，不要回答，若有人問你父親是誰，也不要說，一旦有陌生人注意你，要趕緊跟同學在一起，並且設法離開等，那種草木皆兵的氣氛，我從小就體會過，也深切意識到，警察這個角色不好扮演；還有一次，颱風來襲，我父親幾天不見人影，在外搶救災情、疏散民眾，一個風雨交加的晚上，我家的門板被風吹倒了，用甘蔗板搭的屋頂也被風颳得掀起來，我們幾個小孩和媽媽一起用榻榻米頂住門，我們個子小，用手頂下頭，媽媽個子高，頂上頭，與風雨搏鬥了一夜，第二天都精疲力竭了。那種辛酸、無奈，外人很難體會。當自己的家人需要父親時，父親卻扮演著警察的角色在外面搶救別人的家庭，或許，這就是警察。」

每個警察背後都有一個家庭在支持

雖然如此，他們一家人全都不怨不悔，反而更加尊敬父親，以他那份冷暖自知的職業。他說：「我從那時候起就清楚地知道，每一個警察都不是一個人，不是一個人在爲國家奉獻而已，是一家人。當我們看到一個警察在執行公務，他的背後必有一個家庭在支持，全家人其實都同時參與扮演了警察一部分的角色。如果有的家庭不能諒解她的先生、或子女從事這個行業，那內心的痛苦可想而知。」

正由於懂得父親，也支持父親，想當警察的念頭，才會在張雲幼稚的心裏埋下種，生了根。成功中學畢業後，考大學不順利，他投考了警官學校，但在父母親強烈的反對下，最後只得決定先去服兵役。就在他當兵的時候，父親撒手遽去了。

「父親的死，對我們是一大打擊。可歎的是，來臺數十年，始終沒有一個眞正屬於自己的落腳之處，因此，父親申請了公教人員購屋貸款，在永和買了一間二十幾坪的房子，訂金已付，房子也過戶了，父親卻偏偏突然過世，房子不能退，貸款也中止，最後不得已，只好不領月給，而採一次全領的方式，將父親的撫卹金四十三萬元，全部拿去繳清房子的欠款，才有了我母親現在住的地方。那棟房子，可以說是用我父親的生命換來的。」

房子買了，生活費卻從此斷了源頭，張雲退伍後，爲了就近照顧家庭，考上離永和家較近的台大法律系夜間部。在學風自由的台大校園中，度過了十三個年頭。前五年修習課業，並且四處打工賺取生活費用，他送過報，在律師事務所當助理，編過工商雜誌一些名錄，寒暑假則到工廠，完全自食其力，也力求上進。七十一年六月畢業後，因夜間部教務組需要一名職員，遂找他去，一待就是八年。其間他結婚、生了兩個小孩，也開始貸款購買自己的房子。生活似乎都變得平靜而美好了。直到那念念不忘的心願再度膨脹得無法承受時，整個生活型態才隨之大幅改變。

七十八年八月，他參加警察乙等特考，十二月放榜、錄取。七十九年八月，離開台大，九月十一日到警察專科學校報到，接受九個月的術科訓練課程，結訓後，六月七日到臺北縣警局報到，八日再到新店分局警備隊報到，今天，他正式穿上制服，成爲一名一線二星的基層員警。

警察其實是最需要被關注的一群

「有些媒體報導，說我投考警專，並不正確，我是考上警察乙等特考，根據考試院規定，必須『考用合一』，而基於警察養成教育的需要，遂併入警專警員班一起受訓。以前特考每年有二、三百人報考，可單獨開班，但這一期卻不到十人，無法單獨開班，而以前特考班都是在警官學校受訓，不知爲什麼這一期卻改在警專，可能是剛好有一三二期已服過役的警員班，與我們的受訓時間相同，故合併受訓。是否因此使我們跟著分發爲警員，而非警官？我不很清楚。當然，不論警員、警官，這都不是我當初報考的用意所在。」

張雲的決定，曾經讓他的親戚、同事、朋友都感到震驚與不解，面對紛至沓來的詢問與四周質疑的眼光，他始終顯得鎮靜而絲毫不爲所動。他笑著說，都快四十歲的人，他很清楚自己在做些什麼。有一個也是特考班的同學，東吳大學畢業，現在已賠錢另謀生路了，那個人告訴他，做警員，可能十幾年後才能做巡官，但是同樣花十幾年時間，在外面公家機關可以升到簡任級，相當於三線的警監。即使如此，他依然氣定神閒地强調，升官，不是他來當警察的目的。

「我覺得一個機關要改變、發展，一定要不斷注入新觀念，在台大，每一個學生的腦筋都很活，到這個環境來，也許可以看出一些應該改進的地方。我是警察子弟，我對他們一點一滴的生活方式都很關心。以警察的家屬而言，回不回家常常不能如人願，我母親就常說不回家是丟掉，回來是撿到。目前警察人數約有七、八萬人，即表示有七、八萬個警察家庭，其影響的層面不算小。我既然在此環境中成長，了解其中甘苦，就很希望能替他們發現一些問題，我不指望能有大的改進，但是若能因我的投入，而獲致一點點改善，我就很滿足了。要批評很容易，我不要這樣，我要親自進入這個環境中歷練、體驗。

其實，一個警察所扮演的角色，如父親、隊職員、民衆的保母等，幾乎都是在付出，很少得到正面的評價，警察人員在這個社會中，其實是最需要被關注的一群，由於工作性質危險、不討好，一般人總覺得這一行業不是人幹的，因此常不希望自己的子弟去從事這一行業，久了變成惡性循環。常有人問我，台大法律系畢業爲什麼要去當警察？我就反問，我不去那什麼人適合去呢？是小學畢業？還是高中畢業？應該是只要有心爲社會服務者，都可以來當警察才對；這與學歷無關，學歷高者，更應該鼓勵他們來才是。」

執行公務挨打，身心都感到痛苦

他認爲，當一名員警，完全理所當然，只是以前沒穿上這身制服，現在穿上了而已。既然穿上，甘苦就要自己嚐。不過，比別人幸運的是，他有一個永遠支持他的太太，彼此充分體諒，並且志同道合地攜手共行。

「雖然她不是警察子弟，但她完全了解我的感受，也尊重我的決定，當我去領表、報名時，她甚至陪我一起赴試。很多人都不知道，我們兩人都考上了，只是，一年受訓的生活補助費只有三、四千元，如果兩人都去受訓，既要撫養小孩，又要繳房屋貸款，根本無法度日，所以她最後放棄，讓我實現我的心願。家庭是支持我的最大力量，如果沒有她，我的人生只有一半，永遠不能完整。她明知可能隨時會失去先生，她還是贊同我的決定。我母親七十多歲了，雖不贊同，但也不阻攔我，這些都令我感激在心。」

當然，痛苦還是有的。張雲分析說，在精神上，雖然一週有一天輪休，兩個晚上外宿，但隨時會因故調整或取消，有時家有急事，想請假，可是執行勤務又走不開，內心便會非常難過。在肉體上，每天十小時的勤務，而且是不停地輪替，例如今天上午十時至下午四時，他要去巡邏、整頓市容，晚上八至十二時是備差，不能離開，隨時待命，凌晨四至六時則要夜間巡邏，時間安排支離破碎，空檔時間除了睡覺，簡直無法另作安排，每天必須調整自己的生活作息，這也是外人不能體會的。

「我們最大的困擾是，執行公務時，必須面對各種不同的群眾。有人交通違規，開罰單，他不滿意；拆違建，他抗爭，總覺得我們在跟他作對。好人覺得我們做得不夠，壞人覺得我們做得太多，兩面都不討好。其實，我們只是執行者，而非決策者，例如拆違建，雖是建設局執行，但我們要保護執法人員的安全，一旦有事，打起來，還是警察出面，我們執行政令，有些百姓卻罵我們是走狗，有時還會挨打，這種痛苦，不僅是肉體，也是精神上的。」

看到象徵警察的和平鴿，就知道回家了

雖然是第一天上班，張雲對這些未來都將遭逢的處境，早已了然於心。至今，他尚不熟悉分局的浴室、廁所在那裏，床鋪也是早上才搬進來，草蓆等一下還要去張羅，除了盥洗用具及一套制服，他簡直一無所有，但他臉上卻充滿了欣喜與自豪。他有時用手敲一敲硬板床，摸一摸鐵櫃，時而仰首高談，時而俯首沉思，一股向生活挑戰的信心很不經意地就流露出來。

「從小，我們住的警察宿舍，大都在分駐所、派出所旁邊，每天，我在派出所進出，在守望台邊成長，所以，警察局就像我的家一樣，我從不覺得像衙門、官府，那隻象徵警察的和平鴿，就像我家的風向球，只要看到那隻鴿子，就覺得親切、溫馨，因為我知道，家到了。」

三十八歲的張雲，曾經在那隻和平鴿翼的護衛下成長，如今的他，像一隻蓄勢待飛的鴿子，在生

命的中站突然轉彎，並且開始準備向無限湛藍的天空飛出屬於自己的煥然英姿。我相信，即使是當年不讓他讀警官學校的父親也會爲他今日的決定喝采，並寄予最深的祝福。

在這條路上，他並不孤獨。他有豐富的過去，也將會有美麗的未來。

（八十年六月十二日）

施讚步先生　郭惠煜攝

抽絲剝繭，撥雲見日

——神探施讚步的傳奇辦案生涯

他是一個傳奇人物，不折不扣的現代傳奇人物。

六十三歲高齡，卻備受上級倚重，在刑事警察局外勤隊的編制內，他是唯一以「技術人員」薦任技士內勤編制的外勤人員；四十年刑警生涯，破案無數，許多陷入膠著、無法突破的重大刑案，只要他出馬，幾乎沒有不迎刃而解的；領了十幾面警察獎章，最後上級不得已，改頒「內政獎章」，以獎勵他卓越的貢獻；四十年來，不論出差多少天，他絕不允許太太打電話到局裏打探他的行蹤；幾任署長、局長都希望他去受訓，以利升遷，但他總是一再婉拒說：受訓一年，我可以破許多案子，破案比升官重要……

這就是人稱「智多星」、「罪犯剋星」、「現代福爾摩斯」的施讚步，刑事局偵四組隊員，警界鼎鼎大名的「施阿伯」。

從基層警員到薦任技士，每一次升遷都是破格

民國三十七年，二十歲的施讚步，在他也是警察的哥哥鼓勵下，前去投考現在警察專科學校前身的「警察訓練所」，錄取後，受訓六個月，分發到臺中縣警局，從此踏入警界，並開始展露出他超人一等的辦案才華，迭破奇案，屢建奇功。

「現在的刑事局副局長洪鼎元，當時在清水當組長，我在派出所工作，本來只是巡邏、查戶口而已，但我卻替他破了不少案子，比其組員還多，他覺得我是刑事人才，希望我去當刑警，可是我自認還年輕，意願不高，他未經我同意，就替我呈報，如此才開始我三十七年的刑警生涯。後來，以前的臺灣省警務處長林永鴻，曾經擔任臺中刑警隊長，民國五十二年調到臺北出任刑警大隊副大隊長時，叫我一起北上，分派在四組，快三十年了，一直沒有離開過。」

上臺北之後的施讚步，憑著優異辦案技巧與豐富的經驗，一樁樁重大刑案在他手中偵破、結案，如早期美國大使館爆炸案，時任國防部長的經國先生極為重視，而他終能不辱使命予以偵破；往後許多被視為疑難雜症的大小刑案，只要他參與，大多能顯露一絲曙光，使案情急轉而下，如轟動國際的日本女學生井口眞理子被殺棄屍案、前高雄縣長余登發命案、臺大女學生朱秋媛與小學同窗陳志銘、盧敬元被李玉民殺害棄屍案、沙鹿運鈔車搶案、桃園溫良謙被綁架勒贖案等，都是原辦案單位在山窮水盡「無解」的情況下，由他接辦，找出蛛絲馬跡，予以漂亮偵破。

由於破案太多，施讚步笑著說，已無獎可領了。因爲警察的最高榮譽是警察獎章，獲頒此獎者可破格晉用，他一共領了十幾面，由警員升至巡佐、技佐、技士，到現今的薦任技士，都是破格，但因他實在破了許多特殊大案，功不可沒，上級只得改頒內政獎章予以嘉勉，這是警界少有的榮譽。

這樣的資歷，只要參加受訓，一年半載下來，升警官並不困難，但他始終沒去。並不是不知道受訓、學歷的重要性，而是他自有一份樂在其中的達觀與堅持做事的傻勁。他強調說：

「我有一個觀念，做事比做官重要，不論受訓六個月也好，一年也好，我寧願利用這些時間來多辦一些案子，所以提報好幾次，我都沒去，至今沒什麼學歷，而是以技術人員資格留在外勤隊。我今年六十三歲，本來就不該在外勤，而且技術人員原本也不允許在外勤，但上級希望借重我的經驗，才讓我以薦任技士一直留在外勤隊。」

臺東縣警局局長指名協助，偵破李玉民殺害三同窗案

辦案幾十年，施讚步由壯碩青年到一臉風霜，光陰在他臉上留下一道道深刻的痕跡，可是，他年輕的敏銳力依然，辦案的狂熱不改，而且歲月還給了他更圓熟的智慧與別人無可取代的經驗。他一直堅信，任何案子只要認眞辦，一定會破。他不破案不罷休的不服輸性格，使得他接手的案子，幾乎最後都水落石出。

去年五月間發生的三青年遇害失蹤案，凶嫌李玉民雖立即在臺東落網，但李嫌不斷以各種「失蹤

版本」欺瞞警方，使臺東警方在警力有限及時、空限制下，一直困在李嫌所編造的謊言中，無法破繭而出。當時的臺東警察局長王郡指名一定要他去。由於證據有限，而三名被害人又下落不明，臺東警方乃先依詐欺罪移送李嫌，經地檢署起訴判刑，但經今年初的減刑，李嫌獲釋在即。加上李嫌家人也在社會上做出各種動作，反咬警方刑求逼供，使警方苦不堪言。

施讚步不斷搜集旁證，推敲研判，最後讓檢察官帶李嫌到偵訊室，以「聊天」方式與李玉民談，邊談邊用隱藏式攝影機全程拍下，夜晚專案人員就一起觀看、分析，從中找出「關鍵語句」，並反覆模擬李玉民可能有的反應，再擬訂下次的偵訊內容。幾天之後，更直接將隱藏式錄影機搬上檯面，並開始以緊迫方式，緊咬李嫌供詞的疑點，恰巧這時被害的陳志銘、盧敬元骨骸被發現，終於使凶嫌的心防完全瓦解而俯首認罪。

偵辦井口真理子命案，在自助餐店門口坐了三個小時

當日本女學生井口眞理子來臺自助旅行被害的消息傳出後，不僅我國警政單位視之爲重大刑案，出動大批警力，不眠不休地查辦，而且日本方面的新聞媒體大肆報導，使這一案件演變爲中日雙方矚目的大案，對臺灣治安的形象產生極不良的負面影響，這使得有關人員承負的壓力空前沉重。更棘手的是，案情一直無法突破，各級長官雖誓言一定要破案，但也不禁憂心忡忡，坐困愁城。可是，這個案子，施讚步破了。

案情的突破關鍵在於一家自助餐店老闆的肯出面指證。

「本來這件案子不難查，但過去查得不徹底，我們刑警查案，應該要視對象不同而採不同方式，如果是提供情報，我們等於是去拜託人，態度必須有禮才行。我查井口案，到高雄一家自助餐店，當時是十一點多，餐店的生意非常忙碌，我向老闆表明身分，並說想問一些事，老闆說現在生意很忙，三點鐘休息時再來好了。我很誠懇地向他道謝，就在附近坐下耐心等候。到兩點時，店內已無客人上門，但我們遵守諾言，並未上前查問，結果反而是老闆覺得不好意思，主動喊我們過去。」

自助餐店的老闆一再說，你們不像刑警。因爲以前查案的人口氣不很好，因此他都推說不知道。但是施讚步用他的禮貌與誠懇，很輕易地就化解了這道阻力。老闆指出，他認識涉嫌的計程車司機劉學强，劉嫌的大姐在附近郵局做事，案發後，還曾到店裏來吃飯。他記得有一天，劉嫌曾帶一位日本女孩來店裏。說到這裏，老闆有些猶豫不知該不該繼續說下去，反應靈敏的施讚步立即告訴他：

「事實不說出來，一輩子會掛在心裏。」

並且舉了轟動一時的「翁媳命案」來加以說服：

「翁媳命案發生後，有一位替人洗衣的歐巴桑知道內情，因爲兇手曾把血衣送給她洗，但我們去查，她說沒有，可是很奇怪的，我們回來不久，她先生發生意外，腳差點被鋸斷，第二天，她兒子被牛車撞傷，她心裏害怕，跑去廟裏問神，神明指示她，家中的床不要東西向，應南北向，於是她趕緊回家去搬移床位，不料在拿那件洗好的血衣時，竟突然掉落在床上，她大吃一驚，馬上和我們連絡，說血衣在她那裏！」

這一招果然奏效，老闆終於放下心中的顧慮而全盤托出，他透露，當天下午劉嫌的確帶了一個日本女子來吃飯，機車後座還放了一個旅行袋，雖然他聽不懂他們的交談內容，但劉嫌當時曾對他說了一句：「這位是日本來的小姐。」這眞是太寶貴的線索了！因爲井口從桃園到臺南，李思漢曾招待他遊玩三天，然後買車票送她去高雄，李雖送她到火車站，但未見她上車，所以一直無法證實她到底人在臺南還是高雄？雖然劉嫌被訊問時，曾供出在高雄自強路吃自助餐，但因老闆不指證，無法破案，現在終於可以證明她人確實到了高雄。

然後，他們將井口可能去的觀光地點逐一清查，佛光山、澄清湖、大統百貨，一家家店問，因爲是日本女孩子，很快就有了線索，證明劉嫌曾買一些紀念品送她。接著，他們又再度到劉嫌住處附近挨家挨戶問，果然有一個歐巴桑指出，當天正好隔壁有人娶媳婦，所以日子記得很清楚，她確實看到劉嫌帶了一個日本女孩子回家。

搜集證據固然重要，問案技巧更是破案關鍵

經過這一番查證後，施讚步已胸有成竹，於是他約談了凶嫌。

「辦案時搜集旁證固然重要，問案的技巧更重要。我不問他是否殺害了井口，只要證實他是否見過她即可。我問他，井口在臺南上車前曾寫信回家，說要到高雄，我們已調查清楚，你曾帶她在高雄

四處遊玩，去過某某自助餐店吃飯，也去佛光山、澄清湖玩，並買了一件竹飾品送給她，我想知道的是，井口計畫旅行的最後一站是臺東，你是什麼時間送她去？坐什麼車？我們準備到臺東去查，一定要查個一清二楚。他看我態度十分堅決，心裏大概在想，高雄都查得如此徹底，臺東也一定是這樣，他低頭衡量了很久，終於放棄，神情頹喪地對我說，不用查了。」

兇嫌態度的突然轉變，意味著案情的即將大白，施讚步有些緊張，但表面依然若無其事地冷靜注視著。

「他忽然抬起頭問我，今天是什麼日子？我說是三月四日。心防已被突破的他，開始表現出內心的恐懼，他告訴我，以前買計程車掛上車牌之後，曾請人來算命，那人看了車牌號碼「三〇四四四九八」，曾對他解說，「三〇四」這劫難逃，三月四日這一關卡能躲過，就可風平浪靜，否則刀光血影恐有牢獄之災，而那天正好是三月四日，因此，他才俯首招認，根本沒有送她去臺東，而是在高雄的第一晚即將她殺害，斬首並加以棄屍。其實，井口死前已遭强暴，只是爲免家屬傷心，新聞報導不明說罷了。」

對人心的險惡、歹徒的泯滅天良，辦案多年的施讚步，可說是百感交集，他不得不相信冥冥中自有報應。對井口的天眞、不識人心陰暗，以致慘遭殺害，最是令他唏噓不已，因爲信任而給自己帶來殺身之禍，這一點，他很希望涉世未深者深自警惕。

偵破幾件高階警官涉入的案子，使他面臨「專辦自己人」的尷尬處境

此外，有一些案子，施讚步破案後並不覺得喜悅，反而痛苦不堪，因為發現涉嫌者竟然也同是警察。對這些披著正義、執法者的外衣，卻幹出違法、天理不容勾當的警界敗類，他最覺不齒，也最傷心。例如發生在去年，前桃園縣警局刑警隊隊長陳範成綁架商人溫良謙勒贖案即是。

這件駭人聽聞的案子，發生一年多，始終不能破案，迭有蹊蹺的發展過程，引起被害家屬懷疑有警察人員涉入其中，而溫良謙的岳父為備役將官，乃在一次與行政院長郝柏村聚會時當面陳告，而由郝院長指示警政署偵辦，並且每週詢問辦案進度，指示一定要破案才行！施讚步奉命接辦，兩個月後宣布破案。

「其實，一個月就已查清楚涉案者的身分，只是缺乏主要證據，勒贖的贓款均已花光，人抓來不承認也沒用，必須找出作案的車輛、關肉票的地點才行。透過電腦，我們查出涉嫌人郭建成有一輛車子的車牌與車型不符合，於是深入追查，車主是雲林縣人，但已將車賣給屏東汽車修理廠，然後又被一位專門收買破車的郭姓男子以二千元買走。繼續追查發現，郭建成與郭姓男子是叔孫關係，這下子連上線了，案子等於破了一半！」

原來，綁匪擔心在載送被害人至臺北北投區拘禁時，會被人抄錄車牌，所以在行動前，對交通工具的取得就已列入作案計畫，並且要郭建成從經營廢車廠的叔叔辦公室中偷取報廢的車牌，以掩人耳

目。

「雖然車子找到，但我們依然按兵不動，緊接著尋找地點。其間曾四度起用直昇機、出動大批警力搜索，我也一直陪著被害人，由空中到地面，試圖喚回其記憶，最後被害人回憶起被關的地方在一山坡上，附近常有救護車聲、送葬唸經聲，再加上這些歹徒心狠手辣，剁下被害人一根手指頭，寄給他的哥哥恐嚇勒索，而他的哥哥是醫生，從手指頭血漬未乾來判斷，認爲路程不會超過三十分鐘，於是改從被害人與涉案人家的附近展開地毯式搜尋，終於查獲藏匿肉票地點在臺北市榮民總醫院後山一處民宅中，經被害人指證無誤，確定是被押四四十天的地方，而該民宅正是郭建成所有，這件懸宕年餘的刑案才得以偵破。」

雖然不負上級交代，漂亮破案，但因涉案者是二線三星的高級警官，已嚴重斲傷了警察風紀與形象，施讚步在意外之餘，格外有一種惋惜、無奈、痛心之感。加上去年十二月，他破獲臺中縣警局組長馬德熙及警員魏渠淵涉嫌勒索六合彩組頭案，一時之間，使他面臨了「專辦自己人」的尷尬處境。

對這一點，他語重心長地說：

「幹刑警，千萬不能把錢看得太重，禍害常因貪錢而起。有時候，看到一些年紀輕輕的警察買房子，我就百思不解，幹了四十年刑警，我的生活剛好勉強度日，怎麼有錢購買房子？我至今住的依然是公家的警察宿舍。辦這麼多案子，眞要撈錢，早就富有了！可是不義之財，取之何用？我一輩子雖窮，窮得心安理得！」

規定太太除非家裏死了人，否則不准打電話到局裏

對施讚步來說，除暴安良是他的理想，雖然因爲破案，使許多人被判刑入獄，甚至槍斃，但這都是罪有應得，只有把犯罪者繩之以法，對被害者才能有所交代。在他的手中一件件刑案漂亮地偵破，曾經共事的長官、同仁，一個接一個因破案有功而升官，看在他的眼裏，只有無限的欣慰，沒有一絲埋怨。做事比做官重要，公事永遠比私事重要，這幾乎成了他一生堅守不變的人生守則。

正因爲他對工作的專注與異乎常人的熱誠，四十年來，才能在工作崗位上受到長官特殊的器重，並博得同事們一致的尊敬。他早已將辦案視爲生活中的頭等大事，這種公事重於一切的敬業態度，具體表現在他對家庭的一項特殊規定上。

「我每次出去辦案，絕不讓家人知道，也不打電話回家，太太更是不敢打電話到局裏來問。別人的太太經常打電話來找人，我太太沒有，有人以爲是我的家庭、夫妻情感有問題，不是，而是我有規定，除非家裏死了人，才可以打電話找我，其他的事回家再說。這項家規，直到最近年齡大了，才稍加修改，准我太太打電話來，但必須是急事才行。我出差從不帶衣服，都是在外購買，因此家人也不知我何時出差，更不知我身在何處、何時回來。當然，我也不是不通情理，只要出差辦案，我會交代鄰居一位最要好的朋友，眞有急事，他知道如何與我聯繫。因此，有時出差十幾天，我太太也不敢打電話來。

出差辦案二十九天，回來房子已被賣了

「我說一件事，可以算是笑話。有一次，顏世錫局長要我去協辦沙鹿運鈔車搶案，足足二十九天才回家。我一回家，按門鈴，竟然是別人出來開門，我的房子被賣了！原來出差的這段時間，我太太以前替人背書支票，那人卻跑了，受累負債一百五十萬元，只得將我們唯一買的房子賣掉償債，因為聯絡不到我，也不敢打電話到局裏問，才會有這種好笑的事情發生！」

施讚步自己不禁又大聲笑了。這實在是令人稱奇不已，但是，哈哈笑完之後，嘖嘖稱奇之餘，我不禁要對這樣一個兢兢業業於自己職責的人，發出內心由衷的敬佩與感激。

身為刑警，他比別人犧牲了更多與家人相聚的時間，為了公事，他硬下心腸立了這樣的規矩，更讓我感動的，是他太太四十年來果真做到了他的要求。

縱身是非紅塵中，施讚步始終不沾不粘地保持自己的一身清白，高官厚爵，於他似乎只是浮雲過眼。回顧過去，他珍惜自己走過的每一步足跡，每一滴淌下的汗水，深深覺得，最快樂的一刻，是正義得以伸張，惡徒接受法律制裁之時。

至於光榮與掌聲，他瀟灑地表示，就讓他人去傳說好了，只要點一根煙，再多辦一些案子，該退休的時候退休，他就心滿意足了。

（八十年八月二十一日）

黃新新小姐　郭惠煜攝

向記憶力挑戰的書局女店員

——黃新新

十年前，我在大學中文系唸書，有一位教授在交代期末報告撰寫的細節時，突然天外飛來一句話說：「如果你們對研究的主題不知如何下手，或是找不到相關的參考書籍，不妨去找學生書局的黃新新小姐，他雖然只是一個店員，但她對文、史、哲學方面資料的熟悉程度，不亞於一個研究生。」老師隨口的介紹，對我們這些不知天高地厚的年輕學生而言，並沒有留下多深的印象。後來，我考進研究所，有一次和林慶彰教授閒聊，話題轉到了目錄資料的整理，他又很自然地提起她，但我依然把這件事不經心地遺忘在其他眾多的話題中。直到開始投入論文寫作時，才眞正領略到她積累深厚的「實力」。

那時想找一些有關晚清詩人黃遵憲的資料，就抱著姑且一「試」的心理到書局去找她。還記得是一個冬雨冷冽的臨晚，她正屈蹲在地上捆書，癯瘦的身軀幾乎被淹埋在書堆裏，我喊她，她有些驚愕地抬起頭，在室內冷空氣淺淺的浮盪裏，一顆汗珠從臉頰滑下。

我果然沒有空手而回。走出書局，捧著一疊書與影印的參考目錄，我撐傘走在和平東路長長的紅磚道上，心中不禁升起一股暖暖的感動。

把目錄當書背，深獲毛子水、臺靜農的尊重

「沒有啦，你把我說得太好了，其實我只是懂得一點點而已。」當我說出對她片段卻深刻的印象時，她有些靦腆地直搖頭否認。不過，我們一般所知的書局店員，通常只管賣書、收帳，最多也只是熟悉自己出版社的圖書目錄而已，但學生書局的董事長丁文治一再强調說：

「黃小姐對工作具有別人罕見的衝勁，臺北市各大出版社的圖書目錄，她一目瞭然，我看全臺灣的書店業，沒有人像她一樣把目錄當書來背。據我所知，許多過世的學者，如毛子水、臺靜農等人，對她都很尊重，常常對人說，要找書，找黃小姐去！」

這番話令我驚訝不已。枯燥無味的出版目錄，她竟然能熟讀、背誦，而且甘之如飴，我想，這種表現絕不是「工作」二字就能概括的，其中必然醞藏了她對學術服務的熱忱，與不服輸的生命韌性。

她回憶道：

「我五十九年來書局，當時高中剛畢業，透過親戚介紹，來此應徵會計工作，其實我也沒學過會計，但卻花了一年的時間在整理帳目上。記得那時候我們與新加坡兒童書出版業者有密切生意往來，通常都是七二折、六三折地搞得我暈頭轉向，尤其是剛來的第二天，因為算盤也不懂，算來算去帳目

都不合，被責罵，我就一個人關在小房間裏，一邊重算一邊掉眼淚。我不斷告誡自己，絕不能認輸，只要肯做，別人會的，我一樣也會。」

由於人手不足，事務又繁瑣，很多工作都是大家一起動手，因此，除了會計，也必須接觸其他業務。她不好意思地透露，起初連「四庫全書」是什麼都不知道，但是經過不斷用心摸索，想出一個笨方法，就是專門收集目錄，還有博、碩士論文後面附錄的參考書目，加以分類、熟記，強迫自己知道每一本書的出版處、內容大要等；此外，抓住每一個得以向學者請益的機會，也是她在中文學術圈內能夠廣結善緣，而且逐漸聲名遠播的重要原因。

研究方向接近者，她主動相約介紹認識

「臺大史丹福中心，有很多外國人來臺從事漢學研究，他們經常來買書，這些外國老師或學生都懂得不少，每次他們來，我就向他們請教。像孔維廉教授，常來買書，我們因此成爲好朋友；林慶彰老師那時在東吳大學唸書，常來師大旁聽，就順便到書局來，我最常向他請教，有時顧客來問的一些書，我不懂，就打電話給他，他總是會幫我查到，無形中我也學習到了學術資料的大概分佈與利用管道；又如王秋桂、郭立誠老師，也都是我經常諮詢的對象。我在門市工作二十年，始終抱持著一個理念：他們不是我的顧客，而是朋友。」

正因爲有一分對朋友盡心的使命感，她若發現有研究方向相近者，就會主動介紹彼此認識，國內

外資料的交流，她也義不容辭地從中服務，不帶一絲利益色彩，純粹是希望對這些學者的研究工作有所幫助。很多國內外學者友誼的建立，都是黃新新牽的線，例如美國加州大學的漢學家艾爾曼教授、亞利桑那州的魏世德教授、英國的龍彼得教授、旅法的陳慶浩教授等，都曾經在書局內與此地學者會面、認識，並建立起友誼。

「龍彼得教授每次來臺，一定到這裏來看書，一本本翻閱，偶而說說他對某些書的意見，常使我在觀念上獲得新的啓發。有趣的是，像一些漢學研究會議，有的學者對某項議題不感興趣，就溜到我們這裏來，結果許多久未聯繫的學者，都在這裏碰面了！大家高談闊論，情況熱烈，有人便戲稱這裏是『第二會議廳』。也許是認識的學者多了，他們在介紹書時，常會提到可以找黃小姐買，因此外界才會對我有一些傳聞產生。」

現在的黃新新，已由店員升爲業務經理，但是繁重的工作依然，甚至有增無減。辦書展、與國外圖書館接洽、協助外國書商採購、替學者訂書、爲顧客找書，每天從早忙碌到晚。最近，她開始學習使用電腦，以便將書籍做更有效的整理、利用。她指著一排排擁擠陳列的書籍，語重心長的說：「早期我們自己出版與代銷的書不多，但現在出版業競爭激烈，質與量都遠超過從前，我們本版的書已有二千多種，門市和地下室的書合計約二萬多種，要完全了解每本書的性質，並迅速找到所需的書，並不容易，雖然公司有計劃要運用電腦，但至今尚在籌備階段，所以還是得靠人的記憶力。」

爲了能追趕上書籍流動的速度，也爲了確實掌握書市的浮沉起落，黃新新至今仍不改其十幾年培養的習慣，每隔一段時間，就把各家出版社的目錄帶回家去看、去背，向自己的記憶力挑戰至夜深。我想，很多事電腦或許可以代替人力，但冰冷的電腦永遠欠缺不足的，是對工作擁有一份不減的愛，以及像她一般，對學術懷抱永遠主動服務的熱忱。

背誦的不是冷冰冰的目錄，而是溫熱動人的風景

從民國五十九年進學生書局起，兢兢業業一路走來，參與了一個書店的成長，已近五十而未婚的她，對付出的青春年歲，沒有一絲怨悔，只有踏踏實實的安然。一開始她就明白，書不是文字商品，而是情感與智慧交迸的生命結晶，她背誦的也不是冷冰冰的目錄，而是溫熱動人的人世風景。在別人眼中，二十多年的執著似乎有點傻，但就是憑著這股傻勁，她獲得國內外學者眞心的友誼，與同事、長官的尊重，也成就了自己引以爲樂的完滿世界。

離開之前，我悠閒地瀏覽一排排上架的書，一轉身，她又馬上投入了捆紮、登錄、分類的忙碌工作中。看她嫻熟的技巧與纖弱的身影，幾年前那個冬日向晚溫暖的感動，又緩緩自心頭升起。

（八十年七月九日）

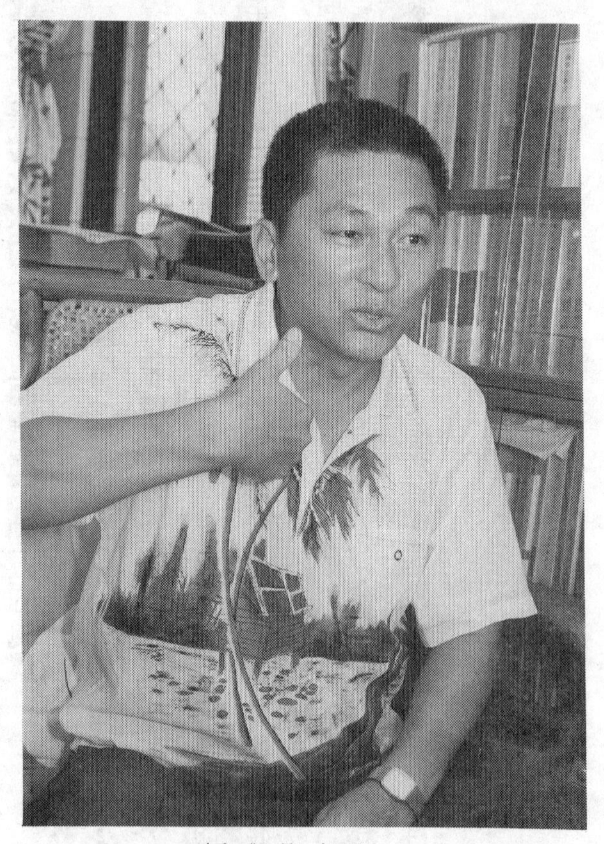

周進興先生　　郭惠煜攝

送愛到貝里斯

——養蝦專家周進興

他膚色黝黑、體格健碩，卻心細如髮、思慮精密；他四十年來不曾離開過家鄉小鎮，卻突然要飛越太平洋，遠赴異邦；他只水產試驗學校的學歷，卻透過自己的努力試驗，繁殖斑節蝦成功，獲選爲「十大傑出農民」，甚至以「草蝦養殖專家」身分受聘前往海外技術指導。這項成就也許並不是十分耀眼，但對周進興來說，他引以爲榮，也深自珍惜，因爲，那是他前半生心血凝匯的結晶，回首一路行履時最堪記憶的碑誌。

每日天未亮前，必須巡查蝦池水色

當然，這一路上絕非風平浪靜，平坦無險，相反的，生命歷程的曲折起伏，使他懂得了自立，獲得了經驗，也做到了勇於付出。崤山絕巘、穹蒼大漠雖美，他寧願欣賞一泓清潭，一畦綠蔬，或者是一隻蝦苗透明的微紅身軀、一根根蜷曲靈動的觸鬚。

當幼蝦在水中活躍浮游，日有所長，他內心會不禁湧現一股撫育稚子成長的親切感動，但一旦海水倒灌，眼見蝦苗被滾滾大浪沖捲而去的一刻，他更有喪親的哀慟。這種和蝦群悲喜與共、苦樂相隨的情感，恐怕早已超越了盈利的謀求，而轉化成對大地自然生命的尊重與疼愛。

「養蝦和養小孩一樣，要照顧得無微不至，說『微』是眞的，像每日清晨要去池邊巡看水色，五點鐘前起床，如果水面一層油油的，表示蝦的食物藻類有死亡的徵兆，這時必須儘快換水，否則PH值升高，水會酸，蝦也會逐漸隨之死亡。這是養蝦很重要的一道步驟，等到水變紅、變靑，再換水已來不及了。」

這不易的觀察必須在天微亮之際，風不大時才看得清楚。二、三十年來，他堅持每天一定親自去看。由於比別人多這一分用心，他養的蝦似乎總比別人的健康，而且存活率高。要學他的經驗、技巧不難，但是卻不容易學到他沐風櫛雨也持恒不懈的毅力。

周進興在東港有三十餘甲地，每甲地分兩座池子，共有六十幾座，每天騎機車巡查、看水色、蝦糞，便成爲他上午不變的差事。因爲養蝦名氣響亮，許多養殖戶也跟著吃他的飼料，因此下午的時間他都到別人的養殖場去送飼料，並且與人聊天、交換知識。養蝦的工作是必須二十四小時投入的，他說，光電費一個月就至少二十八萬元以上，即使是三更半夜，也要定時放飼料。雖然請了七、八位工人協助，但許多日積月累的獨特經驗，使他依然經常來往奔波、日夜辛勞。

最怕一窩蜂飼養及海水倒灌

「人累一點倒不怕，最怕的是大家一窩蜂搶著飼養，某一種蝦類賺錢了，大家馬上大量養殖，造成削價競爭，反而無法回收成本。民國七十年左右，從高雄到屏東，養殖場只有六、七家，現在多達一千多家。當年一尾蝦苗可賣一塊六毛，現在只剩二、三分錢而已，經營可說是日益困難；其次，最怕颱風來襲，海水倒灌，辛苦多年的蝦苗被海浪一捲而光，眼見心血付諸東流，實在令人欲哭無淚，像賽洛瑪颱風那一次，就曾經讓我深深嘗到了這種辛酸與無奈。」

天災難防，市場又不可測，周進興唯一依靠的，就是自己辛勤的打拚與技術的突破。說到技術，周進興很嫻熟地談起養蝦的一些基本常識：

「養蝦分幾道過程。第一道關卡是繁殖，必須進口蝦母，刺激產卵，以前一條蝦母從沙巴洲等地進口，至少七、八萬元，甚至好一點的高達二十五萬元一條。蝦母抓來後，第一天晚上下卵，第二天下午卵會逐漸孵化為『蝴蝶』，這是根據形狀來稱呼的名詞。再經過八、九小時，會第一期脫便，二十四小時後接著有二、三期脫便，然後這些蝦苗會『倒吊』，三天後『正游』，二十天左右即可移到寸蝦場，這一階段完全在室內進行，稱為『紅巾』。寸蝦場則是在室外，幾天後，寸蝦身體强壯，就移到大蝦場中成長，這第二道關卡稱為『養殖』。」

不論是繁殖、養殖，同樣都需要技術與經驗。周進興提到起初創業時的一段往事，他說：「建繁殖場時，我請一位師傅來幫忙，但他只懂理論，缺乏經驗，三週內進了三批蝦母，花了一百七十多萬元，結果試驗失敗，就自己辭職了。我不信邪，自己摸索，進口一批蝦母，開始學習繁殖，沒多久，培養出來的一批蝦苗竟賣了七十多萬，兩批就把虧本的錢賺了回來。」

養殖斑節蝦成功，獲選十大傑出農民

賺賠之間，最大的功臣不是周進興，他一再推崇當時的東港水產試驗所所長廖一久博士。廖博士在六十八年研究草蝦人工繁殖成功，從前蝦母產卵後即賣到餐廳吃掉，但廖博士研究出新方法，剪去蝦母一隻眼睛，使已產卵的蝦母在四、五天後又可以產第二次卵，並且能繼續生產下去，這是養蝦繁殖技術上的重大突破。他經常去向廖博士請教，加上在省立東港水產試驗學校讀書的訓練，使他在七十年建繁殖場時有了正確而漂亮的第一次出發。

然後，他開始養草蝦、紅尾蝦、斑節蝦、沙蝦等不同品種，均獲致豐碩的成果，其中尤以斑節蝦的繁殖成功，令他名揚國際。斑節蝦是日本人愛吃的一種海鮮，但日本的氣候條件不適合生產，起初臺灣很少人養，只有彰化王井鄉有一家是斑節蝦的大蝦場，其蝦苗的供應正是來自周進興。

斑節蝦的生命力强，用冷凍過的木屑舖於箱底，放入蝦，再蓋上木屑，空運到日本，水一沖，這些蝦都會活過來，因爲生鮮，所以日本人愛吃。他在廖博士的指導下，不斷試驗，克服困難，成功繁殖了斑節蝦。日本人曾來臺在高雄旗津建了三座斑節蝦繁殖場，都因不諳環境的特性而虧本倒閉，鎩羽而歸。

在民國七十四、五年左右，他是全省唯一的斑節蝦苗供應者，一尾五毛錢的價格，使他一批即可賺到一百多萬，而且供不應求。隨著規模的日漸擴大，經驗的日益豐富，周進興的成就深爲廖一久博士激賞，遂邀請他在東港水產試驗所擔任教官，傳授養殖斑節蝦的知識，並與屏東農專合作，提供國外學生來臺的實習場所，幾年下來，到過他的繁殖場實習的學生已有百餘人，包括馬來西亞、印尼、新加坡等國家。廖博士也因此屢次推薦他參選十大傑出農民，而終於在民國七十七年當選。

以「草蝦養殖專家」身分，遠赴貝里斯指導養蝦

喝采聲中，周進興依然默默經營他蝦的王國，絲毫不敢鬆懈。廣東省惠來縣長曾來函邀請他前往大陸投資，他爲此破例離開東港，遠赴彼岸洽商，但他見到該縣長，衣冠不整，一坐下來就翹起二郎腿，並且明白表示，如果中央同意這項計畫，提供一百萬元來開墾土地，配合建廠，那麼他們要抽百分之二十，有點驚訝的周進興雙手一攤，合作的念頭立即打消。

回東港以後，他更加孜孜矻矻地從事蝦的養殖，與妻子、三個小孩勤奮地二十四小時輪替工作。長久的與蝦爲伍，他對蝦的習性瞭如指掌，很多人在這方面遇到困難就會向他請教，他也知無不言，既然廖一久博士能將研究的心血公諸於世，他又何嘗不能將自己的心得體會傳諸於人呢？晨起巡視池子、察看水色，下午送飼料、與其他養殖戶交換知識，成了他不變的生活規律。在三十餘甲地的蝦池

中穿梭，他樂在其中，甘之如飴。

這種規律、這份悠然，在「海外技術合作委員會」敦聘下，請他以「草蝦養殖專家」身分，隨技術顧問團遠赴中美洲的貝里斯，指導當地人民養蝦技術開始，就面臨了生活的抉擇與生命的大轉變。從應徵人數眾多的激烈口試中，他脫穎而出，因爲貝里斯方面需求殷切，不到一個月時間，他就做了一生中最重要的決定——暫時關閉三十餘甲地的蝦池，加上規定第一年不准攜家帶眷，他必須暫離妻子、兒女，而且他還要向生活了四十年的故鄉小鎮道別，到另一個不同語言、氣候、人民、土地的國家，替自己、也替國家克服從未有過的挑戰。

在養蝦天地裏，他有造福人群的自信與期許

「其實，自己經營蝦場的利潤遠超過那一個月十萬元的待遇，但是，飲水要思源，我有今天，是政府給的，爲了國民外交，我樂意做這些犧牲。」

學以致用，造福人群，在養蝦的天地裏，他也有這份自信與期許，因此，從臺灣到貝里斯，路途雖然迢遙漫長，但他願意用他的摯愛來拉近彼此的距離。他其實只像是一個在臺灣土地上辛勤耕耘的平凡農民，一臉憨厚笑容，一口不純正的國語，卻能擁有一顆不落人後、誠實的心靈，與踏踏實實做事的傻勁。

比他聰明的人很多，但很少人能像他一樣，爲了成全大愛，願意割捨小愛。我想，這應該是四十

多年來，東港的海雨山風所給予他的啓示吧！

（八十年八月二十八日）

蘇淑嫣女士　彭新崧攝

從酸醋中釀出甜蜜

——「百家珍」總經理蘇淑嫣

醋，是酸的，這是一般人的味蕾共有的經驗，毫不稀奇的常識，可是，對蘇淑嫣來說，與醋爲伍廿年，味蕾不變，釀醋的心情卻早已由酸變成甜，而且日益濃烈，幾乎成了生命中不可或缺的一道養分。對我們來說，沒有醋，恐怕許多食品都將淡而無味，或者風味大失，但對蘇淑嫣而言，沒有醋，不僅是生活享受的欠缺，簡直就是生命情感依靠的完全落空。

她從不在意人家戲稱她是「醋罈子」、「醋勁十足」，或者是「整天吃醋」，相反的，別人開門七件事是柴米油鹽，她則寧願自己開門最先見到的永遠都是醋。每當醋味飄散，她就覺得熟悉、親切而滿足，並且會自然滋生出一股甜蜜的喜悅來。

這當然不是偶然。主要的轉捩點，是她有一個嗜「醋」如命的丈夫——江良山。夫婦兩人終日研究、開發、推銷的投入與熱情，就像是在栽培一個稚嫩小孩，無私而忘我；也像是在灌溉一株幼苗，細心而體貼。兩人共同的志趣、未來攜手努力的方向，乃至於過去二十年的心血汗水，彷彿到最後，全都濃縮成一瓶瓶璀璨金黃的汁液，並且在眾多品牌的激烈競爭中，提煉出屬於兩人引以爲傲的寬廣天地。

能一起胼手胝足奮鬥的歲月總是美好的，雖然一開始也是風縱雨橫，一路坎坷。日據時代的蘇家在嘉義朴子一帶經營雜貨批發，鎮日爲三餐溫飽奔波，古意淳樸的蘇老太爺，在一次不慎替人背書支票而導致破產後，日常生活便陷入了苦境，她父親背負一身債務，開始爲家計四處闖蕩，企圖打出一條活路來。他經營洋品店、賣成衣、做縫紉機，一有空閒便鞭策自己讀書，幾年之後，開始創辦機械工廠，從輪船設計圖到活塞、汽缸等零件，他都不畏艱難地加以摸索、嘗試。最難捱的日子，他去替人做家庭教師，甚至於到米店扛米，因此，雖然身爲工廠「老闆」，做的其實是「校長兼撞鐘」的工作。從經營洋品店到開工廠，她父親常笑說是「白手變黑手」。正因爲這樣日以繼夜的辛勤打拚，蘇家又在別人欽佩的眼光中，開始緩緩地站了起來。

這有點類似「絕地大反攻」的切身經驗，給蘇淑嫣留下永難磨滅的印象，也可以說，這是父親送給她最寶貴的一份資產，那不是金錢可以衡量，也不是文章可以傳授，而是紮紮實實地在熱火深水裏走一遭，感受了失敗、絕望與痛苦的煎熬，才懂得了奮鬥、珍惜與付出的可貴。在她的心目中，父親的手，不僅爲整個家庭遮擋了風雨，也爲她指引了一條人生成功的捷徑。

在家境由逆轉順中成長，即使是不識人間愁滋味的年齡，蘇淑嫣也清楚地知道，沒有父親就沒有這個家。緣於這份人子感恩的認知，在她高職畢業、很多同學都繼續升學之際，考慮到工廠人手的不足，遂甘心地留在父親身邊幫忙。曾經有一度，她也興起强烈的升學欲望，父親再三衡量之後，終於答應送她上臺北補習，準備參加聯考，但是不久接到妹妹的家書，說父親累倒了，而且病情不輕，幾經掙扎，她最後揮淚南下，要深造的念頭也從此一刀斬斷。

就在這一年，她透過堂兄的介紹，認識了正在中興大學農化系二年級讀書的先生江良山。初戀情深，加上志同道合，兩人很快地在民國五十五年春天結婚。婚後由朴子搬到嘉義東石鄉一個貧瘠的小村莊掌潭。六十二年再度搬回朴子，並積極創辦了「百家珍」釀造食品公司。這時候，江良山從事「醋」的專業研究已有六年的時間，但由於恰逢物價大幅波動，加上六十三年經濟不景氣，資金十分匱乏，一切設備遂因陋就簡，整個工廠只僱請一名員工，兩人身兼數職，每日工作十六小時以上，初次嚐到了創業維艱的苦澀滋味。

民國六十四年起，因臺灣水產加工罐頭中加醋的蔬菜鮪魚罐頭，銷售日趨活絡，取代了日本在歐美的大部分市場，致使「百家珍」釀的醋，長期供應全省罐頭工廠，幾達百分之百，使初顯身手的蘇淑嫣，亮出了第一張漂亮的成績單。可惜好「景」不長，六十六年因魚罐頭工廠受到東南亞國家的競銷而逐漸走下坡，景氣低迷，業績萎縮，整個市場一片慘淡。失敗的浪潮再度襲擊而來。

但是，不論是慘淡無光，或是欣欣向榮，執著於「醋」的研發、始終不改其志的江良山，一直未曾中斷過，在醋的世界中尋找新的生機與突破。實驗室中十年埋首，民國六十五年終於分離出新的菌種，並改良原有的醱酵技術，使生產的釀造醋中，完整的含有克利布斯循環中的八種有機酸。再經幾年的沈潛研究，七十三年初，「百家珍」成功開發了四種濃縮飲用醋——益壽醋、養生醋、健美醋、蜂蜜陳年醋。由於效果顯著，獲得社會各界的好評，也在市場上掀起了喝醋的風潮，許多消費者更將之納入了健康飲料，這種對大眾消費習慣與觀念的改變，是蘇淑嫣最感欣慰的一項成就。

從民國六十二年開始創業時的二百坪工廠，到七十五年在嘉太工業區完成二千坪的現代化新廠，她一直堅信，只有不斷的付出，才會有源源不絕的收穫，汗水滴下土，總會有生根發芽的一天。不論是工廠裏的一桌一椅，家中的一草一木，沒有一樣是憑空得來的。當然，她也一直感激這些年來，政府提供了良善的經濟政策與環境，以及社會大眾默默的支持，因此，在整個企業步上軌道後，她立即將自己投入了另一個更具積極意義的事業中，那就是走出工廠，回饋鄉里。

七十九年初，她在貧瘠的掌潭村設立了加油站，使村民享受便捷的服務，因爲加油站的帶動，掌潭村日漸走向繁榮。此外，她也一直扮演快樂捐血人的角色。嘉義捐血站在民國七十一年成立時，她就捲起衣袖，加入捐血行列，至今已捐了四十五次之多。起初她的父母、公婆並不瞭解捐血的益處，極力阻止，爲恐老人家憂心，她一度中斷半年，如今已近十年，她以自己的健康博取了家人的一致認同，也獲得了老人家的稱許。

蘇淑嫣很欣慰地說，也許是「天公疼憨人」，在事業有成後，丈夫對她比以前更好，經常相偕出席各種聚會，夫唱婦隨的恩愛情狀，令許多朋友稱羨不已。兩個兒子目前就讀於食品營養科系，每逢假期都會主動爲公司盡一分心力。這樣的生活，她滿足地表示，實在已別無所求。

在她的辦公室裏掛了一幅自勉的題字——「勤儉應落實於生活之中，愛將深植於你我之間」，藉此提醒自己，繁華當記來時之路，松柏後凋於歲暮之寒，無論路途如何迢遙崎嶇，感恩的心情與堅持的勇氣，永遠是從山窮水盡走向柳暗花明的不變指標。

這就是蘇淑嫣，「百家珍」、掌潭加油站的總經理，第五屆傑出工商婦女。在醋的王國裏，意興風發；在日常生活裏，平凡淡泊。酸溜溜的醋，入了她的口、她的心，全化成了甜孜孜的糖蜜，因爲每一滴汁液，都有她父親打拼的身影、丈夫埋首研究的心血，還有她二十年的歲月風華。

醋，是甜的，因爲，愛是甜的。蘇淑嫣如是說。

（八十年七月二十四日）

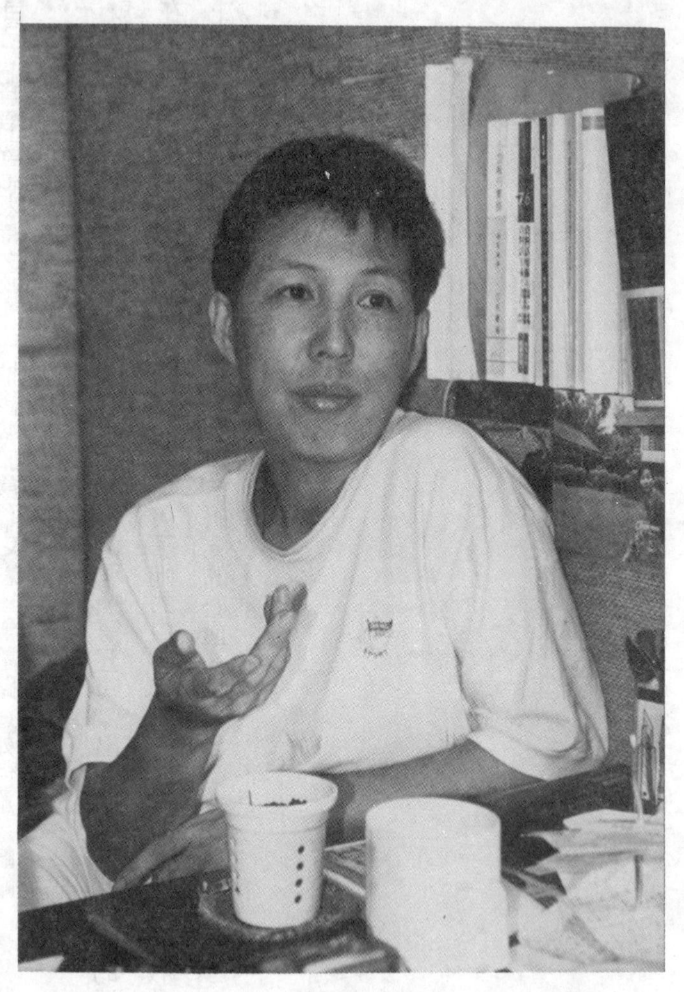

張紅雅女士　　　彭新松攝

在茶坊中打開心房

——張紅雅用愛替青少年營造一個溫暖的家

你也許不知道，在民生社區的一隅靜巷，有一間茶坊，全天候不打烊，而且自午夜十二點以後便不再收費，開放爲夜貓子中心，想留下的人，不論兒童、青少年，或婦女，都可在此免費留宿。

你也很難想像，在這個資訊爆炸的城市裏，竟然有人可以不看電視、不讀書報，而成爲整個社區的靈魂人物。在沒有充足經費的條件下，竟可以憑著一顆熱情的心，結合社福中心、學校、少輔會、基金會、教會、企業界及各種公私機構的力量，舉辦各項活動，最後還成立「臺北市社區資源交流協會」，將這個城市裏零星的資源匯聚成一股更豐沛、活絡的巨流，讓社區冷漠、平淡的街景，塗抹上光采、溫暖的生氣與色彩。

這個一直在向自己挑戰、對社會付出的人，就是這家夜不閉戶的茶坊女主人——張紅雅。

她的茶坊像家，可以留宿，要聊天，隨時有人奉陪

四十歲的張紅雅，不施脂粉，一頭削薄的短髮、一身輕便的運動衫，給人的第一眼印象，豪爽俐落、精明幹練，好像對一切都不在乎的樣子，但是，仔細傾聽她的話語，尋思她走過的一路行履，就會明白那是一種錯覺，或者說，那只是她行事的作風、生活的保護色，眞正的她，其實是極其溫柔、細膩的，若不是這方溫柔心地散發出光與熱，這家茶館不會如此溫暖，令人流連。

尤其在冷冽的冬夜裏，「筑」茶坊的柔光，淺淺映在少人的富錦街轉角，給人一種格外溫馨的暖意。走進茶坊，木質傢俱和地板透發出油亮親切的光澤，讓人自然油生一股想坐下歇歇腿、喝杯熱茶的吸引力。柔和的音樂，伴著氤氳流動的茶香，加上隨處可見的鬆軟枕頭，這裏給人的感覺，完全像是自己的家。

一百多坪的寬敞空間，除了格局典雅的茶坊，地下室闢爲社團活動教室，左側一處洗車場，入口處旁是服飾店，右側則是花店，整個場地的充分利用，顯示出主人出色的經營頭腦，但是，不知是心理還是生理因素，她看不下書報，也不想看電視，生活上新知識的獲得，主要是來自於日常接觸的人與事。她肯於靜心思索、眞心與人交往，每個人都是一本書，她是勤於翻閱的讀「書」人。

雖說不喜讀書，整本六祖壇經卻能背誦出來，她笑嘻嘻地表示不解，也無意去了解。她唯一想急切了解的，是許多迷路孩子的心，尤其是一些不想回家的青少年，「筑」茶坊提供了暫時安頓身心的避風港。

「我尊重他們，覺得在與這些青少年的交往中，自己也獲益很多。不回家的孩子絕對不是不良少年，很多是在社會急遽變遷下的迷途羔羊。他們對人生的方向不清楚，不知該何去何從，無法找出過去和現在的立足點。換句話說，他們無法在時空中給自己定位。如果再沒有人去關心、了解他們，眞不知道這個社會會變成什麼樣子。我願意提供這樣一個可以交到志同道合朋友的空間，其實，是因爲自己也曾經在人生旅途上尋覓、徘徊過。」

本著過來人的心情，張紅雅不僅讓他們享受到家裏所沒有的溫情，而且還會主動和他們談心，設法進入他們的心靈世界，以「交心」的方式去關懷這群迷失在都會文明中的孩子。她接納這些孩子，他們也信任她，願讓她分擔平時不輕易透露的心事和煩惱。許多失去家庭溫暖、面臨人生十字路口，及覺得不被社會認同的青少年，也都把這裏當作可以找到關懷與肯定的第二個家。有人打趣地說，如果現在有人要和她結婚的話，會發現怎麼一下子多出來一百多名子女！

想要思考自己前途、或對目前人生不滿意的人，可以到這裏住下來，如果要找人聊天，隨時有人奉陪，張紅雅非常願意和他們交換人生的經驗，不過她也嚴格要求，留宿的人不可以喝酒、打麻將，而且要事先打電話回家。

「我也曾是一個家庭主婦，」張紅雅說：「偶爾也會心情不愉快，但又覺得無處可去，因此，我就想提供一個像家一樣的地方，需要聊天時，有人可談，想靜一靜時，也可以不被打擾，這間茶坊，就是一個最佳的疏導和宣洩場所。」

她的義工朋友，從學者、演員、設計師到家庭主婦、小學生、阿媽、流氓都有

在鼎沸的市井塵囂中，擁有這一方世外桃源般的淨土，張紅雅內心雖有一分恬然，但並未因此而滿足，事實上，她的生命一直如滾石般，一刻也不願安歇，經營茶坊，不過是她諸多人生夢想中的一個具體呈現而已。

銘傳商專國際貿易科畢業的她，曾在日本商社擔任高級主管六、七年，也曾經涉足過傳播公司、飲料公司、製造業、房屋仲介業、塑膠廠，當過咖啡廳老闆，甚至於，她還是位花藝不俗的插花教師，不管是池坊、松風、小原流諸派，她都精通。「教人插花，可以收斂自己的野性，因爲必須在三個小時內把課程安排得紮實有序，而且在設計時要摒棄個人主觀的好惡，考慮到別人的想法，這個過程，對我來說，正是一種性情上最好的修煉。」張紅雅平靜地回想起過去留下的足跡，坦然的眉宇間，依然難掩幾分自信的堅毅。

二十歲那年，由於拒絕父母爲她擇定的對象，她演出了一場「逃婚記」，半年之後，嫁給另一個男人。那是她强韌生命力替自己做的第一次重大抉擇；幾年商場周旋下來，有一天她突然意志消沉，充滿困惑，覺得自己走不下去了，直到遇見了一位師父，跟著打坐、傾談，心魔才逐漸遠離，最後找回自己，那年她二十六歲。

「自從接觸佛教後，我常常反省，覺得人生實在是一個不斷追尋的過程，目前開茶館算是從事那麼多行業來較滿意的一種。與人交心，眞誠以待，無須設限也不必刻意，一切自在隨緣。因爲這間茶坊，我見到了各形各色的人，而且在不斷與人深入交流中，發現人性可愛的一面。」

曾有一名青少年，吸毒、鬥毆無所不爲，而且幾乎放棄了自己，但自從在茶坊與張紅雅成爲好朋友後，打開心結，願意進補習班再努力，最近考上了專校，替人生找到了新起點。類似這樣的例子，不在少數，但張紅雅始終認爲，那是孩子們自己的選擇、努力所得來的，與她一點也不相干。當然，有的孩子也令她感到失望、挫折，曾有名青少年竟在酒醉時不分青紅皀白地毆打她一頓，雖然事後後悔不已，並向她道歉，但仍令她傷心了許久。

不管生活中有多少憂喜苦樂，也不管工作中有多少困難挫折，張紅雅從未因此而灰心，更不會因此而吝惜關懷別人。自小就慣於獨來獨往的她，雖然經常害怕傷人也怕被人傷，雖然常覺自己人在團體中，心在團體外，但她仍一天都離不開「人」，而且在她「網羅」的義工朋友中，從學者、演員、設計師、家庭主婦、小學生、大學生、阿媽、流氓等三教九流人物都有來看，她還是一位廣受歡迎的人物呢！

成立社區資源交流中心，推動各項社區活動，一起做事，共同成長

實際上，她的家是在大安區，但由於茶坊的地點，使她反而如同出嫁的女兒，一心一意爲夫家打

點費心，投注所有的心力去經營民生社區的團結向心力。

今年三月十八日，社區資源交流中心成立，居民們才開始有回饋與交流的觀念。在張紅雅熱心推動下，透過多餘資源的靈活運用，一項項別開生面的社區活動在經過細心籌劃之後，便熱熱鬧鬧地陸續展開。

這樣的構想，對她而言是另一次新鮮的嘗試，過去是被動地等待青少年踏入茶坊，現在則是主動走向社區，與更廣大的人群接觸、親近，一起做事，共同成長。

「社區其實就像一個寶礦，蘊藏無限的能量和動力。每一個社區都有自己的特色，這和居民的教育水平、工作背景和地區的傳統文化密不可分。辦活動必須根據這些特質去規劃統籌，才會達到滿意的成效。」張紅雅一臉欣喜、篤定的神情，有條不紊地解釋說，由於茶坊開設在民生社區，理所當然的就選定了它為第一個示範對象，自去年四、五月起，密集展開一連串凝聚社區共識、鄰里情感加溫的各式活動，例如社區導覽、文化廟會等。而且自去年十一月起，更擬定了動員全社區的行動計畫，讓社區居民積極參與公共事務，關懷社區的歷史、文化與環境，同時也發行《愛在民生社區》月刊，報導社區動態，拉近彼此距離。

在投入活動的同時，張紅雅逐漸肯定了自己的才能，發掘出其中的樂趣，她總是不忘提醒自己，只有適當的隱身和出現，減少別人的麻煩和負擔，儘量烘托別人，增加別人的榮耀，這樣其他團體才會樂意來參與。

「若問我爲何要花費這麼多的心力去投入這些沒有實質報酬的事情，我也無法具體回答出來。我經常在邊做邊學的時候，看到那些從事社會工作的義工們，肯於傾囊付出、義不容辭的承擔起一切困難與挫折，我就會深受感動。畢業至今，我在人海中混了許多年，沒有比這段日子更讓我感到愉快、自在。彼此之間，沒有利害關係，純粹是發自內心主動的溫情。」

她起初的一些構想，原本只想讓社區活動起來，藉活動互相交流情誼，沒想到反應相當熱烈，於是決定進一步成立一個較有系統的組織，長期推動社區交流活動。協會成立之後，原就十分忙碌的張紅雅，更是一頭栽入了昏天暗地般的聯繫、企劃、開會、奔波的紛亂裏。然而，她很少抱怨，也不輕易流露倦容，總是神采奕奕地迎接每一個挑戰的到來。

結合社區婦女力量，包了一萬多個粽子義賣，堆得像小山

我們不禁納悶，支持她如此不眠不休且任勞任怨的動力是什麼？她聽了聳聳肩，輕描淡寫地告訴我們：「好玩嘛！眞的！」一副遊戲人間、閒雲野鶴般的悠閒模樣，令人只得相信那的確是她因一時興起而引來的機緣。

藉著資源整合，張紅雅也開始凝聚婦女的力量，以協助社區婦女開發自我爲主旨，而主辦「社區婦女豐富之旅」課程，並準備籌設一個社區婦女中心，帶動婦女學習自我成長。今年端午節時，她就結合了民生社區四十幾位媽媽齊聚一堂，洗粽葉、拌作料，在太陽下揮汗包粽子，整整一天的辛勞之

後，民生社區出現了前所未有的壯麗景觀——一萬多個粽子堆得小山似的，令許多路人歎爲奇觀，甚至有人停下車來加入行列。那天的義賣共籌得現金十一萬元，這將成爲婦女中心的資金，日後回饋給需要幫助的青少年。

在義賣現場，一些溫馨的挿曲令她難以忘懷，例如很多人買了粽子，卻請資源交流中心代爲轉送給孤兒院及貧困家庭。張紅雅回憶說：「在粽葉飄香、捲袖揮汗爲同一目標而努力的時候，我彷彿看到一個社區源源不絕的希望在萌芽、茁長。身爲社區資源交流協會的總幹事，以及兩個孩子的母親，再加上茶藝館的生意，我確實是忙得不可開交，可是那種打動人心的場面，卻像是一股燃亮生命的光，讓我深深震撼。」

對她來說，爲社區企劃活動彷彿已成生活的重心，因爲付出，她覺得自己得到的比施捨的更多，生命猶如一盆愈燒愈旺的火，在平靜無波的日子中熊熊發光。

而標榜「文武雙全」的兒童夏令營，則爲小朋友們設計了一個充實又活潑、寓教育於遊戲的快樂暑假。這是臺北市首見以「生活倫理」貫穿全部活動的一項兒童夏令營。課程分「文、武場」，所謂文場，以啓發兒童思考能力爲主，內容有唐詩詮釋、陶藝、紙籐、風箏製作等；而武場則是運用社區的空地、球場來活動。

「效果實在太好了，比預期的更令人鼓舞。在夏令營結束時，參加的小朋友都抱著大哥哥、大姐姐們不放，每個人都流下不捨的眼淚。最讓媽媽們驚訝的，應該是惜別晚會時，看見自己的孩子表演得如此出色，彷彿變了一個樣子似的。」

類似這樣增進親子關係的活動，張紅雅强調，一定會辦下去。精力充沛的她，又在社區成立了個休閒小組，負責規劃一些有益身心的活動，如環保登山、親子露營等，加上即將籌設的編輯小組，準備協助社區刊物的製作、採訪。這些不斷的刺激、吸收、付出，使不讀書報雜誌的她，不僅不會與時代脫節，反而更前瞻、深刻地超越了知識的層面，進入了許多人內心的寬廣世界裏。

她的茶坊夜不閉戶，她的關懷則永不打烊

在這麼多的人、事中起伏進出，挫折在所難免，她隨口舉例說，一個星期天約好開車的人沒到，工作只得停擺；十個答應參加社區刊物編務的人，到時一個也沒出現。這不免令她有些沮喪，可是第二天她又興致勃勃了，畢竟別人都是義務來幫忙的，只要她還有力氣，照樣如常不停地打電話邀請人來參加。

「遇到挫折我會沮喪，受打擊也會難過，但是人生的包袱太沉重，不愉快的事情過去就把它遺忘吧！明天還有很多事等著我們去做呢！」

茶坊的輕音樂緩緩流盪，時間在茶香中靜靜流逝，夜，愈來愈深靜。可是女主人充滿知性的款款言語，有種令人難以抗拒的吸引力。在她豪爽直率的外表下，其實有著一顆熱誠懇摯的心，不在乎的語氣不過是幹練能力的掩飾，她不僅清楚知道自己在做些什麼，而且做得出色、動人。

茶有點涼了，可是心還是熱的。兩個念東吳夜間部的學生走過來向她告辭，簡單幾句寒暄，像是一家人，親切、自然，許多的關心、叮嚀，不需要言語，彼此都懂。

暈黃的燈光在夜裏格外溫暖，紛擾的臺北之夜，「筑」茶坊是一間夜不閉戶的家，隨時張開手臂歡迎街上想回家的人，家裏面則有張紅雅全天候不打烊的關懷。

如果，每一個社區都有這樣一個溫暖的地方，每個地方都有這樣可愛的人，我們的城市不是更有溫情，孩子的明天不是更值得期待嗎？

（八十一年十一月十九日）

《卷四》貼緊中國的胸膛

張照堂用鏡頭走過歲月中國

算來，那已經是很久以前的事了。說久，是因爲彷彿已走進了記憶，歷史陳舊的煙塵裏，被深深藏起。

五光十色的都會繁華裏，還有多少人會再去想起那場百年前的苦難、近代中國人花果飄零的滄桑過往？如果不曾經歷這些辛酸，現在的中國將會如何？在遭受這些曲折之後，中國又將走向何方？一連串的問題像是沈甸的石塊，重重地壓在我們心上。有時，我們被壓得喘不過氣來；有時，我們不經心地遺忘，但是，我們眞正需要的，恐怕還是深刻、持續的反省吧！

只有反省，過去的足跡才有意義，未來的重生才有契機。「歲月中國」系列影片的呈現，正是一次讓所有中國人深刻反省的强烈衝擊。而對實際負責編導、攝製工作的張照堂來說，毫無疑問的，要比常人擔負起更加沈重的心理壓力。畢竟，要在八個單元、共十集的影片中，試圖以在臺灣的中國人觀點，來看全世界的中國人，這個企圖心與所要傳達的訊息，都是龐大而艱鉅的。

談起籌拍「歲月中國」的兩年多時間，張照堂的形容是「收穫多，痛苦也多，期待大，壓力更大」。他說：

「我們的工作小組只有六、七人，想走遍全世界各地華人聚居的地方來拍攝，辛苦不言可知。很多事是臨時發生的，出發前也沒有把握能拍到自己想要的東西。而且這八個單元都相當龐雜，每一個單元其實可以做一系列的深入報導，但我們時間有限，雖說有三年時間，前一年都在構思劇本，實際拍攝時間只有兩年，要在有限的時間內表達如此龐雜的內容，我時常覺得壓力沈重。」

兩年時間，他多次與另一搭檔雷驤進出大陸，並遠走歐、美、東南亞等地，採訪了上百位學者，拍攝了一千一百多小時，幾乎是節目長度的三百倍。爲此，他們花了八至十個月時間來剪輯，企圖完整而清晰地呈現出他們所要表達的理念。

「拍片之前，一定要先去了解，實地察看，搜集資料，再用心的設計，」張照堂分析說：「像根據資料知道，以前有一批豬仔華工被賣到古巴，我很想去看，到底有沒有留下遺跡，他們的第三代又如何？但當年古巴的各項採訪條件不好，根本不能如願，即使到了古巴，也不知從何找起？所以，任何影片的製作人、編導，都應該先親自走一趟，內心較篤定，就不會覺得茫然，也才能有把握拍出最動人的地方。又如印尼的中國城，原以爲有很多可拍，去了才發現，建築大都被拆除了，人也散失各地了，即使勉强拍攝，也不是原先設計的面貌。」

雖然如此，愉快、豐收的感覺還是有的。他回憶說，看到大陸鄉下地方某種曾經熟悉的情感，內心會很感動，如鄉民在黃河邊上跳舞敲鼓，或者是一些會唱地方小調的老人，那種清唱時粗獷、沙啞的嗓音，非常質樸、自然，表達出屬於他們自己歲月的情懷，就極富有生命力。

至於逐漸爲人所淡忘的近代中國移民的血淚，張照堂也有深切的感受。他感慨地指出，在巴黎第十一區，里昂車站廣場前，法國政府特地塑製了一塊紀念碑，以重新喚起人們對歐戰華工的記憶。碑文中感激十四萬華工對法國的默默貢獻，近萬人犧牲性命，三千多人在此地建立了法國第一個「中國城」。立碑的那天，法國政府同時頒贈「榮譽軍團騎士」勳章，表揚留在法國碩果僅存的兩位老華工：曾廣培和呂虎臣。

今年九十五歲的曾廣培，現在是華人區一家小餐廳的老闆，他是二十歲時到香港探視親戚，看到英軍招募華工，就偷偷報名上船。曾廣培和許多人都不知法國在那裏，他們以爲就在香港島的對面。

另一位老華工呂虎臣的境遇就差多了，他今年九十六歲，天津人，一九一六年來到法國，在戰區與工廠做工。晚年以縫製汽車椅套爲生，生活清寒，到八十歲還在工作，前些日子獨居在家，摔跤受傷而入院治療。他在法國待了七十多年，一直沒能再回到中國，但他始終沒有放棄中國籍，也無時不在懷念他的母國和家鄉。當張照堂問他：「你沒有機會再看到中國，回到中國，心裏有什麼遺憾沒有？」呂虎臣淚眼模糊地說：「我想去，我不能去，我腿不好。我以後腿好了，當然想回中國看一看。看一看我們國家，我們不當亡國奴。我們要强中國。我是永遠想著中國啊！我是中國人，不是法國人！」

那種哀慟、無奈、執著的複雜表情，令他深念不忘。但就在攝製小組造訪呂虎臣的一個月後，他病逝於醫院，依然沒有回到故鄉。

此外，在法國西北部鄉下一個叫「諾埃爾勒」的小村鎮，市郊外，有一座「華工墓園」，園內安置了八百八十三個紀念碑，緬懷在一九一四年至一九二〇年間殉職的中國朋友。

這個墳場的原址在當時是一處野戰醫院，後來被德軍炸為平地，許多華工當場殉難。地方政府和當地法國居民為了紀念大戰期間，這些為法國的自由、和平而喪命的華工，特地選在野戰醫院的原址上，為他們建立永久性的墓園。但是，這些殉難的華工，除了一小塊碑石外，什麼也沒留下。有些人，在碑石上甚至沒有名字，只留下一個號碼。

葉落不能歸根，離鄉背井魂羈天涯，若不是時代動亂，為生計所迫，誰願意這樣？

「今天的中國大陸，一定要朝開放、民主化的道路走去，如果任由那批老人當權，不理會國際間很自然的人本要求，反而一再壓制，是絕對行不通的。現在環境雖比以前較好，但與中國以外的人相比，別人已向前跨了一大步，我們才往前挪一小步而已，這是不夠的。也許是民族性長期壓抑使然，或是某種教育體系的灌輸，有些人對局部開放已很滿足，其實，中國大陸可以更自由、開放。共產制度使人性本質改變，養成不禮貌、不敬業、不積極的惰性，長此以往，十分糟糕。」

張照堂舉例說，在大陸拍攝期間，都有所謂的「中央陪」、「地陪」，「中央陪」是北京所派，一路跟隨、打點或交涉，人大致不壞，反倒是一些地方的「地陪」，經常是副要錢的嘴臉，不給錢，就不能拍，實在令人厭惡。

這些人的本性當然不是這樣，環境使然。似乎，九〇年代大陸上的中國人，依然沒能掙脫生存的壓力，從內地湧向沿海特區的大批人潮，總會令人不禁想起百年前那場遷徙與飄泊的苦難記憶。前人的滄桑、血淚，仍在這塊受傷的土地上宿命般地上演，不知何日終止。

中國人曾經沛然莫之能禦的强韌生命力，在那裏？何時可以再如長江潮、黃河水般嘩然湧現？

張照堂用他眞實的鏡頭，有情的心靈，爲我們提供了反省的軌跡與方向。

那麼多的中國臉，那麼眞的中國心，那麼濃的中國情，一下子都到眼前來。歲月，中國，很近。算來，那是很久以前的事了，但想來，又好像應該是昨天吧？

（八十年十一月六日）

雷驤貼緊中國大地的胸膛

每一個歷史上的古老文明，都有一條河。每一條河，都有一個源頭。當源頭河水靜靜流淌過大地的胸膛時，文明於焉誕生。

中國，曾經有燦爛輝煌的文明，也有千里奔騰的長河，只是，從百年前那場因鴉片而爆發的巨變之後，歷史突然黯淡下來，長河也病入膏肓，有些人在船堅砲利下，掙扎求生，有些人背負屈辱，奔走海外；有人留在自己的土地上，有人將別人的土地當作自己的，而有的人，則在別人的土地上，渴念自己離開的土地。一時間，中國人就像隨風飄散的種子，四大洲、五大洋，落地生根，然後，有人說：「有太陽照到的地方就有中國人」。

「歲月中國」，是一部以中國歷史為經、人文為緯，企圖透過觀察、追索、思維等方式，勾繪出一幅眞正中國圖像的系列影片，兩位編導之一的雷驤，用一雙犀利透澈的大眼，藉著鏡頭帶領我們尋找散落在世界各地的中國人，他們的生活與情感。

究竟，在中國巨變之後，中國人，變了多少？雷驤平靜地說出他的感受：

「中國土地幅員廣闊，有時候，看起來是一樣的骨骼結構、膚色，但在有些地方，自己會覺得像外國人。最大的問題是語言，我們以爲自己說的是國語，結果他反而說，請你講普通話好嗎？加上兩種制度長久隔離，雖然我踏上那塊土地，卻有一股既親切又陌生的奇異感。」

有一次，雷驤在泰山某地方寫著筆記，旁邊有一女公安描了一眼說：「你的漢字寫得不錯」。這令他驚訝不已，想不到她會以爲彼此已經不同文了！這種明明是同民族、同文化的同胞，相互靠近時仍會覺得奇異的反應，是他在大陸拍攝期間最强烈的感受之一。

倒是海外的中國人，不僅不會讓他有隔閡之感，反而在這些移民的身上，看到了中國人可貴的特質。他指出，近代中國移民的過程長達一百多年，故產生了不同階段、面貌的華僑，如果是老華僑，往往生活在自己狹窄的範圍內，認同自己的語言，比在臺灣、香港、大陸的中國人更像中國人，他們置身文化的邊陲，只好緊靠著帶來的記憶在生活，而因此保存得非常完整。新移民則不然，尤其在五〇、六〇年代以後，大都有較好的教育、經濟條件，出國目的大多是求學，然後變成技術專業人才，留在那裏，與當地的社會融合在一起。

雷驤如此對華工移民歷史密切關懷，並非始於「歲月中國」，他追述說：

「我十幾年前，在日本看過NHK的連續報導節目『日人渡米哀史』，令我震驚，因爲能移民到較富裕的美國，應該是求之不得的事，爲什麼會稱爲『哀史』？這使我萌生了研究中國人如何移民的念頭。」

也因此，在攝製「生存與飄泊」單元裏，他親自走訪了舊金山的「天使島」。這個島目前是加州政府列管的州立公園之一。在一九一〇年間，它變成一座「監獄島」，被用來做爲拘留、檢役和審訊中國移民的地方。

在島上一棟兩層樓建築的狹窄木屋裏，當時每天都擠滿了四、五百人。在一九一〇至一九四〇這三十年間，木屋裏總共扣留了十七萬五千名華人，他們的命運在審訊後決定──到底是入境美國或遣返中國。接受審訊的時間不定，可能是幾個星期、幾個月，甚至一、二年。由於對前途的不安、失去自由的恐懼，以及對家鄉殷殷的思念，拘留室裏有人便偷偷將悲憤之情刻在牆上。一九七〇年被發現的「木樓詩鈔」，竟有一百三十多首之多。

去實地拍攝的那一天，「天使島紀念館管理委員會」的一名義工來接待他們，他是一位極有人道主義精神的美國人。當雷驤走進當年的女盥洗室時，覺得有些悲涼，但不覺得陰森。端詳著昔日的水池，那位義工問說，是否感覺到有不安的靈魂？這話引起雷驤的好奇，於是那位義工根據文獻資料告訴他們，當年許多婦女用親戚名義想入境美國，因爲供述的資料不合移民局的盤問，被拘留甚久，爲了設法留下來、賺錢，以便將來接濟家人或衣錦還鄉，她們願意忍受，包括體檢時必須向醫生裸露在內。但是，眼看二、三個月過去，前途茫茫，又有人被遣送回去，遂逐漸焦慮不安，再加上那個年代的鄉下婦女，心中認爲向醫生裸露等於失去貞操，於是有些想不開的就自殺。

當時的婦女會在盥洗室裏假裝淋浴，將沖洗器打開，以製造吵雜音響，隱藏自殺時發出的聲音。

自殺的方式據說有下列幾種：有的會把自己的頭浸入臉盆中自溺，由於水淺，必須有某種毅力才行；有的會兩腳反綁，跪著用短繩弔死自己；據管理員說，他所知道最殘忍的方法，是拿一支尖的筷子，把它放進耳朵裏，再用力往腦袋轟進去，穿透而死。

求死竟比求生容易，人間最大的悲劇恐怕莫過於此吧？

今天，站在世界各角落的唐人街上，不論表面如何繁華熱鬧，其背後所隱藏的，一定有上一代先民篳路藍褸的斑斑血跡，只是，這些血跡乾了、淡了，也隨著被遺忘了。

和這些孤單而飄零的移民悲歌相比，雷驤在「天工開物」單元裏，以黃河沿岸居民用「天車」巧妙運用大自然資源智慧，來傳達出另一種不同的遭際與生命樣態。他說：

「我們沿著黃河尋訪，對黃河做一種描述。據先前閱讀的文獻知道，黃河沿岸木構的大水車有一百三十幾部，利用黃河水流推動輪軸，將水舀上來灌溉農田，在缺水的西北部，是一非常高明的農業技術。但我們去時，竟發現沒有水車，唯一找到的是一座廢棄的水車，旁邊有一抽地下水的小馬達，正有規律地發出達達聲響。他們用這種東西來代替天然的資源，實在令人費解。

「我們拜託當地的村民委員會，希望能修復，並約定十天後回來，於是我們飛到蘭州去。當我們提前一天回來時，水車仍不能動，有三十幾個人正在修理，我問一個人說，今天能動嗎？他回答說，會啊，今天要修好，明天有臺灣攝製組的人要來拍攝。我立刻請工作人員架機拍攝，拍到工人修復大水車的景象。不久，果然看見黃河的水沖下，五層樓高的水車嘩啦嘩啦轉動起來，整個運轉的情形太壯觀、太令人感動了！」

其實，這種機械輪轉的技術在唐代即很發達，用天然水資源，配合人的巧思，再灌溉到大自然的土地上，並養活許多人，這實在是西北農民非常了不起的傑作。

當雷驤被水車的運轉感動時，他也同時注意到水渠、斗筒都在漏水，他就問老木匠，這樣漏水，算修好了嗎？老木匠充滿自信地回答說：「十五的月亮十六圓」。他立刻就明白了，因爲木頭本是乾的，經過一天的浸泡後會緊縮，自然就不會漏水！這句俗諺非常貼切地反映出西北地方人民的爽朗、樂天性格。

從這個小事例中，雷驤提醒我們，中國的文明、智慧、創意其實都在，而且現代的人還可以在其中找到豐沛的活力與啓發，中華民族實在是經得起考驗的民族。

我們並不知道，中國未來的前景，到底是西山日落的餘光，還是另一次輝煌的再生？恐怕也沒有任何人能夠知道。

不過，我們願意相信，只要肯貼緊土地的胸膛，生活就能落實，生命自然也能夠開花結果。而後輝煌，將會到來。

（八十年十一月六日）

方 勵 之 先 生　　　彭新松攝

一顆美麗的中國心

——方勵之

對千千萬萬愛好自由，追求民主的中國人來說，方勵之，已經不再是一個名字而已，它早已成了一種精神、一種象徵和一種鼓舞。

當六月四日凌晨，北京城內那場血腥大屠殺開始以後，中共惡毒的魔掌便悄悄地向這位素有「中國的沙卡洛夫」之稱的民主鬥士攫來。六月五日，方勵之和他患難的妻子李淑嫻，前往美國駐北平大使館，希望能透過他們的呼籲，引起美國及全世界其他國家對中國大陸人權問題的重視，然而，以一個手無寸鐵的知識分子要和龐大黑暗的專制政權對抗，其悲劇性的發展已可預見，何況，成千上萬手無寸鐵的學生們才剛以殷紅的鮮血染灑在天安門廣場上，對這樣殘暴又泯滅人性的劊子手，任何的呼籲都只是風雨中的殘燭，隨時會被蠻橫地踩熄、撲滅。

於是，在學生們一再的要求和保護下，方勵之夫婦才又前往美國大使館避難。據報導說：學生們已準備了瓶子、磚頭拒捕，就算被捕也樂意去死，只要他們能安全，能到外國去向世界公佈六月四日慘案的實況。就這樣，他們進入美國大使館，一直到現在。

他用一顆美麗的中國心，譜寫著這一代中國人的歷史

爲了方勵之，中共向美國示威挑釁，甚至下達逮捕令，派武裝士兵重重包圍美國大使館，但即使在這樣險惡且命運未卜的環境下，他仍本著身爲一名中國知識分子的良心與勇氣，抨擊北京大屠殺是「歷史上少見的」。他隨時會被逮捕，也可能會爲民主運動犧牲，但是他早已將生死置之度外，一如他早年時「隨時準備坐牢」，還有他一貫在被迫冒險時經常會說的：「所以我可能會被捕。」

在一個封閉顢頇又恐怖的赤色政權下，他的一舉一動、一言一行，都牽扯著每一個關心中國前途的人，也感動著世界上無數愛好自由的人。突然間，方勵之，成了全球人類注目的焦點，雖然他隱匿不能露面，但是再嚴密的封鎖也包圍不了他向世界控訴的聲音，再多的軍隊也鎭壓不了全世界對他支持的掌聲。

這位被譽爲「民族的菁英」、「時代的一面旗幟」以及在西方世界被形容爲「勇敢的反抗者」、「不屈服的理想主義者」的物理學家，正在與壓力、迫害鬥爭著，也正肩挑著知識分子的歷史責任，要爲中國人的命運開創新河。他所冒的危險是可預估的，他的勝算是毫無把握的，但是他卻用一顆美麗的中國心，在譜寫著這一代中國人的歷史。

十九歲就開始思考：教育應該培養什麼樣的人

他這種充滿理想又追求實踐的性格，其實早在十九歲時就萌芽在心了。那是一九五五年二月二十七日上午，北京大學辦公樓禮堂裏，「青年團北京大學第一次代表大會」正按照排定的程序進行著，在臺上講話的是物理系「團總支書記」。正當他在工作報告中正面提出青年團的工作應當在培養青年的理想時，突然在代表席西側的方勵之站起來，跳上主席臺，以手示意要即興發言，並以年輕人特有的激情接下「總支書記」的話筒發表演講。他說：「我們的『團代會』，首先應該討論一下究竟要把我們培養成什麼樣的人的問題，是培養成老老實實、規規矩矩，只會說人家說過的話的書呆子，還是有抱負、忠於祖國、有獨創精神的紅色專家？我們除了在學業上要得五分外，是不是還要增強自己的獨立思考能力？」

這個既難得又極有見地的主張，使與會者都愣住了，但是很快的，由驚愣轉為贊許，他的發言成為當天人們熱烈討論的話題。

三十多年過去了，「我們的教育應該培養什麼樣的人？」這個當年十九歲的大學生提出的問題，仍然深深震撼著人心，不過可喜的是，他日後的種種表現已爲他自己提出的問題作了最好的解答。

擔任科技大學副校長，把提倡思想自由作為辦校方針

直言不諱的方勵之，十六歲進入北大物理系就讀，北大畢業後被分配到中國科學院物理研究所工作。一九五七年因在大陸「鳴放運動」中提出批評，遭下放勞改，直到二十一年後才獲得平反。

一九八四年，他被任命爲中國科技大學副校長，在就任儀式上，老師和同學們問他準備爲科大做些什麼？方勵之回答說：「我也不知道能幹什麼事，因爲我不知道手中會有多少權力，況且有了權也很難辦，比如給房子、調工資都難以辦到。但我想有一種不花錢的，而且又是非常重要的，就是提倡思想上、學術上的自由，這是只要有決心就可以實現的，我要把提倡思想自由作爲本校的辦校方針之一。」在對「自由」二字噤若寒蟬的當時，敢於公開把思想自由作爲辦校方針是需要勇氣的。

「如果這麼說話有罪的話，那我的罪狀早就達到了飽和」

他開始大力鼓吹政治民主、文化開放、學術自由，而且反對官員貪汙、特權和要求言論自由，甚至曾公開地說：馬克思主義是錯誤的。就因爲這份對不合理制度的批判，踩到中共的痛腳，他成了中共領導者眼中的大毒草。

一九八五年底，美國普林斯頓大學邀請他赴美講學，結果硬是被有關部門藉故阻撓，不能如期出國。一九八七年，中共前總書記胡耀邦下臺後，他就在整肅運動中被開除「黨」籍，撤消副校長的職務，並且調任北平天文臺工作。今年一月六日，他致函鄧小平，要求釋放魏京生等政治犯，多名知識分子隨後聯名支持方勵之的行動，這件事逐漸發展，就開始擴大爲爭取民主自由的學生運動浪潮。

如今，這場學生愛國運動的火苗，已暫時被無情地澆熄，而方勵之家人也不得不避難外國大使館中，但他是知識分子，他絕不會因爲個人的安危得失就放棄其應盡的社會職責。在「清除精神汙染」時期，他的處境也是危機四伏，他的朋友常勸他少說幾句，但他義正辭嚴地回答說：「如果這麼說話有罪的話，那麼我的罪狀早就達到了飽和，多說幾句和少說幾句是同一回事。」他也曾在一九八六年對上海交通大學的學生演講說：「中國知識分子應當顯示出自己實際已經擁有的力量。這種力量一方面很多人沒有意識到，另一方面也沒有人敢顯示出。只要每個人都意識到：應當給予我們民主，而不是好心賜予我們民主，中國就會改變封建的意識，逐漸接近現代水平。」

如果，中國的知識分子都像方勵之一樣，能勇敢地正視自己的社會責任，關心國家前途，追求眞理與民主的傳播，那麼，中國黑暗的日子終將一去不復返，而善良正直的聲音才能導引著中國走向更光明遼闊的未來。

他的存在，讓中共如芒在背，但也讓中國百姓興起一絲冀望與欣慰，他無畏無懼的行動及一針見血的言論背後，其實是一顆純潔無比而又美好的中國心，這樣的心魂，正在大使館內，與全世界交感著，一刻也不曾停止。

一切都應當美好，一切都必然美好，只要自己的心底是美好的

曾經揭發蘇聯「古拉格群島」悲慘煉獄的索忍尼辛，八年前在臺北發表「致自由中國」的公開演

講，指出：「在共產極權的洪流下，中國人幸好還有一個臺灣，保留了民主與自由的希望。」在中共統治集團悍然下令共軍血洗天安門之時，索忍尼辛的話應驗了，不過，我們要慶幸的，是除了臺灣，還有許許多多如方勵之一般有良心、有勇氣的知識分子，在烽火煉獄中用生命去搏鬥，去保留一點讀書人的冰霜風骨，這些力量的凝聚，或許才是中國的春天早日到來的催化劑。

回憶風雨飄搖的一九六一年，方勵之在給李淑嫻的一封信裏寫道：「生活的信條是，一切都應當美好，一切都必然美好，只要自己的心底是美好的。」也許，正因爲懷抱著這一顆美麗的中國心，才會讓他在坎坷奮戰的道路，不孤單，不氣餒，而且永不屈服。

（七十八年六月二十日）

戴　晴女士　　　楊慧文攝

在苦難中超越，在熱情後沈潛

——戴晴暢談採訪寫作與中國前途

在許多國家，尤其是正要邁向民主化的國家中，「記者」是一個非常重要、特殊的角色，他們除了是真相的報導者、歷史的見證者外，也常扮演了改革者或運動家的角色。例如以色列的國父是一名記者、邱吉爾曾是一名記者，在許多國家中，成爲政治犯的記者更是多得不勝枚舉。

在中國大陸近年來「開放改革」的大浪潮中，也出現了好幾位記者身分的異議人士，並在政治轉變中，發揮了一定的作用，像已去世的「上海世界經濟導報」總編輯欽本立，以及在美國哈佛大學研究的「光明日報」女記者戴晴，都是其中之一。

除非把她發射到月球上去，否則她一定要回大陸

現年五十歲的戴晴，是中共十大元帥之一的葉劍英的義女，因爲這層關係，使她得以接觸一些中共高層的官員，她擅長寫「黨史」，針對一些因政治因素被剔除出歷史書上的人物和事件，寫過不少

文章。

她畢業於哈爾濱軍事工程學院，一九七九年寫下第一篇小說〈盼〉，轟動大陸文壇，隨即開始文學創作生涯。一九八二年起她擔任「光明日報」記者，隨後寫下口述社會史《女性系列》，以及王實味、儲安平等歷史人物的評傳，再度掀起話題，甚至有人把一九八八年稱為「戴晴年」。

身為大陸知識分子刊物「光明日報」的記者，戴晴向來以尖銳、敢言報導政治、婦女和環保事件著稱。一九八九年初，北京知識分子上書運動中，她曾與作家蘇煒等發起第三波知識分子簽名，呼籲釋放魏京生等政治犯。在六四之後，她還發表退出共黨的聲明，但緊接著在同年七月她被逮捕，未受起訴即被拘禁了十個月。

一九九〇年五月釋放出獄，「光明日報」卻不准她回報社上班，使她成為領乾薪的閒置人員，而且她被列入黑名單，書店中不得擺設她的作品。就在那時，戴晴受聘為臺灣「漢聲」雜誌做有關大陸民間文化的採訪報導工作，也因為她為漢聲雜誌撰稿，才使她獲選為美國哈佛大學尼門新聞獎學金的研究員。

她此次來臺主要是向漢聲雜誌述職，商討未來組稿、編輯事宜，由於她在新聞、寫作上的突出表現，我們特別在她甫抵臺灣的第一天即爭取採訪。雖是長途旅行加上採訪不斷，她早已顯露倦容，但面對一個個問題，她仍是一貫堅定熱情的口吻，神采奕奕，給人樂觀、冷靜、充滿自信的感覺。

話題很自然地從她與「漢聲」的淵源開始。她表示，也許是她是大陸上比較關心、了解民間文化的記者、文化人，因此一九八七年雜誌社工作人員隨老兵到大陸進行採訪，找了她幫他們介紹一些採訪對象及具體的民間文化基地，因此成了朋友。後來她坐牢，一九九〇年五月十日被釋放，「漢聲」前總編輯吳美雲立刻找她，希望更密切合作，請她主編「民間文化」雜誌。戴晴笑著說：「我那時的記者職稱被撤了，不知要做什麼，他們給了我一個合作機會，使我覺得自己還是個有用之人，因此就答應了，一做就快兩年。」

在臺訪問七天行程結束後，她將前往香港，預備在二十八日從深圳返回大陸，她的丈夫、女兒也將在深圳接她，但是否能順利入境，她自己毫無把握，但她强調說，她覺得沒有理由不讓她回去，因爲她手持大陸的有效護照，除此之外，沒有第二個地方可以居留，除非是把她發射到月亮上去！

她爽朗地笑起來，一臉地無奈，但又不失其堅毅。短髮、便服，嬌小的個子，看外表，很難相信她曾經肩扛過如此多的苦難與波折，但只要一聽她說話，看她的手勢，就會很快被她的氣勢所懾服，除了作家、記者，她其實也像個傑出的演說家。

秦朝「挾天子以令諸侯」，中共則「挾三峽以令諸省」

在美國一年多，她覺得哈佛眞是個豐富的地方，第一學期她選了「社會學」、「人類文化學」兩門課，後來又選了「臺灣研究」、「冷戰結束後少數民族之研究」課程，她謙虛地表示，只是入門，若想再深入，必須下很大的功夫才行。

提到臺灣文學，她自認了解有限，只知道一些概況，因爲不是專業研究，對臺灣的作品只是隨興閱讀，並未刻意視之爲研究對象。在創作上，她覺得離開大陸對她並無太大影響，也談不上轉變，不過，在哈佛的那種環境下，人的思想交鋒是在另一個境界上，而且可能是一新的角度，對寫作的人而言，這種接觸的經驗是很重要的。

倒是對「臺灣經驗」，她有比較多的看法，她指出，臺灣經驗不該被簡單化概念化，它有正負兩面，正面的當然要肯定，但負面的也不要避諱，而要把根源找出，設法避免，臺灣的經濟飛速發展，依靠的是什麼，代價又是什麼，大家可以反省一下。她說：

「例如，當初該不該讓美國將所有的乾電池運到臺灣來處理？應不應該把污染的電鍍工業擺在這片土地上？這些都可以檢討，當然，我不是專家，只是提供一點個人淺見。又譬如，大家都期待社會安定、繁榮了，將來文化會更發展，而現在的情況是，文化發展了，但庸俗化也更嚴重。因此，我們能不能提早一點，在經濟發展的初期，就投入一些力量，使文化發展更健康、紮實？談到臺灣的民主化，我們也可以思考一下，是不是只有這一種模式？有無能與中國傳統文化銜接更好的模式？這都是值得探討的。」

戴晴對環保事務的關心一直不曾改變，即使到了美國，對中共通過三峽建壩的決議，她仍是反對到底，對這一點，她表示必須深入、長時間地談才行，因爲這不僅只是對大自然的破壞，而且永遠無法恢復而已，還有很多牽涉更廣的理由。她簡單地舉例說，從前秦朝有「挾天子以令諸侯」，而現在則是「挾三峽以令諸省」，她解釋道：

「解決大陸問題的最根本辦法，我個人覺得，不是共產黨下不下台問題，這其實無所謂，而是要解決大陸集權的經濟體制。中共控制中國最根本的手段之一，就是把所有資源都牢牢控制在手裏，也就是中央計劃型經濟，而現在的經濟開放改革，正是要把中央計劃型經濟朝多元化發展。可是三峽建壩，工程如此浩大，花費難以估量，屆時又將以此名義向各省要錢，等於又走回中央經濟，這完全違背了改革的方向。」

自從擔任記者之後，她就不再寫小說

除了她反對三峽建壩的立場衆所周知外，她對「六四」事件的看法也很令人好奇。對這場運動，她毫不客氣地指出，她從不認爲這是一場偉大的民主運動，而是一齣悲劇。這樣的看法，使她在美期間，不願意跟大陸流亡在外民運人士有任何聯繫，她直率地說：「如果是我以前的朋友，現在還覺得不錯，我會保持聯繫，但如果是什麼主席、秘書長，我就跟他們沒有任何關係。志不同道不合，我不同意他們的作法、主張，如果眞要大陸實現民主，他們那種方法是完全沒有用的。他們要做什麼是他們的自由，我沒有什麼好說。我不懂，八九年他們爲什麼要跑？跑了三年又做了些什麼？也許，我和他們不同，我是賣苦力的，必須回到自己的地方才行。」

因爲這樣的立場，她透露，雖然她是個作家，但諸如「廣場」、「中國之春」、「民主中國」等刊物，從不曾向她約稿，而她也絕不願意寫。

目前的生活，她覺得很單純，主要就是讀書，對政治她絕不介入。她覺得要成爲一名好作家，必須學很多才行，如社會學即是重要的領域，尤其是東歐、蘇聯發生巨大變化，之前就有不少知識分子寫了很多文章，這些是她關心而且亟欲想了解的。

她自己住在公寓，幾乎沒有任何消遣，也不逛街，自己開伙也是最簡單的吃法。這種生活她很習慣，也許是坐牢的經歷使然吧！她在著名的秦城監獄坐了十個月牢，前兩個月不准看書，後來才准有限度閱讀。雖然在秦城監獄的待遇是最高級的政治犯待遇，但對她心靈上的衝擊還是很劇烈的。「不過，創作素材因此豐富了，我相信，任何苦難的經歷對作家而言都是一種幸福。」

戴晴在大陸上一共出版了四本書，分別是小說集《不》，《最後一個橢圓》，雜文集《魂》，《追逐魔鬼攥住上帝》。要同時身爲記者與小說家，她認爲是不可能的，因爲二者的思路不同，因此自從擔任記者後，她就不再寫小說了。她說：「一九八二年初我當記者，那年夏天我發表了最後一篇小說。從此我寫的大都是雜文與採訪稿，大陸叫『報告文學』，你們叫『報導文學』，我覺得都不很確切，因爲一談到文學，其中必然有虛構、想像，與事實有距離，因此我把後來寫的文章稱作『歷史紀實』與『社會紀實』，儘量做到沒有文學色彩。」

可能以「六四」事件為題材寫作，只是目前無此計畫

所謂「歷史紀實」與「社會紀實」，戴晴分析說，「歷史紀實」主要是針對歷史上發生過的眞實事情，又恰好是被當局有意掩飾、歪曲的，她要恢復其原貌；「社會紀實」則是提出當前社會正在發生的一種典型，這典型是誰，在那裏並不重要，主要是這個典型意義必須對中國是重要，例如「性開放」，誰性開放不重要，而是在當前社會有人出現了這種觀念，她要用筆寫出來。

這樣的寫作方向，無可避免地會令人聯想到，「六四」事件恰好符合了她要表達的「歷史紀實」素材，她是否會以此爲題材寫作呢？她笑著說：「當然有可能，只是目前無此計劃。如果眞要做，這是需要很艱苦的努力才行，必須親自採訪很多人，如決策者、官方、軍方、普通幹部、溫和及激烈的知識分子、改革派的官員、學生、市民、士兵、工人等，層面非常廣，因此我說這是需要勇氣的。」

身爲女小說家，她對這幾年在大陸有突出表現的女性文學有自己的觀察，她認爲，除了張辛欣、張潔、張抗抗之外，王安憶與殘雪的才華最令她折服，他開玩笑地說，她說不再寫小說，就是因爲她們太有才華，她絕對寫不過她們。她接著分析道：

「女作家的作品之所以走紅，主要是其作品描寫比較細膩，帶有人情味，這正是一九七八年以前被刻意扼殺的，因此一出現就格外受到讀者歡迎。但不能因此就滿足，因爲那是起點比較低的緣故。以前一句愛情都不准說，現在說了，大家有共鳴，那並不代表水準有多高，因此不能迷醉於讀者對妳的喝采，一定要知道自己有很多不足之處。我就很清楚，在成長的這些年，太多的政治運動，浪費我們的生命，所以，我現在要靠用功把那段空白彌補過來。」

對於作家，戴晴認為首要條件是必須具備才華與想像力，對社會、周遭的人事有獨特的感受；至於新聞記者，她强調最重要的是要獨立，每個新聞工作者，要有獨立的心靈、精神、見解與言論，當然在採訪過程中要做到客觀、眞實，但這是技術性問題，前者才是根本原則，她期許自己朝這個目標努力去做。

有人認為，大陸這幾年的新聞自由尺度似乎比較開放，戴晴特別指出，大陸新聞為「黨的喉舌」這一點並沒有改變，但實際上黨也已經無法再控制了，從這一角度來看，是比較寬鬆些了，至於以後的發展，毫無疑問的還會更開放，這不是黨有改變，而是整個社會、大環境改變所致。

最高願望是做有採訪權的記者、作品能發表的作家

談到對中國前途的看法，戴晴樂觀地表示，中國是一古老、偉大的民族，但這一世紀以來也是多災多難，而現在新的機會已然來臨，中國人可以換一個思路，換一種模式來想問題。目前正是一大好的時機，大家不要錯過，也不要自亂陣腳，那麼前途必然是樂觀的。

「兩岸關係已經有很大的進步，」她接著說：「這種關係，不是靠兩岸政治家握手就表示走近了，而是透過民間的交流，結合成一整體，自然就分不開了。例如在大陸經濟發展、社會轉型過程中，臺灣的資金、人才、技術，像血脈一樣彼此相連在一起，這種實質性的交往，包括經濟、政治、文化，自然就不會再退回去了。」

這趟臺灣之行，她內心十分興奮，雖然時間有限，但有機會她還是會以她新聞人的敏銳觀察，深入地了解這塊土地上的人民與生活。倒是月底返回大陸之行，她一點把握也沒有，不過，她還是那句話：「無論如何，我還是要回去。」至於回去後做什麼呢？她表示，最高的願望依然是做一名作家、記者，有採訪權，作品能在大陸發表。但是，她一定會永遠保持自己精神上的獨立，如果以剝奪精神上的獨立，來換取採訪、出版自由，她也堅決不要。

走過一段大動盪的時代，歷經一次次無情的打擊與波折，戴晴在苦難中更成熟，也在熱情澎湃之後努力讓自己沈潛下來，讀書、思考、寫作。即使中共不讓她回去「光明日報」，她依然是一紀錄歷史眞相的記者，即使她的作品依然不准陳列，也無礙於她成爲一名優秀的作家。

超越自己的路原本就是困難重重、坎坷多險的，對戴晴來說如此，對中國而言又何嘗不是如此？

（八十二年一月十八日）

《卷五》攀登生命最高峰

少年人間的浪漫情懷

——張夢機、曾昭旭、王邦雄談師生情誼

在求學歷程中，良師、益友，永遠是生命提昇不可或缺的原動力，在其間能受知於一位良師，已屬不易，若能再結合一群志同道合的好友，相互砥礪，彼此切磋，則其生命的精彩可期，個人潛能的發揮也必然可觀。

張夢機、曾昭旭、王邦雄三人，都是當今學界久享盛譽的學者，不論教學、行政，或著述方面，都卓然有成，影響學子既廣且深。他們曾是校園同窗，也是學術伙伴，受知於共同的恩師，也攜手為文化使命共同奮鬥。幾番物換星移，他們浪漫的情懷依舊，昂揚的壯志不改，甚至當年風雲際會時的身影，都未曾消失。一路行來，風風雨雨三十年，他們因道義結合的情感日益豐厚，學術研究路程的跋涉也日漸順當，因此，回顧三十年前，他們在校園中沉思反省的艱辛摸索，思考重心的選擇寄託，毋寧是饒富深意的。

這場座談，是在四月末一個大雨滂沱的午後，於曾昭旭老師家舉行。因為所談都是美好而愉快的

校園往事，所以氣氛輕鬆而熱烈，從三位老師幽默而活潑的敘述中，當年的研究環境、師生情誼、社團活動都清晰重現，令人倍感溫馨而嚮往不已……

因緣際會，相遇相知

張夢機（以下簡稱張）：昭旭和邦雄是國文系同班同學，而我和昭旭則是國文研究所同學。他們兩人在大學時交往並不密切，反而是我和昭旭認識較深。因爲我們都參加「人文學社」，在社團裏相識，而且後來我又常到國文系旁聽，和他自然就日益熟稔。我是四十九年進師大體育系，但我對文學一直有深厚興趣。五十三年畢業後，昭旭先考上研究所，我第二年才考上，但他先去服役，所以回來後就和我同班了。

曾昭旭（以下簡稱曾）：我和夢機大學時就很熟，反而和邦雄不太接近，因爲我在大學時代曾立志不談戀愛，反而因此能和班上的女同學都做朋友，邦雄大概因此覺得——（王邦雄接著說：我那時覺得這個人怎麼都和女同學在一起，引起一陣笑聲）加上我不住學校宿舍（其他男生大都住校），班上很多女生也不住校，所以我和她們交往比跟男同學多，這也是我們大學時交情不深的原因之一。

王邦雄（以下簡稱王）：我最初唸的是臺南師範，那時我們的女同學都喜歡和成大的人做朋友，不喜歡跟我們交往，所以我就想要唸大學。師範畢業教了一年書，因爲服務尚未期滿，大學只能考師大，所以就選擇了師大國文系。因爲是師範生，而昭旭是轉系生，所以雖是同班，彼此的瞭解卻不深。反而是在畢業後，由於對義理的共同興趣，受張起鈞老師共同的啓發，加上辦「鵝湖」雜誌的志同道合，才逐漸變成好朋友。

選擇目前研究方向的心路歷程

張：我在岡山眷村長大，父親是軍人，我和相差一歲的哥哥從小也是立志當軍人，我陸軍，哥哥是空軍。但後來我哥哥的志願改爲陸軍，使我也改變了計劃。從初中起我就喜歡作詩，對文學一直有興趣，因此不考軍校，我決定考中文系。當時中文系與體育系都是乙組，有人說我的體育很好，可以唸體育系，但我考大學的志願，是從臺大中文系一直塡到淡江中文系，最後一個才塡上體育系，結果我進了體育系。當時師大有規定，體育、音樂、美術這些科系的學生是不能轉系的，怕有人藉此圖方便。因此我一直無法轉國文系。但是我常到國文系旁聽，又參加「人文學社」（參加者以國文、歷史系居多），許多師長因此勸我考國文研究所。（曾昭旭補充說：那時候張夢機名氣很大，我們都聽說他的古典詩寫得比中文系學生還好。當時師大「三張」：張仁青、張成秋、張夢機，大家都知道。）當時的所長林尹先生，也十分鼓勵我考。依照規定，外系修畢國文系三十二個學分，也可報考，我大概修了四十多個學分，就依這項規定考上國文研究所。原本我也想到國外唸體育，因爲我覺得中文研究的領域已被開發得差不多，想佔一塊立足之地也不容易，而體育的發展在中國較遲，因此，有一陣子我很猶豫，但因爲自己眞正的興趣還是在文學，所以最後仍選擇了中文這條路。

曾：我是個興趣很廣泛的人，可以做爲我第一志願的，就有建築、美術、中文、心理、數學等，每一門我都有興趣。考上數學系，我也很喜歡，唸的成績也不錯，但讀完一年後，我經過一番考慮，覺得唸數學不如唸中文有前途，因爲當時國內數學研究所極少，如果要唸研究所必須出國，而我是家中的獨子，加上父母年邁，經濟環境也並不富裕，使我興起轉系的念頭。我一向的人生態度是覺得，不必花費太多的精力去和環境做無謂的抗爭，人雖必須接受苦難，但很多的時候不必自討苦吃，而中文系是一條比較順當的路。轉入國文系後，我對義理、詞章、考據三方面都有興趣，但因受了張起鈞老師的影響，才使我選擇義理做自己研究的方向。

王：我是師範畢業，也教過小學，因爲很喜歡寫一些文章，對文學的興趣一直很濃厚，但英文、數學都沒有打下好的基礎。考大學時，我一點考試經驗也沒有，不知道英語系、教育系的聯考分數比國文系高，不然也許就唸其他系了。那時考試沒有倒扣，可是我不會的也空著不敢寫，根本不懂得猜答案。糊塗塡了十八個志願（其實可塡七十幾個），結果考上國文系。國文系讀了一年，很想轉系，和昭旭相反，我覺得唸國文沒前途，唸英文、數學系才有前途，那時曾想轉英文系或歷史系，但考慮到自己的基礎不好，唸其他系也許沒辦法名列前茅，所以最後還是留了下來。不過，我並不想考研究所，或許是一股年少的英雄氣吧，那時聽說唸研究所要向老師磕頭，而我覺得這樣寧可不唸。

另外，我對文字學十分厭惡，一些象形字常看不懂，使我懊惱不已。但聲韻學、文法等我倒很喜歡。（張夢機有些訝異地說：據我所知，中文系學生都怕聲韻學，你反而怕文字學。）還有一次，我因眼睛痛，期中考「作文」一科卻出默寫的題目，我自問對中文很有興趣，但因眼疾無法背誦，考試就考不好，這次經驗對我是一種傷害。這些因素使我決定不考國文研究所。由於大二起我就選修張起鈞老師的課，他曾主動找我去聊天，也曾把我兩學期的期末考答案卷拿到他辦的「新天地」雜誌上發表，加上讀了胡適的「中國古代哲學史」，深受啓發，雖然也讀唐君毅、牟宗三先生的書，但未如胡適給我的衝擊大，當然，現在看胡適的書，已有很多不贊同的意見，但當時對我的影響實在很大。後來，在張老師家認識了一位大我幾屆的學長吳怡，他那時在讀華崗哲學研究所，張老師認爲我也可以，於是就去讀哲學研究所。

我在大學的時候，非常熱衷於新文藝的創作，以前在南師時就很喜歡，散文、小說都寫了不少。記得上林明波老師的課時，每次作文我都寫一、二萬字，兩節課寫不完，我帶回宿舍寫，一週後才繳交，我把它當作是自我練習，而林老師也沒說什麼，不過，聽說他對別班同學抱怨說我寫太長。我很感謝他始終沒有當面說我什麼。那些作品也都在一些報章雜誌上發表過。可以說，我大二以前的興趣完全在新文藝，只是後來自覺到這方面的才氣不夠，再怎麼寫也無法有更高的突破，而在哲學方面，我發現自己有很多的創意，也認爲可以弄出一些成績，所以就走上了哲學研究的道路。

如沐春風，師恩難忘

張：影響我最深的老師是李漁叔先生，他實在是一個溫雅的長者。我選修國文系課程時，由於本身熱愛古典詩，首先就選了巴壺天老師的「詩選」，一年後，再選修李漁叔老師的「詩選」，因此和李老師有了接近的機會，從他那裏我獲得很多，他批改詩作很認眞，不一定每首都改，但只要經他改的都非常好，而且會告訴我爲何要這樣改。他待人親切，對我尤其照顧，不論在學業、職業上都幫助我，我和他相處十年，直到他去世。張老師給我的感覺是程門立雪式的，而他則是如沐春風。我常覺得，在求學階段，良師、益友非常重要，像我剛才提到的「人文學社」，就讓我交到不少好朋友，大家常聚在一起討論，也使我增長了不少見識。

曾：我和邦雄都受張起鈞老師影響，對義理產生興趣。他上課方式很活，深入淺出，而且對學生的態度也很嚴格，好惡分明，如果他欣賞你，覺得你在學術研究上有潛力，他就會對你非常敬重，主動邀你到他家聊天；如果他覺得你不用功，根本就不理你，我就曾看見過登門要分數的學生被他趕出去。起初他會要我們幫他整理文稿，但他若認爲這位學生已超過這個標準，就不會再讓他抄寫文稿。他說：「這些事是給還不會的年輕學生做的，也算是一種訓練，已經學會之後還讓他們做就是糟蹋人才了。」我們都曾整理過一些，但後來就沒有再做了。那時我常去他家，他不跟我談嚴肅的問題，只是一起下棋，我覺得這樣很好，他敬重你，就信任你，不會一直訓勉你「近來讀何書」「有何心得進境」等，像這樣子對我全不再鼓勵，可是那一份無言的敬重之意卻對我是最巨大的勉勵。試想一位老師這樣看重你，你能不努力用功嗎？而李漁叔老師則是一位非常親切、關心學生的老師，他就像你的家人一樣，相處時非常自然，沒有距離。記得有一次我去老師家聊天，他竟然很落寞地對我說：「昭旭，人生應該怎樣安頓？」由此可知，他根本把我當成是朋友一般了。雖然我受到兩位老師的影響都很深，但我和李老師的關係不如夢機深，和張老師又不如邦雄密切。不過，我很高興的一件事是能把這兩位老師拉在一起。現在一般學生有個壞毛病，就是在甲老師面前就說甲老師好，批評別的老師不好，在乙老師面前則說乙老師好，其他老師都比不上，這樣會使老師們產生錯覺，覺得別的老師都不好。我不以爲然。我常常對張老師說，其實李老師那些地方也不錯，對李老師也說，其實張老師長處很多，就這樣，因爲張老師年紀比李老師小，有一天他就主動去看李老師，兩人下圍棋，後來也成了好朋友。這是我感到很高興的一件事。而李老師也是從張老師的稱贊中才知道王邦雄這個人。

張：當時師生之間的感情實在令人懷念。老師待學生，完全出乎熱誠。師生情誼，對我們的影響都很大。

王：我的個性較不會主動去跟老師親近，也不會去找老師個別談話，讀師範時我就不曾去過老師家。讀大學時也一樣，但張老師例外，他能發揮他的號召力，把他認爲好的學生請到他家去吃飯，不只一個，經常是一群同學。師母包餃子，大家則聊天，他就是有這種豪傑性格。後來，我跟他愈來愈熟，像家人一般相處，跟他的小孩像兄弟姊妹一樣親。我去老師家，常常都是直闖師母房間，後來和師母還都是北一女的同事呢！像這種師生情誼，只怕現在很少有了。張老師也不跟我談大學問，他跟昭旭下棋，我不會，就在一旁看，完全像家人一樣生活。可以說，他對我的影響是在方向上的引導，至於怎麼讀書都還是要靠自己。

曾：書實在是要自己讀的。我覺得老師對學生的影響，如果只是學問上的傳承，那只是經師，其實影響更深遠的，應該是情感、精神上的一種重視，一種提攜，這樣日常生活的薰陶，自然就會讓人有往上提昇的力量。邦雄和張老師已經是家人，張老師可以對他發脾氣，對我則還是有一點距離，還不到家人的程度。在張、李兩位老師之間，我倒有點像是「邊緣人」吧！

張：回想起來，當時很多老師都有那種「憐才好善」的胸襟，不論是他教過的，還是聽說的，只要那個學生優秀，他們都會主動去接近這些學生，因此才會有張老師、李老師和他的一群學生，其他像江應龍、成惕軒老師也都是如此。師生間彼此交往，並不含有其他目的，完全是一種道義感情，而且能維持很久。

王：那種感情完全超乎功利，也並不純爲求知識。老師不跟我們談學問，只是聊天，高談闊論，我覺得這樣很好，很自然。不像現在很多學生，都只問老師能給我一套什麼知識，對將來出路有無幫助等，我們那時候跟老師接近並不會去考慮這些。像李漁叔、成惕軒兩位老師，我在大學時和他們並不相識，是我在北一女教書時，有一次得了一項全國論文比賽第一名，他們是評審，後來發現我是師大國文系畢業的，就來看我。李漁叔老師原本不同意我在論文中批評梁啓超的部分意見，堅持要改，但他見了我，也不要我改了，馬上我就變成他的學生，後來師大有機會，張老師要推荐我回去，希望李老師也推荐，他馬上同意。我大學時雖選修過李老師的「墨子」，但不會去他家，也不是寫詩的，可是他就能眞心把我當成他的學生。

張：那時的老師眞是有雅量，他認爲你好，人前人後都會主動稱贊，彰顯你的聲名，絕不會忌妒學生的成就。

自以為是的狂妄，如今都已修正

王：我曾經是現代化派、激進派，認爲傳統已經過去，但現在我卻自認是傳統派。事實上，後來我才明白，傳統是根，甚至到把那個根用「家」來解釋的層次，可說是完全走了回來。我還認爲大學三、四年的哲學課程比不上胡適的一本「中國古代哲學史」，足見當時想法的激烈程度。而現在，我不再完全同意胡適的講法，也重新體認到現代要從傳統說起，這是我在當時思想上很大的改變。

曾：我在求學歷程中最大的一次轉折是讀研究所二年級那一年，我一度自以爲「見道」，在人生問題的思考上以爲自己已經「得道」，所以很自然就會「己立立人，己達達人。」有一陣子充滿著悲天憫人的心情，覺得自己是可以帶領別人、拯救世界，但後來我慢慢發現人的平凡。這種發心以後，由過度膨脹的虛象，最後又轉折回到如實的人生認知上。所以，中國的學問總是由陽剛的、進取的，比較是屬於儒家的，一定要經過道家的轉折歷程，才能折衷。

我跟邦雄現在好像都顯出一點道家的樣子，那是時代的關係。其實道家永遠不是我們個性裏的主流，我們的主流是儒家，只是在這個時代裏，必須通過道家才能顯儒家。有人以爲王邦雄較有英雄之氣，寫出來的文章比較陽剛，我則比較溫柔些，事實上這是一種錯覺，邦雄也是很晚才看清這一點。

生命歷程中第一篇重要文章

（王邦雄點頭說：昭旭才眞是陽剛）

曾：我個人生命中第一篇較重要的文章，是在服役期間寫的「試論平凡的人生觀」，這是第一篇我認眞寫，想要表白自我人生觀的文章，寫得很苦，才六、七千字，熬了十多天才寫完，因爲每一個字都是身心誠實的記錄。寫成，寄給張起鈞老師以求斧正，結果被刊登在他辦的雜誌「新天地」的卷首。那篇文章是第一次對自己反省，很認眞、誠實的面對，寫得很艱難，但那是一個起點。我會走上對生命體驗、反省的道路，那篇文章很重要。至於張老師將它刊登在卷首，還加了編案：「此文雖爲作者個人意見，毫未引經據典，然實得儒家人生最高旨趣，初不可以平凡二字，而平凡視之也。尤其作者年方弱冠，竟有此聖賢胸懷，殊可敬也。」這一肯定，在我要奠定立身行道的初基的階段，是極重要的。一直到現在，平凡的人生觀仍是我關心的主題。

張：在古典詩的創作上得到台北市第一名，雖然饒富意義，但有一篇文章對我個人很重要，它對我決定讀中文系有關鍵性影響。那是高二時，老師出了一個作文題目——「論中國文學之價値」，由於喜歡作詩，平日也常涉獵一些文學問題，所以這篇作文我非常認眞寫，結果國文老師將它評爲一百分，然後又把我以前寫的作文重新再評閱一次，並且加分，添上很多眉批、總批，如「非熟讀中國文學史者，不足以語此」等，這使我深覺慚愧，怕萬一老師問我一些問題，我不會豈不丟臉！因此趕快去買了一本文學史，回家拚命讀，愈讀愈有興趣，也漸有信心，高三時終於決定考中文系。

王：對我而言是在一女中教書時，得到第一屆中華文化復興運動論文比賽（中等教師組）第一名的那篇文章，影響最大。那是截止前一週寫的，題目是「從洋務運動、維新運動、新文化運動得失談中華文化復興運動應走的方向」，我先是在北一女的週會以這個題目演講，大家覺得不錯，所以我寫出來。這是民國五十九年的事，直到今天，傳統與現代化仍是我一貫的思考方向。此外，這篇文章得獎也給我另一種啓發，因爲平常大家都是自己做學問，不清楚自己站在什麼位置，有何可能性，若能多參與一些客觀的競賽或活動，較能讓自己對未來發展可能性有較清楚的自我評估或肯定，這一點對我影響很大。

人才是一群群出現

張：根據我的經驗，在大學裏一些卓越人才的出現，往往是在群體中產生。這一群人恰巧碰在一起，相互切磋、砥礪，而產生一些優秀人才。以師大爲例，三、五年左右就會出現一群人，不是某一人特別傑出，而是幾個人。如較早的王熙元、許錟輝、陳新雄、李殿魁、王關仕等，都是前後期或同屆。到我們這時候，像曾昭旭、王邦雄、張仁青等，也是一群人。較低一點的像沈謙、顏崑陽、陳文華、楊祖漢等也是。他們都是經常聚會，彼此私交很好。較少看到幾屆中突然出現一個人特別優秀。但到龔鵬程這群人，情況有點不同，他們是跨校的。據龔鵬程替簡錦松「不會飛的蒼蠅」寫的書序中說，他在學術上主要的一些朋友，都是在我主持的大專青年詩社聯吟活動中認識的。那是校際活動，他們因此而結合，像當時文化的李瑞騰、渡也；淡江的龔鵬程、王文進；師大的蔡英俊、李正治，他們這群人在年輕一輩中表現非常優秀，這雖只是一種現象，但不難看出朋友相互砥礪的重要性。

王：「鵝湖」的一群人也是如此。這份雜誌是六十四年創辦，那時我剛通過博士學位，昭旭因故稍有耽擱，但我們同時都在寫論文。較早時，我在北一女教書，昭旭在建中，我們約在師大見面，那次會晤，令我對他的印象完全改觀，沒想到他對義理很有見解，我後來寫封信給他，說那是「歷史性的見面」。（張夢機接著說：才知道他不是只會跟女孩在一起。引來一陣大笑。）當然，「鵝湖」究竟發揮了多少影響力，很難說，但至少當時的那群人，至今都沒有離開學術與文化的關懷，一起走到今天，我們都還在。

曾：為了道義、理想、求學而結合成社，十分重要。

張：這其中有些是有形的，像「鵝湖」、「人文學社」，成為一個社團，有些則是無形的，純粹因私誼、有共同理想而結合。總之，這是必須的，「獨學而無友，則孤陋而寡聞」，能結合一些志同道合的朋友，對自己的學術發展一定大有裨益。

（七十九年五月四日—五月五日）

大師現身・清華論學

——陳省身、楊振寧、李政道、李遠哲面對青年學子暢談治學歷程

在清華大學慶祝建校八十週年的多項活動中，最受人矚目的是由四位清大傑出校友齊聚一堂的座談會。陳省身是美國數學界最高榮譽伍爾夫獎得主，楊振寧、李政道、李遠哲是諾貝爾獎得主，他們在科學研究上的成就，不僅爲中國人爭光，更是人類世界輝煌的貢獻。四位頂尖聞名的大師，在這場座談會中，將他們寶貴的治學經驗、研究方法及對社會發展的觀察體驗，坦誠而活潑地娓娓道出，眞知灼識，極具啓發意義。

座談是在四月二十四日上午假清華大學大禮堂舉行，由清大校長劉兆玄主持。

以下是這場精彩對談的全部記錄。

劉兆玄（以下簡稱劉）：今天藉著清華大學建校八十週年的機會，非常榮幸地請到四位傑出的校

友，來學校做學術演講，承蒙他們在時間上的大力配合，四位都能共聚一堂，對清華慶祝校慶而言，沒有比這樣更具意義了。由於時間寶貴，我謹將四位校友、同時也是四位傑出中國人的簡歷向各位簡單介紹：

陳省身院士，清華三十四級校友，一九八三年伍爾夫獎得主，是國際聞名的數學大師；楊振寧院士，清華四十二級校友，一九五七年諾貝爾物理學獎得主，目前擔任紐約大學教授；李政道院士，清華四十五至四十六年校友，一九五七年與楊院士共同獲獎，現任哥倫比亞大學教授；李遠哲院士，清華六十一G級校友，一九八六年諾貝爾化學獎得主，目前擔任加州大學柏克萊分校化學系教授。

在座談會之前，我與他們交換意見，決定採不正式、也不指定課題的方式進行，但比較有焦點的有下列幾項：他們求學歷程中的可貴經驗，足供後學者借鏡之處、中國未來的前途、科學未來發展的展望、對未來清華大學的建議與期許。圍繞著這些相關題目，請他們先提出看法，再與諸位教授、同學討論。

首先，請陳省身教授先爲我們說幾句話。

兩岸清華大學應加強合作，以求更大發展

陳省身（以下簡稱陳）：我先講一個小故事。在一九三〇至一九三一年間，我在清大算學系（數學系前身）擔任助教，當時學校的大事是招考，沒有聯招，由各校自行招生，記得那時清大全校連研

究生在內有一千二、三百人。招考對我這個年輕助教而言是件大事，因爲能在公事廳內閱卷，又有一頓豐盛的飯吃，所以內心很高興。大家共聚在廳內閱卷，一些有趣的試卷可以傳觀。有一年陳寅恪先生出國文試題，他認爲中文系很重要的訓練之一是對對子，因此第一題就出了「孫行者」給學生對，有些學生覺得很困難，有人則以「胡適之」對，很不錯，但對學數學的人而言，更好的答案應是「祖沖之」，他是南北朝時一位偉大的數學家。

陳先生那年所出的作文題目是「夢遊清華園記」，我今天也想出一題目供大家思考，叫「百歲清華」，清華今天八十週年，再二十年就一百歲了，我們希望屆時的清華是何種面貌？這二十年中我們可做些什麼事來達成這些願望？我思考了一下，清華在八十年前是留美預備學校，約在一九三〇年左右，留美學生回到國內，把學術風氣提高不少，成效顯著，如今我們又達到了另一新的階段，我想，一百年的清華應該可以達到全世界第一流大學的水平。如何能達到這個目標呢？首先要充實研究院，繼續加强。其次，學校最初是希望將西洋科技移轉到中國來，但不久之後，就發現到西方社會在物質方面雖有進步，但也充滿了矛盾、衝突，因此，如何使之與中國傳統文化思想相結合，創造出更新、更完美的文化，應是當務之急。

當然，在此我也不禁想到北京原來的清華大學，兩所學校應該多來往，加强合作，期能對中國未來發展起更大的影響。

楊振寧（以下簡稱楊）：去年年底，我收到劉校長邀請參加清華建校八十週年活動的信，我很快就答應了，因爲我與清華有極密切的關係。我父親在一九二九年，我七歲時，到清華擔任數學系的教授，於是父親、母親與我就在那一年的秋天搬到清華園，因此清華園是我童年熟悉之地，留下許多美好回憶。抗戰開始後，清華先遷到長沙，再遷到昆明，在昆明與北京大學、南開大學合併成立了西南聯合大學，我在西南聯大讀了四年書，畢業後又考進清華的研究院唸了二年書，獲得碩士學位，然後又考取最後一屆的留美公費，赴美讀書，所以我與清華實有深厚的淵源。

回想我這一生，對這些多重關係，懷有非常感激的心情，尤其在西南聯大與研究院那六年時間，可以說是奠定了自己後來研究工作的基礎，當時寫的學士、碩士論文，是我後來工作主體的開端。西南聯大那時教學、研究的風氣非常濃厚，我學習了很多。各位同學在美好的新竹清華園內，也一定可以學習很多，希望大家能利用這美好的環境，創造自己美好的前途。

物質享受比較短暫，文化科學比較永久

李政道（以下簡稱道）：我這幾十年來，常回臺北，發覺臺灣的經濟情況進步飛速，尤其是這十年之間。因此，我想跟各位談談，經濟的發展與生活的享受是相對的，而文化的進步與科學的成就是比較絕對的。剛才楊先生提到西南聯大，我是一九四五年進西南聯大，那也是最後一屆，我四六年就到美國了。

各位恐怕很難想像當時惡劣的物質條件，唸書的教室是草屋，外面下大雨，裏面下小雨。宿舍都

是雙層床，緊密相連成排，吸血的臭蟲很多，因此每兩個月，就要把床輪流放進一個大鍋子中煮熱一下，拿回來曬乾一天，然後可以有兩天沒有臭蟲，兩天後臭蟲就從隔壁床鋪爬過來了。生活的條件十分不良，最高的生活享受就是每兩個月有兩天沒有臭蟲，可以舒服睡上一覺，可是這些並未阻礙我們求知、做學問的精神。

至於在科學、文化進步方面，從十九世紀開始，量子力學、原子物理、原子能、核物理、核能、分子、激光，再到超導體，一切近代文化高技術，都是在前人基礎上逐漸發展的。文化是人所創造，而近代文化與基礎科學有絕大關係。所以物質享受是暫時的，科學文化則比較永久。我們在二十世紀末、二十一世紀即將開始時，應該要有什麼樣的發展與貢獻，這將來的文化抱負就落在你們大家的身上。

把握生命，克服知識上的不美滿

李遠哲（以下簡稱哲）：首先我要歡迎這幾位遠道而來的朋友，我是在新竹長大的，也算是「地頭蛇」。在日據時代，清華大學的現址是一高爾夫球場，記得唸幼稚園時，我們做飛機模型，老師帶我們到此競賽，當時幼稚園學生只能用紙摺飛機，但我父親善於工藝，就幫我用竹子做了一個模型，很大型的七四七，要跟其他同學的紙飛機比賽，老師說不准，只好換成紙做的，不過，我的紙飛機一樣飛得很遠。

我高中畢業後就去讀臺大，回來唸清華是一九五九年，清華在新竹復校不久。由於庚子賠款積累了很多錢，因此清大有了原子爐及加速器，這在那時是新鮮的東西，很多人來此唸書，都滿懷著熱忱在此工作。當時校舍很少，山上有很多蛇，晚上到實驗室必須帶手電筒及竹棒子，以免遭到蛇咬。因爲物質條件不佳，大家生活都很樸素，但校內的設備則很完善。我是唸化學的，來此讀的是「原子科學研究所」，倒是唸了不少原子物理、近代物理實驗方面的書，這對我後來發展有很大的幫助。

有一件事也可一提。那時學校剛創辦，除了第一屆的吳大猷院長回來講學，講「量子力學」很精彩以外，其他的師資並非很理想。我不是叛逆，說的是老實話。但我們也希望不丟臉，如日本教授上課，我們總是特別認眞，希望他們了解，臺灣小孩比起日本小孩是聰明一些，果然後來很多日本的老師都有同感，認爲臺灣長大的學生都做得不錯。不過，也有很多不理想的地方，如當時很多人想考清華研究所，優秀的學生考上第一、二屆，很多人沒考上，過了二個月，國際原子能委員會招考一些科學家，送到國外受訓八個月，回國後，開了記者招待會，變成原子能專家，被聘爲清大的副教授。所以高我兩屆的同學就常覺得奇怪，某位教授似曾相見，原來是一起參加考試，他沒考上，但是卻成了教授，我們還必須去修他的課。

上「量子力學」的課也不是很理想。記得第一次考試完後，老師罵我們笨，因爲沒有一個人考五十分，他就叫我們回去，重新再教我們，結果全班都回去上課，發現原來是老師做錯了百分之五十，所以我們最高分數只有五十分。我說這些，倒不是批評當時清華如何不好，而是指出我們學生滿懷熱忱，卻看到許多的不美滿，包括社會上與知識上的現象，我們也知道，知識上的不美滿，一半源自老師，一半則是人類社會累積的知識並非很完美。因此我們就逐漸學會了自力更生，靠自己的努力慢慢學。後來到了美國柏克萊做研究，跟一位老師學，可是討論了很多問題，他總是說：「我怎麼曉得，要是曉得，何必要你去做研究！」我很能適應，因爲我在清華兩年就已學會了自力更生。所以，我們固然要滿懷熱忱，但不要太相信老師，「盡信書不如無書」，對老師教學也是一樣。

我以自己切身的體驗奉勸各位，要好好把握自己的生命，社會上很多事、人類很多知識都不是美滿的，我們應該要努力奮鬥，克服這些不美滿，創造更完美的知識。

劉：謝謝四位先生的引言，把他們的想法告訴我們。接下來的時間，歡迎各位同學提問題，大家交換意見。

數學中很多思想的泉源是從物理現象來的

數學系林同學：在科學研究的領域中，存在很多問題，這些問題有大有小，我們研究應該從大問題著手較好，還是從小問題下手？

楊：我唸書時，有一位教授是當時世界著名的物理學家之一，常常跟研究生座談，有一次同學問他：應該做大題目，還是小題目？他說：多半的時間應該做小題目，大題目不是不能做，只是成功機會較小，若能透過做小題目的訓練，更能掌握解決大題目的精神，幾十年來，我仍覺得他的勸告是正確的。

陳：科學工作的好與壞、大與小都很難說，要看各人不同的判斷。像愛因斯坦當年在瑞士聯邦工學院做學生時，數學、物理是同一系，二者不分，據他的自傳中說，他可能學物理，也可能學數學，但數學都是搞小問題，物理則是大問題，而他要研究大問題。愛因斯坦是成功了，但我還是希望大家先選小問題來研究比較有把握一些。

物理系同學：數學對科學而言是一相當嚴謹而有用的工具，但不知諸位在研究過程中，會不會覺得數學限制了你的思考路徑，發現數學並非十全十美，有些問題並非數學能解決的？有時在研究問題時，若能以數學以外的方法去看待，反而會變得很簡單？

陳：有很多問題數學家的確不能解決。當年我在芝加哥大學教書，有一位哈密先生就認爲，學物理的人不要唸太多數學。這話不知是否正確？他說，一個物理學家所需要的數學，他自己其實就可以發現，用不著去唸太多書。

道：物理跟數學的確有很密切的關係，可是數學不是物理，物理的目的是解釋自然界的現象，解釋要用到數學，可是關鍵在自然界本身。有一個故事說：有個人拿髒衣服要去洗，看到有一家店外面，寫著「洗衣店」，於是他就提著那包髒衣服進店裏，裏面的人問他：你幹什麼？他說：我是來送洗衣服。「我們店不洗衣服！」那爲什麼外面牌子寫著「洗衣店」？「我們是賣那牌子的！」這故事是說：物理是眞正洗衣服的，而數學是那牌子，不過牌子也很重要。

陳：奇怪的是，這牌子會有用！

楊：我有一點補充意見。物理和數學其實有很微妙的關係，在十八、九世紀，數學和物理發展的時候，兩者的關係十分密切。牛頓之所以發展出微積分，是因爲他想知道行星的軌道與萬有引力，以及牛頓的三大定律，可以說在十九世紀的上半葉，數學中很多思想的泉源是從物理現象來的。可是後來數學的價值觀逐漸獨立，二十世紀一位重要的數學家，也是陳教授從前在芝加哥大學的同事，他在三十年前說：二十世紀數學最大的成就，是從物理的約束中自我解放出來。這句話以現在來說並不完全正確，物理學者通過他們的價值觀念，研究了自然現象，發現其中有很奧妙的數學結構，這些結構不是物理學家本來所學過的，而數學家已從不同的價值觀獨立研究過，這情形已屢見不鮮，最有名的例子是愛因斯坦的廣義相對論。

愛因斯坦在一九〇八年開始，想推廣他一九〇五年的狹義相對論，使其在引力場中也可運用相對的觀念，這其中所需要的數學是愛因斯坦所不知的，可是他有了一個思考的方向。後來他的一位數學朋友告訴他，這在上世紀雷蒙已經開始，是十九世紀數學的一個重要發展方向。這使他在一九一五、一六年完成了他的廣義相對論。所以，一個物理學家如果不了解數學可能在他的研究範圍裏所能發生的作用，往往不易成功。

走對路，左右逢源；走錯路，再努力也難有大成

物理系同學：很抱歉再提一問題，剛才談的是物理跟數學的關係，現在能否談一談物理和哲學的關係？

哲：雖然是學物理化學的，但主席說我名字有「哲」，故要我來回答。我們在談哲學時，常會談到對宇宙世界、客觀世界的看法，而哲學觀點與自然界現象的關係是很深刻的，譬如說，以前的人以爲地球是宇宙的中心，太陽、月球都繞著地球走，因此產生了君主、帝王是中心，我們圍繞著他走的觀念，但後來大家知道原來是我們圍繞著太陽走，社會上遂有了平等觀念，帝王、君主不再是中心。所以我們對客觀世界的了解，會影響到社會上很多事情。

楊：如果觀察一下全世界各地方的哲學、科學發展的歷史，就會得到以下的結論：近代自然科學在萌芽時，如哥白尼、牛頓時候，與哲學是有密切關係的。我們看牛頓的東西可知，他的自然科學與哲學思想是同一起源，不過，牛頓以後，到今天二十世紀，很明顯地，自然科學受哲學的影響程度已逐漸降低。目前是物理學的發展大大影響了哲學，反之則日益減少，我覺得這也是自然的規律。

電機系黃教授：我有兩個問題想請教諸位院士。第一，如何選取研究的方向與領域？剛才幾位先生談到，即使在西南聯大物質貧乏的時代，如楊教授說，他的學士論文就能奠定他日後研究的基礎，不過，若從另一觀點來看，諸位所遭逢的正是近代物理學蓬勃發展的階段，時也？命也？運也？我們

到底要如何選擇？第二，清華師資的基幹大概在四十歲左右，很多教員很努力，也願意努力，不過有一點困難，即不知如何做學術生涯的規劃，關於這一點，想請教各位。

楊：我想把這個問題用另一個方式說明。大學中有很多優秀的研究生，他們自己和老師都不能預測未來的成就有多大，可是二、三十年後，成就卻可能懸殊。回想一下，成功的同學在當時並不見得比不成功者優秀許多，這其中有一基本的道理，即有人走對了路，左右逢源，有人走錯了路，再努力也不能有大成。那麼將來有大發展的方向是什麼呢？這無法有一定的答案。一個研究生對自己前途最重要的責任，是必須掌握自己所唸的學科中那些部分是比較有前途發展的，還要掌握住整個領域發展的大方向。如何做到呢？我的建議是，把「天線」放長些，多方瀏覽，不只是瀏覽本身學科狹窄範圍的文獻，更要隨時留意其他的學科，透過廣泛接觸，才能找出這門領域的大方向。

陳：選擇科目與方向是很難決定的，中間有很多是靠機會。我的建議是，要有廣博的知識，不要只唸自己本身科目的東西，不管有無相關，都能儘量吸收，了解的範圍愈廣，做正確決定的可能性就愈增加。

道：這個問題即使是我們自己也必須面對，物理可能比數學容易些，因為物理是要解決自然界基本的構造，這構造較清楚，有許多大問題在那裏，因此，第一步是要了解有那些大問題，第二步是考慮要不要做這些大問題。一個大問題，其困難常在觀念，而非數學。每個人對自己本身的優缺點也必須知道，估計自己能力多寡，看看那些路別人走過，而自己也能走，能走的原因在那裏？很多問題之所以成爲問題，是因爲看不清楚，而沒有花足夠時間，也很難一下子看得準。

抓住「大題小作」、「小題大作」的原則

哲：我們做科學研究工作的人，花了很多心血、時間，總希望能有些創新與成果，但往往達不到目的。我喜歡打棒球，現在依然常跟研究生去打棒球，雖然我年紀大了，但偶爾還會擊出全壘打，打到界外。有一次，我打到電線杆的右邊、籬笆外面，球賽必須停止，因爲要把球撿回來才能繼續打，而通常學生都會說：李教授，你坐著，我們去撿球。於是十個學生就一起去找。他們看到我打到球場外、電線杆的右邊，於是他們都去那裏找，但找了二十分鐘，還沒有把球找回來。我就去幫忙撿球，那時我就不去電線杆右邊，而跑到左邊，學生都說我跑錯地方，結果我在左邊二十公尺處找到了那個球。這件事恰好說明，我們做科學研究工作，常常根據自己的觀察下判斷，但這觀察不一定正確，判斷也不一定對。

一個老師，必須把自己知道多少告訴學生，同時也要讓學生知道哪些是我們不懂的，年輕人纔知道哪些地方有待克服。至於大、小題目孰優孰劣，我覺得都無妨，只要抓住「大題小作」、「小題大作」的原則即可。所謂「小題大作」，是指在研究一個小題目時，也要觀照到這個題目背後所反映出來的普遍性；有的人則喜歡「大題小作」，例如分子結構與化學反應的關係，分子有數百萬個，如此普遍、龐大的研究要如何著手？必須從小處開始，先挑幾種分子，研究跟它的化學反應有何關係。小

題目處理得好，才有能力解決大題目。所以，做化學研究者是沒有一定的方向、規律，只要努力知道哪些題目尚未解決，做小題目者能注意其普遍性，而做大題目者應從小處著手，這樣或許就能找到自己的路。

數學系王同學：我有兩個問題。第一個問題想請教李遠哲教授，當您獲得諾貝爾獎之後，在臺灣的聲望便直線上升，尤其是一句「教授治校」，讓教育部長、大學校長們面臨一陣混亂，也是在聲望正隆時，您參加了國統會，可否請您談談參加國統會的理由？第二個問題則想請教四位，您們都是在獲獎之後，就一直留在美國研究，事實上也都歸化為美國籍，這是否說明了您們的研究生命必須在美國才得以開展、延續？西方世界是否有比華人世界更優越的科學研究潛力？諸位是否曾考慮在未來的日子裏回到華人世界，在大陸、臺灣或香港，從事科學研究或教育下一代？

哲：今天在座的還有一位國統會的研究委員沈君山博士，如果我的回答不夠清楚，我想他可以補充一下。

看海峽兩岸的現狀，我覺得有許多不完滿的地方，還要再努力，才能使中國社會趨於理想。臺灣這幾十年來，民主步伐在加速，但積累的很多問題，使步伐無法走快。大陸上也有很多問題，像五〇年代有人認為，只有社會主義才能救中國，但是看看大陸上官倒、腐化，甚至天安門學生走上街頭，就知道問題依然棘手。解嚴之後，兩岸交往日益頻繁，我住在海外，也感到高興。但憂心的是，有些人只想賺錢，有些則想維護既得利益，這都是不正常的，因此希望兩岸在未來交流時，能走正規、好的方向，並且是對人民有利的。

另外，若從長久來看，兩岸都進步，中國的統一對中國人是有利的，國統會若能做好該做的事，民主化的步伐或許會快些，正是基於這樣的希望與期待，我接受了國統會的邀請。

道：研究的環境是不斷在變的，陳省身、楊振寧與我當時的中國環境跟今天又有不同，我大部分的工作是在美國，但很多新的成功科學家，如高溫超導體的朱經武、吳茂昆、趙忠賢等人，趙忠賢可說完全是在大陸進行，而吳茂昆則是在新竹。我們是一代傳一代，盡自己的努力幫助下一代人成長，我相信不久，兩岸中國與海外可以聯合起來，屆時中國科學的發展一定可以獲致極大的成功。

陳：我個人一向對中國數學有熱忱，因此希望能爲中國數學做些事，一九四八年我在南京，在現今南港中研院數學研究所做事，也是那一年我到了美國。一部分工作在國內進行，一部分在美國。至於談到將來，我是「與校同壽」，一九一一年生的，所以沒什麼「將來」好談了。

下一世紀，中國人將走向每一科技的最前端

楊：我想提兩點補充意見。首先，我的研究工作若不在美國的環境中是否做得出來？我曾經思考過，有一大部分工作，若我在五〇年代初回到大陸，那是不可能做的，而這些都是和物理現象比較發生關係的，因爲這些現象發生的地方，主要是在美國，美國擁有很多人才、財富、大型加速器、新資訊，若當時回大陸，恐怕就不會朝目前的方向發展了。

但是也有一些另外的工作是可以不在美國做的，一些不與立刻發生的事情有緊密關係的工作，我也做過很多，而且很重要，如果我回到大陸，這些工作恐怕不僅能做出來，甚至會提早，因爲我的精力只好用在這上面。

剛才那問題背後或許還有一層新的涵義，即中國的傳統文化，似乎與目前政治、社會、經濟發展的條件，與對個人科技研究的前途是不利的。關於這一點，我覺得眼光應該放遠。十九世紀末，中國文化受西方文化衝擊，發生激烈辯論，產生如「中學爲體，西學爲用」這種說法。從近距離看，覺得中國在近代科學發展上很緩慢，但從遠距離看，其實不慢。第一次兩個中國人得到物理學博士學位，都是在一九一〇年代於美國獲得的，他們回到中國，教育了一批人，當我於一九三八至一九四二年間在西南聯大讀書時，其課程跟當時世界第一流的大學相比，完全是有過之而無不及，「有過之」，是因爲我們良好的教育傳統。西南聯大得天獨厚，有強大的師資陣容，我得到很大益處。這是因爲一九一〇年那少數的幾個人，通過我父親那一輩，再到陳省身那一輩，等到了我唸書時，已經可以在國內接觸到國外最前衛的學問，從這個角度看，那時間其實是很短的。

再舉個例子：中國大陸一直給人落後的印象，這是錯誤的，大陸的科技其實相當進步。在一九四八、四九年時，中國根本不知何處有鈾礦，更不用談開採了，但到了一九六四年，他們不僅試爆第一顆原子彈，兩年八個月後，又試爆了氫彈。這足以說明他們培養了很多科學家，所以中華民族與中國傳統，在有組織的情況下，從科技上進軍，是完全可以跟西方社會抗衡的，西方人也很清楚這一點。

因此，他們對中國人能做科技工作不僅佩服，而且害怕，這害怕也不是自今日始，而是從十九世紀末就開始了。對於在下一世紀，中國人將走向每一科技的最前端，我深表樂觀。

拋開面子之爭，人與人平等相待

哲：楊教授的意見我同意。如果畢業後，我一直留在臺灣，大概以後的成就完全不一樣。我做的實驗固然所需物質上的條件較好，但這並不是主要原因，而是到了美國之後，看了不少科學家，學了不少東西，做過多次討論，慢慢培養出不管任何事，只要想完成就可做到的自信心，這是美國社會給我的。

六一年我得碩士學位後赴美，當時臺灣的科研設備、經費比起國外已經相當不錯了。不過，你若問在目前臺灣的科研情況下，我們是否能做出大貢獻呢？我覺得時間仍未成熟，原因有二：第一，年輕人從事科研、學術工作的熱忱不夠，臺灣的功利社會迫使這些年輕人走向容易找工作、追求安逸生活的道路，而任何事情若缺少有心人去全力以赴，是無法開創新局面的。

第二，在科學探討中，面對眞理，大家應該平心靜氣討論問題，來提高學術氣氛，但我回臺後發現，也許是歷史包袱過於沉重，或是封建社會留下的遺毒，或是士大夫思想，使得我們還沒學會「人與人平等」的觀念。我在美國三十年，學會了很多事情，其中最重要的一點是人與人的平等相待，所以，我與學生討論問題也是完全平等。但這裏似乎討論不容易，誰也不服誰，完全是面子問題作祟，這是不健康的，因此，使我的一些合作計畫進行得不很順利。我希望大家能平等相待，不要因爲面子問題阻礙了我們的進步。

用熱忱、奉獻的心創造更完美的知識領域

化學系同學：能否請李遠哲教授給我們大學部，還在建構基本化學知識的學生一些建議？

哲：我只能提供一點經驗。我到臺大唸書時，滿懷熱忱，但我沒有想成爲偉大科學家的野心、抱負，只想成爲一名不錯的科學家。我初進臺大就問學長學姐，如果往後四年，我好好努力，會成爲一名很好的科學家嗎？他們都對我說：不會。他們說，二次大戰後，許多新興的科學，如量子力學、統計力學等，都對化學很重要，但系裏既無此課程，也無人教，因此，若想好好學，就到物理系多選幾門課吧！我就去選了幾門課，果然收穫不少。也是在那時，我明白了即使修課程、拿學分，考試九十分，畢業後也不一定能成爲好的科學家。我跟物理系同學利用晚上時間唸量子力學，跟年輕講師一起讀書，一起做研究。所以，沒有一條路是必須的，只要大學四年能掌握生命，有目的的培養自己，按階段去學習，這樣就可以做得很好。

劉：非常謝謝四位傑出的校友在此與大家交換意見，四位對我們做學問、選題目的建議，都很有啓發性。此外，四位也告訴我們，經濟、物質的成長是比較相對、短暫的，學術、文化、科學的成就是比較絕對、永久的。更希望同學們能用很大熱忱、奉獻的心，去努力求取心得，獲致自信，屆時不

必管老師是好是壞，也不必盡信書中所言，也不必抱怨知識的領域不夠完美，在創造更完美的知識領域時，我們要有捨我其誰的胸襟抱負。也許有一天，透過大家的努力，兩岸都能加速改革的步伐，創造出對兩岸人民都有利的條件，更進一步，把中西文化融合、創造成新的中華文化。而在這樣大的潮流、大的題目之下，清華願盡其一分努力，從自身努力與兩岸清華的合作開始，朝此一方向邁進，到「百年清華」時，能更有一番新的氣象，誠如四位的勉勵，希望那時清華眞正是在學術上有地位的一流學府。再次感謝四位的抽空蒞臨與熱忱指導。

（八十年五月一日—五月二日）

清楚自在，心安理得

——陳履安在參禪修行中找到自己

（曾任黨、政、文教、科技、財經多項要職的國防部長陳履安，過去一直以其文質彬彬的外表、清新開明的形象、傑出的工作表現及直言坦率的性情而為人津津樂道。擔任國防部長以來，他不遺餘力地推動國防事務的透明化、現代化，並致力提升國軍戰力，一些合乎時宜的創舉，更使他的理念、能力獲得了各界的贊賞與肯定，他在工作崗位上的勇於任事，力求突破，令國人印象深刻。

近兩、三年來，陳部長因學習佛法參禪，而導致自己在生活上有重大的改變，不僅戒酒、減少應酬，而且改為吃素，太太、孩子也都跟著學。他的這個轉變，一如他在工作上的積極投入，引起了大家廣泛的矚目與討論。

陳部長認為，學習佛法之後，他比以前看得更清楚，更認識自己，也懂得自己要走什麼路，開始心平氣和地過著寧靜的生活，使自己安定在一個規律的頻率裏，自在放鬆。另外，在工作上，他更專注、積極地做好自己應做的事。可以說，他為自己的人生選擇了一條新而寬廣的路，也提供了很多人重新選擇的一個方向。

究竟出身麻省理工學院電機學士、紐約大學數學博士的陳部長，是在什麼機緣之下親近了佛法，走進了禪堂？學習坐禪、修行之後又有什麼體證？對當前一些社會的弊病，他看出了什麼端倪？身爲國防部長，這對他的工作產生了什麼影響？這些問題都是大家深感好奇而亟欲了解的。中副在徵得部長同意後，進行了足足兩個鐘頭的訪談，部長對上述問題都做了懇切而透澈的說明，令我們深感受益良多。在此，我們也對部長的厚愛敬致謝忱。

以下便是這次訪談的全部內容。）

陳守山將軍與我相處一年多，看見我的轉變，退休後來看我，很想知道怎樣學佛

問：近幾年來，書店裏有關佛、禪的書籍愈來愈多，都很暢銷，足見有興趣閱讀的人不少，對這個趨勢，部長有什麼看法？

答：關於學佛修行和參禪的書籍愈來愈多，可見這是大家心靈上的需要。我們回頭看看廿世紀的中國，前半個世紀，從推翻滿清建立民國、北伐抗戰剿匪，無時不在戰亂中，大家能夠平安溫飽的活命下去，已經謝天謝地了，那有餘力顧念到精神和靈性上的生活。加上民族自信心的喪失，一面倒的全盤西化，使大家不僅對深植在中國文化裏數千年的佛法陌生，甚至對學佛、佛學這件事迴避不談不

碰。

做爲這一代的中國人，是不是該仔細想想，在我們全盤西化後，我們到底跟西方學到了什麼？今後我們要把國家社會帶到什麼方向？呼籲了這麼多年復興中華文化，有沒有人眞正知道什麼是中華文化？我們究竟要恢復什麼？中華民族固有的優美文化在那裏？

現在國家社會已經富裕安定了，大家開始尋求心靈上的寄託，和精神上終極的價值，這是個好的「趨勢」，有正面的意義。

問：今天（編按：指二月十三日）報紙上刊登陳守山將軍在七日參禪後三度哽咽的報導，就實在很令人感動，不知道陳守山將軍的皈依佛門是否受了部長的影響？

答：陳將軍退休前擔任國防部副部長職務，是我的同事，學佛是我個人的私事，在工作中我只談公事。陳將軍退休後，來看我，說相處一年多看見我的改變，處理事務比較冷靜、理性，現在他退休了有時間，很想知道怎樣學佛，對坐禪也有興趣，談了相當久。他上山打禪七卻是位共同的朋友推薦的。學禪之後，他終於找到自己多年來要尋找的東西，他說：「拿到皈依佛法的證明書，比這一生所有得到的勳章都還要珍貴。」他不是貶低他在軍中的成就殊榮，而是認識除了世間大家追求的功名利祿權位之外還有更有意義的事，那就是經由體證去「認識自己，找到自己」。

問：部長各界朋友很多，會不會因爲部長學佛，感到好奇？找部長談修禪的、問問題的多不多？

答：是的，很多人好奇，也不知道以何種態度來面對這個問題，這點我深感抱歉，使大家不安、困擾。

當然，也難免會有朋友不明白、開我玩笑，我也能了解。其實我自己在學佛以前，對佛法和修行人也是抱持著較負面輕視的態度，以為是迷信，是愚夫愚婦的行為，可能是多年來深受西方文化的影響吧！

今天我自己遭到這樣的批評，我並不以為忤。你知道，這麼多年來，我服務過教育部、黨部、國科會、經濟部，認識中外各界人士不少，眞正關心我的朋友，也許會想到，陳履安不是個糊塗人，他會一頭投入的事，應該是有點道理。我期待有人來問我，我願意誠懇的回答。

我把自己當作實驗室的白老鼠去親身體證，你可以笑我呆，我承認我們學科學的人就是有這點呆氣

問：這兩三年來，部長學佛的體驗一定很深刻？能不能談談您跟學佛以前，最大的不同在哪裏？

答：我在學佛以後，人比較沉靜下來，也知道在內省上用功，時時檢查自己的起心動念，時時看著自己的念頭，看它是不是自私自利、是不是貪婪、是不是多疑、是不是嫉妒、是不是驕傲、是不是爭強好勝，也看它有沒有慈悲心、同情心、關懷心、恭敬心、感恩心、慚愧心、懺悔心。

最近我再把四書重新細讀，感受上又有不同，儒家講正心、誠意。到底心要如何正？誠意的標準在哪裏？一定有方法，對一個學科學的人，凡事一定要找到方法，要做實驗，既然經典上告訴我們，

禪修是讓人身心淨化的方法之一，所以我就把自己當作實驗室的白老鼠一樣去做實驗，去親身體証。

你可以笑我呆，我承認我們學科學的人就是有這點呆氣。

問：是否可請您說說您在美國求學的情形？

答：我十七歲時到美國求學，先在美國中部念了二年化學工程，後來申請轉學進了麻省理工學院（MIT）電機系副修國際關係。只因爲該系是全美國最大、最好的科系。麻省理工學院的學生程度很好，競爭也激烈，在中部求學時覺得自己不錯，但是到了MIT很自然的就學會了謙虛，因爲高手實在太多了，例如：當時一位名教授Nobert Wiener，絕頂聰明，數學、物理、電機無一不通，他的父親是位語文學家，精通廿六種不同的語言，而那位教授只懂九種語言，因此從小就倍受父親相當大的壓力，但是他卻發現父親不懂中文，於是在抗戰前特地利用到中國大陸北京大學講學時，花了三個月時間學習中文，並寫了一封中文信給他父親，總算是扳回了一點面子。像他這樣特殊的人物，在MIT有很多，所以在MIT的學生驕傲不起來。我們深深知道天外有天、人上有人的道理。

我大三時開始參加學校一項半工半讀的計畫，個人提出申請後，學校安排一個學期上課，一個學期到工廠工作，這個制度很好，雖然沒有了寒暑假，但是一方面可以讓我們得到工作的經驗，另一方面也可以讓我們有些收入，待遇相當不錯。當時是一九六〇年代，電晶體剛誕生，正是電腦換代的時候，發展正值一日千里，電腦公司也急於尋找我們這些學了新知識學生的加入。設計電腦的生活相當苦，但薪資卻很高，我們的待遇比當時碩士畢業生還要高出百分之卅，我記得那時一輛新車要一千七百多美元，我二個多月的薪水就可以買一輛，這樣的待遇對一個大學生而言，實在有很大的吸引力，所以，我畢業之後就在工讀的電腦公司正式上班。由於電腦的發展日新月異，我除白天工作外，晚上還要回學校去上課充電，否則很快就會落伍，記得當時我才二十一歲，公司裏一些二十八、九歲的學長，就已經被視爲老先生，跟不上公司的需要而被淘汰。

這種一邊工作、同時求學的緊張生活過了一段時間後，我覺得設計電腦這一行變化實在太快，開始想到爲什麼不學一些比較持久的東西呢？於是考慮進研究所繼續進修。我一共申請了三個研究所，分別是Brandeis大學的「數學」系、紐約大學的「應用數學」系及麻省理工學院的「國際關係」系，結果三個研究所都收了我，最後我決定念紐約大學的「應用數學」，直到得到博士學位後，求學過程才告一段落。

父親過世時，認識了很多風水先生，才知道中國古代跑江湖的人，必須懂得風水、相術、算命、醫學、針灸，我樣樣都想學

問：據說部長興趣很廣，可否請部長談談一些您個人的興趣？

答：我對生命充滿熱情和好奇，學習是我最大的樂趣，而我的興趣又很廣泛。記得父親過世時，認識了很多風水先生，我邊問邊學，背了一大堆口訣，看了不少地理風水的書籍，才知道中國古代跑江湖的人，必須要具備風水、相術、算命、醫學、針灸各方面的本事，我當時覺得很有趣，樣樣都想

學，回國之後，正式拜師學習針灸，其他的本事也都找人一起研究、學習。

我對圍棋、橋牌也有興趣，曾經擔任了很多年圍棋、橋牌協會的董事，現在對高手過招的棋譜仍然喜歡研究。象棋、西洋棋、非洲的卡拉棋也都會，二十年前學過太極拳，而且是楊派正宗，輩分蠻高的。各種運動也都會一點，尤其在高爾夫球方面花了不少心血，除了研究各種道具、球的構造、擊球方法外，對於如何教人打球，也認眞研究。四、五年前學會了潛水，領有正式潛水執照，現在還是中華潛水協會的理事長。

記得有段時間我從事國際政黨聯繫工作，常去歐洲，發現歐洲人對飲食的藝術相當重視，因此，對於西方人的飲食習慣不能不知道一些，於是又花了些時間去學品茶、品酒的藝術，也許因爲這種學習態度，才引領我走上學佛的這條路上吧！

問：請問部長您學佛法的機緣是什麼？

答：我在國科會擔任主任委員時，氣功開始在國內外流行，民國七十七年初我在國外遇到一位具特異功能的人，在好奇心驅使下我向他請教，並設計了一些實驗請他配合、說明，再聽他解說後，而歸納出一些基本原則，回國之後，我在國科會就請了十位有興趣研究者，成立專案小組，其中成員有物理、化學、生物、醫學等等不同科別專長的教授，這項工作目前仍在進行。我雖沒有正式學氣功，但參與了研究的工作，對學者們的研究報告非常有興趣，也因爲接觸了練氣功的人士後，而漸漸又接觸到學佛的修行人，再經過一段時間，才開始對禪、對佛法產生濃厚的興趣。

禪七時每天早上四點起床，晚上十點半睡覺，中間時間除了吃飯休息，都要坐在禪凳上，又不准講話，實在是痛苦的經驗

問：我們知道部長參加了幾次禪七，據說這是非常辛苦的考驗，能不能跟我們談談，這幾次禪七在您生命中有什麼影響？

答：是的，禪七確實是件辛苦的經驗。

我是七十七年八月左右開始接觸佛法。對一個學科學的人，處處講究實證，我不是一下子就深信的，書上的和老師的話，我都存疑，直到自己有些體證之後，才漸漸的明白。

禪定是想要成就為無私無我、關心眾人的人的一項必修的學分之一。佛經上說：一個人必要具備六種功行，即布施、持戒、忍辱、精進、禪定、智慧才得成就為菩薩。而禪定是最快讓人「生定、生智慧」的方法，對一個喜歡做實驗的人，我除了在布施、持戒、忍辱、精進這幾方面用功外，更不願放棄禪定的修為。

我的福報太好，得遇明師的指導。其實禪定是要在平時用功，「禪七」是當一個人平常用功後，機緣成熟，住進禪堂接受師父七天七夜密集的考驗和指導。

如果平日疏於練習，突然間坐進禪堂，由早上四點起床，晚上十點半睡覺，中間時間除了吃飯休息，都要坐在禪凳上，又「禁語」不准講話，這實在是痛苦經驗。不過熬過前四天就能用得上功了。

我一共參加了四次禪七，也利用週末和假日進禪堂用功，平日也養成早、晚、中午禪坐的習慣。如果說禪七對我的影響，是人比較能定下來，面對各種考驗，心不容易亂，也能理性不動情緒。能自己做得了主，也因爲相信了因果，所以對自己的心念十分注意檢查。名利心淡泊了，爭強好勝的心也放下了，對世間的事務較能寬廣悲憫的看。

這是我的再生，我深深的感恩。

學佛後，吃喝玩樂爭名奪利這方面我是消極了，但我積極的正心修身，把所有時間用在工作上，盡忠職守，不隨波逐流，你能說我不積極嗎？

問：一般人常有個空泛的印象，以爲學佛的人比較出世、消極，於是有人難免好奇，學佛對你的工作會產生何種影響？是否會變得比較消極呢？

答：我曾經回答過一位關心我的長輩，他也問我同樣的問題。

我說，吃喝玩樂、爭名奪利，這方面我是消極了。可是我積極的正心修身，學習做一個堂堂正正的正人君子，把所有的時間用在工作上，盡忠職守、不鄉愿、不隨波逐流，照顧一切我該照顧的人。

你能說我消極不積極麼？

尤其在工作上，因爲深信因果，更清楚知道警惕自己什麼該做、什麼不該做。

我時時在心中思維的幾句話：

「無我利他。」

「不爲自己求安樂，但願衆生得離苦。」

「冤親平等。」

「我不入地獄，誰入地獄。」

「凡事相信，凡事盼望，凡事包容，凡事謝恩。」

這樣的我，每天都很忙，我那有時間消極？

問：請問部長您在學佛之後，在生活上有沒有什麼改變？

答：是會有一些改變，譬如說：我第一次禪七出來，把酒戒了，這使我的許多朋友不太習慣，因爲我的酒量不錯，多年來一直被認爲是很好的酒伴，以前每週總有一兩次聚會中喝不少酒，卻從來也沒醉過，而且我也認眞的學了品酒。但說戒就戒，至今已一年九個月，我不曾再喝過。因爲不喝酒，慢慢地讓我體會出以身作則的重要，我到國防部後，既沒勸人喝酒，也沒勸人不喝酒，但因爲我不喝，大家也就不方便勸酒。有個將軍坦白地告訴我，他有胃潰瘍，身體不好，但長官都喝，他不能不喝。現在我不喝酒，有很多軍官、太太們都高興地跟我說，現在可理直氣壯的不喝酒了。我也說過，當我們的軍隊凱旋而歸，中國統一的一天，我一定陪大家大喝大醉的慶祝一番。

像玩牌，各種遊戲的方法我都會，學數學的人，這是我的特長，現在也都不打了，最近也不再打高爾夫球，很多朋友不諒解我，對這一點我想談談。因爲禪定的關係，我現在經常學習保持一種放鬆狀態，處在一種靜的狀態中，這跟昏昏沉沉不同。許多人，平時工作太緊張，要藉打球去放鬆一下，可是我平時已經放鬆了。假日不去球場，留在家中，我可以看書、整理環境、跟家人相聚，有更多的時間眞正的和朋友交談，使我深深的體會到寧靜生活的樂趣。

問：如此一來，會不會朋友都沒有了？

答：眞正的朋友不僅是玩伴，不只限於一起打牌、喝酒、打球。經常相聚在一起的人看來很熟，仔細想，可能彼此沒有講過幾句知心的話。社交場合中免不了談談張家長李家短，缺席不在場的人往往變成「話題」。我靜下來，反倒有些志朋好友開始找我談心，非常愉快。可能是學佛後關懷面更廣更深，因此結了好多善緣，交了很多新朋友，各階層都有，甚至一見如故，如親兄弟一般。有時候你很可能叫不出對方的名字，可是你能感受出他眞正的關懷和祝福。

沒想到人都過了半百了，還能有這種福報體會到眞正的友誼，我怎能不感恩？

「在靜中養成，在動中磨鍊」，平時在家中，有機會的時候，我還是會靜坐

問：是否可請你談談在禪堂中的感受？

答：一進禪堂，穿上海青（黑色長衫），你的身分地位、家世、學歷、人際關係等等，一切都幫不上你的忙，大家都平等。然後你就要學會看著自己的心，一看到自己起心動念，就要用師父教的方

法讓它不動念。這不是件簡單的事，我們都習慣拿照妖鏡照別人，很少人敢用照妖鏡來照自己，所以古人說：「修行乃大丈夫事，將相難爲的。」

進禪堂是要拿自己做實驗毫不留情的。我們知道，作科學實驗的白老鼠都要經過培養，不能有毛病的，不能從陰溝裏隨便抓一隻，我們一般人也是，身心都不太乾淨，貿貿然要到禪堂去做實驗，當然覺得痛苦。我第一次打禪七時，別說腿痛，還有很多其他心理上的反應，經過二、三天調適後，人就安住了，會有一種苦盡甘來的感覺。在七天中不准講話，身心都要過規律生活，每天要坐十支香、每支香要坐四十五分鐘，坐四十五分鐘後要在禪堂外圍快步走十分鐘，之後休息五分鐘。我也計算過，每天在禪堂中快步所走的距離大概相當於打高爾夫球十八個洞的距離，因此運動量相當的大。

在禪堂裏，人人平等，世間的「分別心」在這裏沒有，各行各業不分高下。師父教你方法，如何處理自己的問題，去掉妄念使雜念不生，從雜念不生慢慢走到一念不生的境界。這不容易，要很用功才行。

問：我們很好奇，部長平時靜坐嗎？

答：平時在家中，有機會的時候，還是要靜坐，靜坐相當重要。我們時常說：「在靜中養成，在動中磨鍊」。我們在工作中可說是不斷接受考驗，磨鍊你的心力，因此必須以靜坐來充電。但是大家要知道，古時的人們日出而作，日落而息，外界的刺激少、生活單純、壓力少，到了晚上自然而然就靜下來。現代人就不容易，不學方法、找時間充電恐怕就不行，這是時空背景的不同，也必須考量。

如果充電不夠消耗太多，自己會感覺出來。因爲有靜坐的習慣，我現在也和以前不太一樣，起的比以前早，以前常睡午覺，現在也不一定睡，只要靜坐一下，人就可恢復精神。

一個人能夠靜下來，做什麼事都會專心一些，比較不會有妄念、雜念。

身為國防部長，或是一名軍人，一旦國家有難，當然將國家擺在第一位，這是無庸置疑的

問：我們知道，部長現在全家都改吃素，爲什麼信佛的人都想吃素？這個習慣會不會給你帶來不便？

答：有人吃素是爲了健康，但對學佛的人來看，吃素眞正的動機應該是「悲心」，是對生命的尊重。這與儒家講的「見其生不忍見其死，聞其聲不忍食其肉」的道理是一樣的。有悲心之後，對人對萬物會更加關懷，這才是坐禪吃素的最大目的。當然，我們開始吃素之後，對一些朋友會感到不大方便，其實在宴會上，實在沒有素菜，我可吃肉邊菜，也不讓主人難堪。完全是自在，不要因爲自己的習慣，而帶給別人不安。現在很多朋友都知道我吃素，在請我吃飯時，也特別爲我準備了素菜，我是相當感謝的。也有人問我吃素會不會營養不夠？其實吃素的人還要喝一點牛奶，水果要多吃，只要不偏食，就可攝取足夠的營養。我最近剛做過體檢，身體狀況很好，就可以證明。

另外，我順便在此一提，有些人問我，你身爲國防部長，若國家發生戰爭時，您這個不殺生的態

度如何統率三軍作戰？這個我想說明一下，如果讀過歷史的話，我們可以發現，中國古代多少帝王、宰相都是學佛法的，康熙皇帝不僅信佛，還親自帶兵出征呢！再說現在有許多佛門大師、子弟都當過兵，至少他們去當救護兵、通訊兵、伙夫兵，我們在做法會、早晚課時都有唱誦，其中有句話是「上報四重恩，下濟三塗苦」。所謂「四重恩」的第一恩即是報國恩，國家有難，必須挺身而出，殺敵報國，犧牲生命也在所不惜，學佛的人相信因果，我們明知道殺生是要落因果的，但爲了國家、百姓，更多眾生性命的安危，我們願意背負殺生的因果去受報的。第二恩是報父母恩。第三恩是報佛恩，佛即是老師、是覺悟的人、是覺者。佛教稱釋迦牟尼佛爲「本師釋迦牟尼佛」，一切教導、指引你的老師的恩，都要報。第四是報眾生恩。從國家到眾生都涵蓋在內，可見其層面之廣遠。所以身爲國防部長，或是一名軍人，一旦國家有難，當然將國家擺在第一位，這是無庸置疑的。

問：怎麼知道自己有沒有進步？

答：檢查自己貪、嗔、癡三毒有沒有減少？還會爲了一己之私而貪名貪利嗎？一受到刺激，就會情緒激動得不能自主嗎？還做一些糊塗事、講一些糊塗話嗎？檢討自己的方去很多，也不妨就「孝、悌、忠、信、禮、義、廉、恥」八個字，每天挑一兩個字，想一想，做到了沒有？這些看起來很簡單的道理，做起來卻不容易，有恒心更不容易。

自己要作得了主，時常檢查自己起心動念的動機，遇到問題能冷靜、不情緒化地處理，碰到不如意的事，立刻先自我反省，不怨天尤人，不遷怒，不推卸責任，勇於承擔，對人對事以正面光明面來看，心平氣和，把生活中一切如意不如意的事，都視爲考驗。考驗什麼？考驗自己的心定不定？清不清楚？有沒有私心？有沒有關懷心？經常提醒自己注意自己的言行，這是一項挑戰，畢竟，征服別人容易，征服自己很難。

（訪談至此，已近五點，長達兩個鐘頭的談話下來，陳部長依然神采奕奕，始終談興不減，對他而言，這兩、三年來由於參禪修行，整個思想重心、生活型態都改變了，開始以平心靜氣面對各種問題，也清楚地知道並掌握自己的人生路向，或許是這分體驗的眞切不易，使他在這次難得的機會裏，誠摯且毫不保留地剖析自己的心靈世界。

有些人將他的學佛跟政治糾纏在一起，實在是浮淺而錯誤的，他希望讀者從他提供的經驗裏，能靜下來思考一番，從內心開始檢討起，因爲每個人的生命都可以重新開始，可以有另一番新的選擇。只要肯眞心尋找，生命境界自然就會不同，而他就是一個實例。

雖然有以上這許多的體會，但陳部長總認爲自己在這條路上只能算是一個學生而已，希望與大家共同分享之餘，也一起靜下來好好思索。

每一個生命關鍵的轉折，都需要智慧與勇氣，從陳部長篤定的話語、堅毅的眼神中，我們深深感受到，他散發出的那分恬適自在，清明坦蕩。在幾年來不斷反省、思考、尋找之後，他終於看見了自己，也找回了自己。）

（八十一年三月十一～十二日）

《卷六》傾聽他們的聲音

南社因我而內訌

／成舍我

有關南社的事情，中央研究院有資料，因爲南社曾出過好幾本書，可以找來看看。在那個時代，南社每半年就會出一本集子，那都是很珍貴的，因爲當時像胡漢民、汪精衛等人都是社員，我也是社員，其實說起來這些都是過去的新聞了。

目前在臺灣是否還有南社的成員，我不清楚，一個都不知道。隔了這麼久，很難會在一起。南社幾乎是與同盟會同時開辦的，而且參加南社的，也多半是同盟會會員，二者之間一直有種無形卻緊密的聯繫。不過到民國六年因鬧糾紛就趨於停頓了，集子也不出，大家就散了。南社從宣統元年（一九〇九）成立到民國六年停頓，大概近十年活動的時間，當時在上海，若不是南社的成員，不大能夠進報館當編輯，可說是盛極一時。

至於南社後來爲什麼會鬧糾紛，導致社務停頓呢？說來這件事的主角是我。當時南社的發起人之一柳亞子，他是個公子哥兒，家裏很有錢，他贊同革命，而且也喜歡寫詩作文，於是大家就推他擔任「書記」，可惜後來因爲對詩的看法，跟人鬧意見，紛紛擾擾，不久社務就趨於停頓，會沒開，集子也不出了。

南社在那八、九年間，大概每半年就聚一次會，有時是一年一次。差不多都是在暑假期間。我當時是上海「民國日報」副刊的編輯，「民國日報」是國民黨的機關報，邵力子是經理，葉楚傖是總編輯。我十四、五歲左右就加入國民黨，民國四年加入南社，是葉楚傖介紹我參加的。

前面說過，南社的停頓是因我而起，它的經過是這樣的：當時柳亞子喜歡作唐詩，但那時宋詩最流行，我和幾個朋友，像朱鴛雛、聞野鶴，他們和我的年紀差不多，都喜歡作宋詩，常常在我的「民國日報」副刊上發表詩作，柳亞子看了很不高興，就寫信給葉楚傖。葉楚傖和柳亞子是非常要好的朋友，像拜把兄弟似的。他在信中寫著：自從成某人（按：指成舍我先生）到「民國日報」後，離經叛道，居然登了很多宋詩，請加以制止。葉楚傖接信後，很緊張，就告訴我以後少登，於是漸漸我們就不登宋詩了。

在上海，國民黨還有一個機關報，是「中華新報」，吳稚暉任總主筆，他不贊成作詩要分派，因此對柳亞子的作法不表苟同。有一天，我有事到「中華新報」去，碰見了吳稚暉，他問我：爲什麼朱鴛雛等人的詩都不登呢？我就據實回答說：柳亞子不許登。吳稚暉這個人有時喜歡搗蛋，就說：既然你們不登，那把詩給我，「中華新報」登。我回去後，把這消息告訴朱鴛雛等人，他們聽了高興得跳起來，於是我就把他們的詩轉送到「中華新報」去發表。「中華新報」藉此大登特登，搞得很熱鬧。柳亞子看了很生氣，就寫了封信給葉楚傖說：沒想到你們會把詩交給「中華新報」登，現在我寫了一篇罵朱、聞二人及「中華新報」的文章，請你們務必刊登，也請你制止「中華新報」再登朱、聞二人的詩。葉接信後，立即覆了一信說：我們不登可以，叫別人也不登，恐怕不太好。

不料，這件事竟讓朱、聞二人知道，於是就在「中華新報」上寫了四首詩，譏刺柳亞子，把他罵得狗血淋頭。柳亞子見了十分惱怒，就立刻寫封信給葉楚傖，並附上一則廣告啓事。廣告的內容我還記得：

南社公告：茲有松江人朱鴛雛者，妄肆雌黃，腥聞昭著，業已驅逐出社，特此佈告天下，咸使聞知。

他在信中，要求葉楚傖刊登這則廣告，若不登，則「唯有蹈東海而死耳，楚傖，忍失此老友乎？」葉楚傖遂將啓事交給我，並說：若不登，按柳亞子個性，可能眞的會跳海去，他不是一個隨便說假話的人。

我當時還年輕，才十八、九歲，葉楚傖則三十多歲。我看看他，只好拿去廣告組，請他們刊登。然後我就在自己的寫字抬上，也擬了一則廣告，大意是這樣：

南社同仁公鑒：柳亞子因論詩與朱、聞不合，一論唐詩，一論宋詩，遂不准「民國日報」刊登，又不許「中華新報」登，如此一來，那有新聞（言論）自由可言？南社是個完全平等的文學社團，柳亞子不過是個書記，不是社長，怎能驅逐他人出社？如此荒唐之人，怎能主持一個文學社團呢？請所有南社同仁主持公道，最好能一起驅逐柳亞子出社！

恰好那時葉楚傖抽著雪茄走過，看我伏在案前寫字，便好奇過來瞧瞧，連說：這怎麼可以！不行啦！然後就把廣告撕掉！我很生氣，問他：怎麼把我的廣告撕了？他說：你怎可驅逐柳亞子出社？我立刻反駁：那他又怎能驅逐朱、聞二人出社呢？而且，最不應該的是，你怎可撕我的廣告？

葉楚傖聽了，拍拍我肩膀說：我就是可以撕你的廣告。我覺得眞是豈有此理。便說：就因爲你是總編輯，我是編輯，就可以撕嗎？好，那我現在立刻辭職！

葉楚傖知道我翻臉，也不理我，就出去找經理邵力子了。於是我重新再寫一則廣告，準備刊登。但那時我很窮，在「申報」上登，一則要二塊錢，我沒錢，只好拿衣服去典當了二塊錢，然後也辭去了「民國日報」編輯工作。

第二天，「申報」登出了這則廣告。上海各界知道之後，群情沸騰，很多南社的成員，從天津、廣東、北京來到上海，大家聚會紛紛表示反對柳亞子的作法。這件事，可以說是直接影響到南社的發展，從此之後社務就停頓了。民國十二年，柳亞子又發起「新南社」，可是參加的人已經大爲減少，第二年就停止了。至此，南社的活動可以說是完全結束。

大陸淪陷之後，我在香港，柳亞子有一次途經香港，來探問我，他表示對自己過去的一些事很後悔。後來，他變節投共，做了中共的「中央委員」，臨死之前，我在報上看過他寫的一篇文章，也表示對這件事一直覺得很遺憾。

總之，他其實是一個不錯的人，就是脾氣壞。南社的活動，幾乎都是他拿錢出來辦的，聚會、發帖子也都是他一人在管。後來會變節，實在是因爲受到一些左派文人的影響所致。

（七十八年十一月十三日）

一生離不開文化

／高明

民國十四年，我十七歲，剛考上南京的東南大學，就已經在私立鍾南中學校長喬一凡的邀聘下兼課了。革命軍北伐後，定都南京，東南大學改名爲中央大學，十九年夏，我大學畢業，任教於江蘇省立松江中學。民國二十年，東北情勢轉危，遂與朋友一起到瀋陽任教，恰逢九一八事變，倉皇逃至南京，再度回鍾南中學任教。從瀋陽回來後，我深感國防問題嚴重，遂寫了一些相關的文章發表，當時江蘇省主席陳果夫先生看後覺得還不錯，遂找我去。他是省主席兼全省保安司令部總司令，我則去擔任保安司令部的主任秘書，並至保安幹部訓練所講授國防課程。後來日軍進攻上海、南京，江蘇省政府改組，我便退到重慶，不久奉中央令，到西康兩年擔任省黨部書記長，並替中央宣傳部創辦「西康國民日報」，二年後才離開。

民國二十九年，我到中央政治學校（政大前身）擔任秘書，當時校長是先總統　蔣公。三十年，張道藩先生接任中央政治學校教育長，聘我爲教授，副總統李元簇先生、前政大校長歐陽勛先生當時均在那裏唸書。我除了教授國文外，另外也在行政院總動員會議中負責文化動員工作，而劉季洪先生在教育部任社會教育司長，我們一起到中央訓練部的高級班受訓，結訓後，劉先生發表出任國立西北大學校長，就找我去教書，並兼中文系主任、教務長。抗戰勝利後，再回南京，任教於政大中文系。

民國三十七年，匪焰正熾，我轉到湖南衡山國立師範學院，像潘振球先生便是該校畢業的。後來局面變壞，輾轉到廣州，三十八年再到臺灣來。一直教書到現在，也有六十多年了。

由於在大陸期間大都置身於動亂中，而且自己也在讀書，所以自覺做事有限，反而在臺灣安定的四十年，我自認對教育事業還有些許的貢獻。記得初到此地時，陳雪萍先生爲教育廳長兼正中書局董事長，而劉季洪先生則爲師大教育系主任兼正中書局總編輯，他們二人連袂到我家，對我說：由於臺灣受日本統治五十年，國文程度低落，師資也不足，尤其是缺乏中學課本，希望我能替他們編一套，供全省中學使用。我答應了，最後也替他們編了初中及高中的國文課本，這是最早的一部給臺灣中學使用的教科書。這套書使用的成效不錯，時爲教育部長的張其昀先生後來向先總統　蔣公報告，因而下令編國文、公民、歷史、地理四種課本，因爲這些對發揚中華民族精神有積極的作用，此即「標準本」，由國立編譯館負責，我也受邀編了標準本的國文。一直到現在，我仍擔任國文課本編輯委員會的主任委員。

我曾到香港中文大學，接掌聯合書院系務，後來張其昀先生創辦中國文化學院，其中中文系主任及中國文學研究所所長二職希望我來接任，於是離港返臺。不久又兼代師大文學院長及國文研究所主任。恰好政大也成立中文系，陳大齊先生殷殷相邀，遂再兼一職，後來政大又成立中文研究所，在取得張其昀先生的諒解下，我辭去文化學院工作，專心辦好兩所國立大學的成立工作。民國四十五年，受命在師大國文研究所開辦博士班，為現代中國教育有博士班之始。所以，來臺四十年間，我辦了兩所大學中文系，三所大學研究所，也算是對大學中文教育盡了一點心力。

我指導過的博士大約有一百多人，論文則以經學最多，文學次之，小學、義理也不少，差不多現在的中文博士有百分之八十都是我學生。各大學中文系也都有我的學生，很多更做過院長、所長、系主任，譬如曾任師大文學院院長、現為考試院考試委員的周何、現任師大文學院院長的王熙元、曾任政大教務長的羅宗濤、現任東海大學中研所所長的楊承祖、中央大學文學院院長蔡信發、中文研究所所長張夢機、東吳大學系主任兼所長的林炯陽、淡江大學文學院院長的龔鵬程等，都是我的學生，博士論文也是我指導的；此外，如中興、成大、高雄師大、中山大學等校的中文系主任或所長，都是我的學生；八所由師專升格為師院的語文教育系主任，全部也都是我的學生；而韓國只要有中文系的大學也都有我的學生。可以說，我培養了很多國學的師資與人才，這一點是我最感欣慰的。

為了鼓勵學生們發表論文，我也創辦過許多刊物，例如師大「國文研究所集刊」、政大「中華學苑」等；主編的叢書，如「中文大辭典」、正中書局的「六十年來的中國文學」、臺灣書店的「中華文匯」、黎明書局的「中華文化百科全書」等，對宣揚中華文化、闡釋國學精粹方面，均有一定的影響力。至於自己的學術論文，則收在「高明文輯」書中，共一百四十二篇，約二百餘萬言。還有一些未收的，則擬在增訂時加入。

這些年來，我參加的學術會議也很多，海峽兩岸開放交流後，大陸方面來函邀請的次數頗多，例如武漢大學希望我去講學；華中師範大學、南京大學要召開國際學術會議也邀請我參加；湖南大學要舉辦中國文字會議也請我出席，不過我都沒有赴會，至今也尚未回大陸探親。倒是去年在香港大學出席「章、黃學術研討會議」時，大陸上的妹妹、女兒、兒子都到香港來跟我會過面了。

我一生的學術生涯，都以維護及發揚中華文化自勉，不論教書或工作，都以發揚文化為己任，我希望我的學生們也能有此體認。粉筆生涯半世紀多，最堪自慰的是學生們都有成就，而且他們都不曾忘記我。從五十歲生日起，他們每遇我的生日都會主動來祝壽，六十歲生日時，我希望不要再驚動學生，就帶著家人環島旅行去了，沒想到回來後，他們還是要補賀生日，又熱鬧一番；六十九歲那年，颱風之夜，我不小心跌斷腿，住進三軍總醫院，長達四個月，而且位於政大的宿舍淹水，可謂流年不利，我內人忙不過來，於是在家料理書籍，醫院方面則由學生們輪流來照料，他們都已是教授了，這在現代恐怕不太容易多見了。想起這些學生，我內心便覺無憾。數十年來，我自認對中華文化的發揚已盡了力，成績也還可以，應該是對得起國家了。

（七十九年十一月二十二日）

培養文史人才，搶救中華文化

／劉眞

我在師院（四十四年六月改制爲師大）當校長時，最重視國文。當時各大學單獨招生，師院考試錄取標準：第一國文要及格。第二要達到分系分數，如英語系，英語起碼要考幾分。第三才是總分。不管是學體育、數學或音樂，國文不及格就不錄取。入學後，每年舉行國語、國文標準考試，不及格的繼續重讀，直到畢業爲止。因此師院學生國文程度都不錯。後來我擔任教育廳長，規定師範生國文科畢業考試，由教育廳統一命題、統一閱卷，不及格就不分發。

為什麼要重視國文

爲什麼重視國文？因爲國文不僅是工具，且與整個民族文化有密切關聯。文化就在經典裏頭，國文不行，就無法面對經典，也沒法用文字發表自己的思想。由於對國文的重視，和鑒於大學、專科學校國文師資的缺乏，當時師大便率先辦國文研究所博士班，現在夏威夷大學教書的羅錦堂，便是國內第一個文學博士。

民國五十七年，先總統派我到歐美考察教育一年，我臨走前，他特別跟我講：「這一年當中，你到以色列看看。」後來我就先到耶路撒冷。當時希伯萊大學的一位教授請我吃午飯，到一、兩點時，他看看錶，說：「我現在有事情。」我們就起身準備暫時分手。他解釋說：「我每天下午兩點，要去跟另一位同事學希伯萊語。」他說他雖是猶太人，但多年來流亡海外，現在回到希伯萊教書，母語已經不靈光了，所以每天要去學希伯萊語。你看他們多麼重視自己的語言！我常想：一個國家最重要的就是文化傳承；而傳承，最重要的就是本國的經典、語文。只要文化的根脈存在，那麼這國家縱使一時遭受危難、挫折，她依然可以復興，猶太人就是一個例子，如果希伯萊的語文消滅了，等於文化消滅了，她就無法復國了！目前我們最大的危機，便是一般人不讀經典，不重視自己的語文。

經國先生擔任總統時，有次跟我談起：現在學生的國文可能不太行，他說，有一個大學生寫信給他，前面都是一些仰慕的話，最後面竟說：「敬祝總統精神不死！」不該用的詞語亂用，程度可以想見。爲什麼現在中學、大學生國文程度差？主因在現行的招生制度，考試領導教學，數理好，可考一百分，國文再好也考不到一百分，使許多學生寧願多花時間在數理方面。而且，學數理的出路好。如果中小學國文就不通，大學怎麼會好？記得有一次程旨雲（發軔）先生對我說：「劉校長，師大夜間部國文系的學生國文不通，我沒辦法。你想想看：如果這學生聯考時數學一百，三民主義一百，國文二十分，分發時他的總分正好上國文系，進來時國文不通，大學四年我有什麼辦法？」這就是聯考制度造成的弊端。

聯考制度應有彈性

我再舉個很有趣的例子，張曉峰（其昀）先生有一次跟我聊起：他當時進南京高等師範，入學考試數學成績很差，體格檢查又不合格，本來是不可能錄取的，幸虧當時國文科閱卷教授柳貽徵向校方力爭：「張其昀國文這麼好，我們怎能不錄取？」就這樣張曉峰才有機會進大學。再有一例，你們《長河》版前陣子介紹錢鍾書的童年。錢氏當年考清華大學，數學成績也很差，照理不能錄取，當時校長羅家倫說：「這學生英文、國文這麼好，怎麼可以不錄取？」如果沒有羅家倫這句話，錢鍾書也進不了清華。張其昀、錢鍾書都是當代很有成就的學者，但如果依現在的辦法，都進不了大學之門。聯考制度受批評，這是最重要的原因。許多人批評政府四十年來沒有培養出大師級的文化人才，照現行僵化的制度，怎能培養出來？

每個人都有所長也有所短，如果各方面都一樣，就不是特殊人才了。現在數理特優的學生，可以經由嚴格的審核手續，直接保送大學。我們是否也可以考慮：國文成績特優，具有文史天賦的，也可以經由嚴格、公平的審核手續保送大學的文史科系，這樣才能培養第一流的人才。否則，不但中學國文程度不能提高，也將造成大學文史教育的斷層。舉例說：方東美死了，能找到第二個方東美嗎？沈剛伯死了，現在確很難找到像這樣的人了。什麼道理？理工方面，往往三、五年就能有所成就，而且年輕學者往往後來居上；人文學科不同，年輕的往往不如年長的。學國文不是一年兩年的事，須要好的天賦，加上一輩子孜孜不倦的努力，才能有所成就。

聯考制度應該有彈性，政府機關的晉用人才也是如此。王雲五先生當考試院副院長時，鑒於海外的優秀人才無法經由高普考進入政府機關，因此透過學位、口試、著作審查，另闢一條任用人才的途徑，錢復等人就是由這個管道進來的。這個辦法後來雖引起一些批評，但現在想想，王先生是對的。

師大剛辦研究所時（先有國文、英語、教育研究所），大家都喜歡讀英語研究所。我於是跟學生說：「你們英語再好，也比不過外國人，我看，將來國文、國學人才最吃香，不要眼光太短淺。」我常想：現在是要搶救中華文化，因為大家不讀國文，輕視經典。從中學、甚至小學就開始學英文，現在大家都在傳外國的「道」，不傳中國的「道」，而對外國的「道」也是一知半解，這是不是中華文化的危機，我們是不是該搶救中華文化？

一個國家的大文學家、大思想家、大藝術家，這是民族靈魂，也是精緻文化的表徵，若是這類人才中斷，這個民族還有什麼振衰起弊的辦法？

器識的培養重於知識的獲得

其次，我想談：「士先器識，然後文藝」，因為今天的社會，大家重利輕義，學校教育太偏重知識的傳授，而不重視品德、節操的培養，為什麼今天很多人在價值觀上混淆不清，就是因為重知識，不重器識的結果。

民國三十八年四月，我任師範學院校長，傅斯年則是一月擔任臺大校長，兩人差不多同時。當時傅先生是極力主張新文化運動者，但他卻以「孟子」一書作爲大學一年級各學院的國文基本教材，我對他的決定有些訝異，但也不禁深感敬佩，因爲「孟子」一書，行文暢達，氣勢壯盛，善於取譬，是寫作最佳的範本，而且更重要的，是其對個人修身養性的一些言論，實可供一般青年學生學習和效法。我在師院時，則請潘重規、程發軔兩位先生編了一本「民族文選」作爲基本國文教材，爲了培養師院學生的教育專業精神，我們特別選了像「師說」、「學記」之類的文章，其目的就是要激勵他們的品德。同時，又請了潘重規先生講授四書、陳致平先生講民族歷史故事、牟宗三先生談哲學，每週在大禮堂講，不僅全校師生聽，校外來的人也很多。這都是利用課外時間舉行，希望藉此能培養學生的文化及民族精神，而這些先生們，都是不拿錢，義務性的來上課，他們的精神實在令人懷念。

此外，我也手訂了「誠正勤樸」爲師院的校訓，並且經校務會議通過，這四個字，正是勉勵學生們在品德修養上下功夫。還有現在行政大樓入口的「止於至善」四字，也是我寫的，用來勉勵學生努力不懈，不能只「止於博士」，而是要永遠自强不息，日新又新。還有當時我要求師院的學生升旗朝會，就是爲了培養他們的朝氣，我當校長將近十年，一次也沒缺席過，因爲我覺得，學術可以自由，生活還是要有規律，尤其是師範學生，將來要爲人師表，更必須要生活規律。這個作法很多人都覺得極有意義。如梁實秋（時任文學院院長），他就曾在一篇文章中寫道：

「我一到校就覺得這位校長不凡。每天清晨朝會，領導學生升旗講話，從無間斷，這不是一件小事情，這需要一股認眞做事的毅力。我從未見過一位大學校長肯做這樣的事。大學應該崇尚自由，但是師範教育性質稍有不同，於崇尚自由之外還要特別注意敦品勵行以期爲人師表。」

治學不妨標新立異，為人仍應循規蹈矩

臺大的傅校長，也是眼光深遠。現在臺大的校訓「敦品勵學，愛國愛人」，是他在一次校慶講話中的兩句話，後來被用來作爲臺大校訓的，這其中也醞含著「士先器識，而後文藝」的道理。

有一年，臺大學聯會的學生來看我，問我對他們有什麼期望，我就說：「治學不妨標新立異，爲人應該循規蹈矩。」爲什麼我這樣說？因爲學術研究是個人行爲，可以有不同創見，但是生活卻不能隨便，在法治社會中，人人都該遵守團體紀律才對。我這句話，梁實秋很贊同，他就是一個最循規蹈矩的人，每天早上都早起。學術自由與生活規律，二者是並不衝突的。

老一輩的學者，由於深知「器識」重於「文藝」的道理，大都非常注重道義。我舉個例子，像錢穆（賓四）先生在民國五十六年自香港返國定居，報載他曾向記者公開表示：由於年事已高，決定退出講壇。因此有些學校想請他任教，他都婉拒。我當時是政大教育研究所所長，獲悉後，就親往其住處拜訪，再三懇商，他後來終於答應擔任一學期的講座，講「中國傳統教育制度與精神」。聯合報有位記者于衡先生，在日後的一篇報導中提到：錢穆先生之所以肯破例到政大上課，主要是他和劉眞先生之間的一段私人友誼。因爲民國三十九年，錢穆先生第一次從香港回國，就是我請他在師院上課，

現在我擔任政大教育研究所所長，再三請他短期講學，自然不便推辭。這就是道義情感所致。

另外，當年北大的名教授陳大齊先生，他民國三十八年到臺灣來，那時我是師院院長，楊亮功是教育系系主任，我一知道他來，就去請他來上課，在教育系上「理則學」，這是他的專長。教了二年之後，因爲當時師院的宿舍沒有臺大的好，所以後來他就到臺大專任，師院則是兼任。因爲我們原來根本不相識，他一來我就請他教書，所以彼此間也就有了情感。後來我編「師道」一書，第一篇是孔子，我覺得他是最合適的撰稿人，所以我就到他位在四維路的住所去看他，並且請他寫這篇文章。當時他已經八十七歲，而且也曾說過要封筆不寫了，但經我一再請求，他還是答應了，於是我請人送了有關的資料去給他參考，並約好二個月交稿。一個月後，我收到了他送來的稿子，共二萬字，一筆不苟。他那種對人「重然諾」，做事「不苟且」的態度，眞是前輩學人注重道義的最佳風範。

我曾寫過一篇文章，闡述「師大人」三字的精神意義。我認爲「師」字，不僅指「經師」，更是「人師」，其至要成爲全國國民的導師，也就是「國師」；「大」，則是指「大其志」、「大其識」、「大其量」；「人」，則是指從具有高度理性的人（求眞），提升到具有優良品德的人（求善），最後成爲具有藝術修養的人（求美），而最高的境界則是「止於至善」。這是我對這三個字的闡釋，同時也是我對師大人的期望。

學術一定要開放，不能搞派系

最後，我特別要指出的是，學術一定要開放，不能搞小圈子，不要有「門戶」和「派系」色彩。因爲「派系」和「門戶」都在無形中會具有排他性，這就違背了大學教育「兼容並包」的崇高理想。學術是天下的公器，爲造就下一代，主其事者的器量一定要大。身爲校長，聘請教授是爲學生，而不是爲自己拉關係，即使是罵我的好教授，我一樣也要去請他。今天不論是政治或學術的風氣會搞壞，就是因爲搞派系的緣故。

（七十八年十二月一日）

我的書緣

／余光中

我的第一本詩集是四十年前出版的，至今也差不多出了四十本書，因此我與書的關係可說是難分難解。不論是寫書、編書、看書、藏書、譯書、教書，我都沾上一點邊。

蘇東坡有兩句詩云：「人生識字憂患始，姓名粗記可以休。」我覺得這句「反話」很有味道。人認識字後，就會有意識，會反省，有歷史感，自然就有煩惱，其實人只要記得自己的姓名即足夠了。這句話雖然瀟灑，但也沈痛。歷史上的大英雄項羽，不好讀書，對賢能的文人幹部范增不知重用；劉邦也是不讀書，甚至瞧不起讀書人，但他卻懂得善用讀書人，如張良、蕭何等，所以能打敗項羽。

現代人是具體而微的小博士

到了現代，統治者與讀書人之間的關係日趨複雜，像毛澤東，自己會寫點文章、詩，但對知識分子又充滿著奇怪的情意結，既想利用，又想鎮壓。在社會主義的國度，似乎只要是讀書人，就帶有「原罪」，是成份不好的「臭老九」，因此，讀書究竟是福是禍，恐怕是因時代而異。

西方人對讀書也褒貶不一。例如說一個人失蹤了，拉丁文便說：「這個人不是死了，就是去教書了」；被傳斯年喻爲「滑稽之雄」的蕭伯納也說：「凡能做的，自己就去做了，凡不能做的人，就去教書。」這句話雖是挖苦，倒也有點道理，譬如教人寫文章者，不一定自己就能寫文章。

讀書人，古代稱爲「士」，現代稱「知識分子」。一個人是不是知識分子，現在已很難判斷，九年國民義務教育推行後，每個人都可算是讀書人。有時坐計程車，司機侃侃而談，大至國家政策，小至市政得失，或是勸人信佛、信基督，都能講得頭頭是道，有時比我懂得還多，因此，是否爲知識分子的界限已很模糊。一個現代人，必須具備很多知識，如日常的醫學常識，否則吃東西都有問題；講環保，必須懂得生物、化學；要投資，必須懂市場、經濟；要旅遊，必須知道地理、人文；所以每個人都是一個具體而微的小博士。要寫文章，不懂文學不行；買房子，必須懂法律。各行各業的學問非常廣博，身爲現代人，想不出錯、讓人笑話，或是想不吃錯東西、呑錯藥，實在是非看書不可。像新聞報導常將當選什麼議員、總理者，形容爲「雀屛中選」，其實這句成語是指選到佳婿的意思，這就是不看書的緣故。

智慧之書與美感之書

古人對讀書是充滿雄心的，儒家說：「一物不知，儒者之恥。」，認爲讀書人對天下事應無所不知，這其實不可能做到。以前稱贊人有學問，說「於學無所不窺」；文藝復興時代的哲學大師、散文名家培根，也說過一句壯語：凡天下之學問，皆吾本分；「新人生觀」的作者羅家倫，在擔任中央大學校長時，我還是個中學生。當時有人傳聞他學問淵博，說他對每一行的知識，等於該系的高材生。這眞是了不得。現在臺大恐怕有五十個系以上，很多系我顧名思義也搞不清是研究什麼。因此有人主張「專家」，學問不必廣博，所謂「博士者，乃狹士也」，是指在最狹窄的範圍內懂得最多。目前即是專家時代，政府討論問題，總是邀請「專家學者」。但也有人說應該整合，不能只懂自己專精的領域，有一位小說家兼物理學家史諾（C. P. Snow），他寫過一本書「兩型文化」，認爲人文與科學之間互不相聞是錯誤的，應該加以整合、貫通。我的少數朋友具有整合的能力，如陳之藩、張系國、保眞等，既是科學家，又是文學家，令我十分羨慕。

文藝復興時代强調要做「通人」，現在則不論專家或通人都很難做到。書到底要怎麼讀？我也不知道。不過天下書大致可分兩類：一類是瀏覽一遍即可，另一類則是必須反覆閱讀。前者是參考書，如字典、類書等。王雲五先生說他將大英百科全書讀了兩遍，精神可佩，但一般人只要遇到問題去查即可。後者是智慧書，應該詳讀，哲學家叔本華說：「任何値得讀的書，必須立刻讀第二遍。」這類書甚至使我們的信仰爲之改變，如聖經、四書、佛經。智慧的書讀一遍是絕對不夠的，而年輕與年老各階段讀的體會也都不同。

還有一類是美感的書。無所謂了解或不了解，而是要經常看才能深入。我最近寫了好幾篇介紹梵谷的文章，因爲適逢其逝世一百週年。荷蘭也舉辦了他的百年回顧大展，我去參觀後，攜帶了很多有梵谷畫的書，一張畫要看多久才夠呢？恐怕沒有定論，很多人將畫掛在牆上看一輩子呢！所以智慧之書與美感之書，應該反覆多看才行。

書也像朋友。有的是深切之交，有的則是泛泛之交。每個人藏書，少者十幾本，多者數千本，我現在的藏書有五、六千本，不知如何是好，書架每格都擺兩層，不知後面是什麼。這些書有大半只是泛泛之交，有個膚淺的了解而已，但是也別瞧不起這些泛泛之交，網撒得愈廣，一旦想深交時才知道人在那裏。每個人都應有幾本或十幾本深交的書，可以經常提供我們意見。深交是從淺交來的，一些備而不用的點頭之交，也許臨時可以幫大忙。

普通讀者與專業讀者

讀者也有兩類：一是普通讀者，一是專業讀者。專業讀者必須把書讀通，才能造福普通讀者，進而促進文化，如老師、作家、學者、翻譯家、評論家、編輯等，都是必須專精的專業讀者，否則會誤己害人。文化要進步，須靠這些有見解、使命感、負責任的專業讀者帶著廣大的普通讀者向前邁進。我應該算是一個專業讀者。教了三十年以上的書，如果我能有一點學問的話，絕大部分是從教書而來。學生時代只要能應付考試、寫報告，就覺得自己讀得差不多了，可是教書就不同。有時準備了兩小時的課程，一上台才半小時就存貨出清，無以爲繼了。因此，老師一定要用心備課，才能免於出錯，有一次我上電台講一首莎士比亞的詩，其中有句說，春天來了，各種鳥也出來了，詩中提到三種東西：turtles, rooks and daws，我一看，turtles 是烏龜，而rooks 與daws都是烏鴉的一種，於是我就告訴聽眾說：春天來了，「烏」字號的動物都出來了！可是，那個turtle字不是烏龜，而是斑鳩（turtle-dove）的簡稱，我搞錯了。當時我還是一名年輕講師，第二天，梁實秋先生打電話對我說：「光中呀，那個字不是烏龜哦！」我一查書，原來是斑鳩，可見為人師不是件易事。

「梵谷傳」修訂了兩萬處

寫書也不簡單。中國的辭彙太豐富，經常會弄錯，因此一個人不翻破幾本字典，絕對寫不出好文章。我最近寫一篇文章，硬是把子貢誤寫成子路，可見記憶有時是靠不住的。寫文章要看書，有時寫五百字，書要看四、五個鐘頭才敢負責任地下筆，實在不容易。翻譯亦復如此。我大學一畢業就翻譯了海明威的「老人與海」，後來又翻譯「梵谷傳」、「英美詩選」、「土耳其詩選」及一些小說等。也翻譯王爾德的「不可兒戲」，前陣子在國家劇院演出過。我的譯書有十本左右。翻譯「梵谷傳」是在三十歲以前，當時在大華晚報連載，後來出書。十年前，大地出版社說希望能修訂後再出版，我答應了，結果一修訂就花了整整一年。六百多頁的書，我改了兩萬處，其中四分之一是我認為早年對英文的了解有問題而改，另外四分之三是我不滿意年輕時寫中文的方式，覺得句法、用詞都太西化，因此有一萬多處是修改我以前的中文。舉例來說，人的多數，以前寫「人們」，但現在我都改用眾人、世人、大眾。中國古代稱人的多數為「人人」，如「人人為我，我為人人」、「亂臣賊子，人人得而誅之」即是。林語堂先生曾跟我說，他的書經常被人盜印，但只要是以其名義出版，而內文出現「人們」二字者，絕對不是他的書。三十歲以前，我寫「事實上」，但後來全改為「其實」，因為這才是中文用法，我懷疑「事實上」是從 In fact 而來；英文寫 A member of the family，有人就翻譯成「家庭的一分子」，這多彆扭，寫「家人」不就得了！「旺盛的企圖心」，其實就是「雄心」；「知名度」原本是「名氣」。這就是中文的歐化，而譯者不應該跟著英文走，必須扭轉這種不正確的用法。

將寫序發展成書評

至於書評，我也寫過一些，近年來已較少，大都是被迫寫某一類型的書評——即序言。我曾為之寫序的作者有張曉風、張系國、何懷碩、梁錫華、李永平、保眞、董崇選、陳幸蕙、陳義芝、陳煌、鍾玲、林彧、夐虹、夏菁等，大概有二十篇以上。要寫序言，必須先仔細閱讀全書才行，有人將寫序視為「社交的延長」，那是很不幸的。寫序是微妙的藝術，一方面寫給原作者，一方面又是寫給廣大讀者看的，等於是結婚儀式中的介紹人，其角色是多重的，因此我後來寫序就發展成書評。書評若只講空洞的客氣話，我覺得對不起讀者和自己，因為我必須花一週時間仔細研讀，加上眉批，最後再重新歸納出這本書的優、缺點，雖然可能對優點多加肯定，缺點則打個七折，但依然要講出缺失來。因此書序寫完後，有的作家很有風度地全盤接受，有的卻頗有微詞，但不論如何，書序是要對讀者負責的，恐怕是由不得作者做主。

書評不易寫。我認爲一句話的背後往往必須有好幾句話的學問在支持才行。我最近替中興大學董崇選教授的雜文集寫序，序名是「一面小旗，滿天風勢」，即指出一面小旗在天上飛揚，卻須靠萬里長風的支持才行。一個外國作家說得好：沒寫出來的比寫出來的更重要。短短的幾句話，也許得有一生的修養做註腳。國父有一次去看醫生，只看十分鐘而已，收費卻不低，國父就問他：才看十分鐘，爲何收取這麼多錢？醫生回答說：我研究這個問題已經一輩子了。雜文雖短，含蘊卻深厚，同樣的，一篇序文也應該如此。

同一首詩先退後刊

一本書能否傳世，需經許多道關卡。作者寫完文章後，考慮要投稿還是投入字紙簍，這是第一道選擇；編輯收到稿子，要刊登還是退稿，這是第二道；第三道是刊登後，各種選集要不要收入；時間的考驗則是第四道關卡。其中編者的角色非常重要。記得五〇年代時，中央日報副刊是作家最熱門的發表園地，當時主編是耿修業先生，助理編輯則是孫如陵先生。有一次耿先生出差到菲律賓，由孫先生代理一切，我投了一首詩被退回來，那是我在中副唯一的退稿，後來我仔細檢查這首詩，覺得沒有什麼大不好，就再投一次，結果刊登出來了。我不知道投稿史上有無前例？所以編輯操生殺之大權，地位是很重要的。

我不太編書，因爲其他事務已經夠忙了，但有時仍免不了要編。我編過「中華現代文學大系」，並獲頒金鼎獎，我覺得很榮幸；也編了「我的心在天安門」，主要是臺灣詩人對天安門事件反映的作品；十幾年前，編了「文學的沙田」，是我在香港教書交遊的作家朋友的作品選集；我也爲政治大學編過「大一英文讀本」，花了一夏天的時間。

藉旅遊讀書往往能有所得

現在我看書有一個新的動機，即旅遊。隨著觀光的開放，國人旅遊的空間已拓展很多，大陸、東歐、蘇聯都可自由去觀光。不同的國家、地區，自然有不同的制度與文化。我認爲文化的層次有四：一是器用，如買了汽車即可享用，這是最低的文化層次；二是制度，如對汽車訂定交通規則，大家共同遵守；三是風俗，如大多數人開車究竟是爲了上班、旅遊，還是賭博、飆車？四是心靈，也是最高的文化層次，如將開車的哲學發爲思考，寫成文章。旅遊也是如此。搶購東西是器用層次，觀察不同制度是第二層次，瞭解風俗民情又高一些，若能對其語文、文化、藝術有所吸收，則是最高的層次，因此旅遊絕不是件無所用心的事情。英國作家富勒（Thomas Fuller）說：「一頭驢子出門去旅行，不會變成一頭馬回來。」羅馬詩人霍拉司說：「匆匆出國的人，只改變了氣候，沒改變心靈。」指的正是無所用心的觀光客。

我有個習慣，旅遊回來後一定會去找相關的書來看。前年聯合報請我到曼谷演講，世界日報的人帶我去參觀佛寺。曼谷有四百多座金碧輝煌的寺廟，被稱爲「佛都」，其中地位最高、名氣最大的是玉佛寺，是國寶，據說是兩百多年前一個風雨之夜，一尊大佛突然破裂、剝落，裏頭逐漸顯露出一尊玉佛，後來歷經許多朝代的爭奪，終於歸曼谷王朝所有，並奉於玉佛寺。一年三季（春、冬、雨季）只有泰王可以撫摸祂，替祂換該季的衣服，這是國家大典。在玉佛寺內，我看到很多丈二金剛，面色各殊，威武非凡，旅遊手冊上用英文介紹這些神是Yaksha，這究竟是什麼呢？我很納悶，回臺後遍尋多書而不得其解，最後我在康僧玄奘所寫的「大唐西域記」中找到了答案。書中有一處記載了玄奘到許多國家參觀佛寺，佛寺中有寶塔，叫做窣堵波（stupa），後來演變爲浮屠。佛寺前則站了一奇形怪狀之神，喚爲「藥叉」，由於當時梵文的翻譯尚無定論，故書中特加註解指出，時人謂之夜叉，誤也，應爲藥叉。我看到這裏才明白yaksha原來是藥叉，亦即夜叉。因此，只要稍加用心，往往也能心有所得。

手抄整本「天文學入門」

現代人讀書比以前方便太多，我讀中學時適逢抗戰，物資艱難，別說是書，連用紙都不易，梁實秋先生在「雅舍小品」中即有相關的回憶文章。我當時讀的書是用灰色的「佳洛紙」製成，質地很粗糙，上頭經常露出一根莖。教科書中的插圖原本就模糊，我端詳了「外國歷史」中的拿破崙、亞歷山大照片許久，仍看不清楚，順手把紙上的莖一拉，拿破崙的鼻子就不見了！足見當時的條件下，讀書實在困難重重。

我在四川的鄉下，還見到有人爲了借一本書，眞的跑好幾里路去借。記得當時我夢想成爲天文學家，雖然數學、物理都不好，卻對天文充滿了浪漫、探險的心情，於是去借了本商務印書館的「天文學入門」，一讀之下，大爲入迷，但書是要還的，只好整本抄下來，連插圖也照著摹畫，樂在其中。現在讀書則不必再抄書了，影印機代勞，省事多了。大陸文革之後，拜十年開放之賜，許多大陸學者到香港來交流，第一批出來的學者是廣州中山大學的，有的就對我說，廣州中山大學應該改爲「山中大學」，因爲全校只有一台「油印機」而已！根本沒有影印的設備。現在亦然，一些大陸學者朋友寄剪報或雜誌文章給我，都是再買一份割下來，因爲不能影印。臺灣影印機處處可見，很多人卻不知珍惜。

以有涯追無涯，人生充滿樂趣

近年來，由於多元媒體的盛行，讀書的人比較少，很多人藉看電視、電影、微卷，或聽錄音帶來吸收資訊，一本本的書就不再如以前那樣「獨斷」了，可是我對書還是依然迷戀，尤其是一些富有智慧、美感的書，還是值得一遍遍反覆地讀。此外，人不可放縱自己的惰性，只讀自己愛看的書，對一些該讀的書，有時必須强迫自己去讀。我十四、五歲時唸英文，除了興趣，還下過一番苦功夫，經常默寫C開頭的字，今天是一百五十個，過三天也許增加爲一百八十個，如此不斷訓練自己。有時夜裏睡覺，突然對某一個字的拼法感到懷疑，就會爬起來點亮桐油燈，翻字典查看清楚才去睡。起初是苦的，但逐漸累積，竟成了樂趣，同學有問題會來請教，甚至老師講課會先看你一眼，覺得沒問題才繼續說下去，這就是辛苦的代價。

我也喜歡學習新的語言，每學一種就有新的變化，好像拿了一把鑰匙，開了一扇門，一面窗子，窺探了一片新的天地。年紀大了之後再學一種新語言，不論是方言或外文，因爲要重新學習一些類似「小貓」、「小狗」、「我高興」、「他哭了」之類的話，這些簡單語言使我們的心境也由老返童，這是很奇妙的經驗。我希望退休之後，能把歐洲的語言一樣樣學，不一定要派上用場，完全是爲了樂趣。

學習是漫無止境的，所謂「生也有涯，知也無涯」，以有涯追無涯，其實很有味道，不一定會殆已，因爲一個人不斷在學習，心靈也就不斷在活動，一旦不能再學習，就如同學不出新把戲的老狗一樣，那人生還有什麼趣味呢？

（八十年一月二十八日）

簡樸沉潛與熱情浪漫

——我的同事張堂錡

林黛嫚

結識一個人有許多方式，或是一見如故，每一句交談的言語都像是曾經經臨，共同的記憶；或是細水長流，從清清淡淡寒喧式的相交到和和融融貼心的友朋。關於我的同事張堂錡，便是後者。

聽他說話，有幾分味道

一開始，雖在同一個單位，卻因負責不同的版面，分屬兩間辦公室，並沒有太多接觸，我甚至不記得當主編介紹新同事時，我對他的第一印象是什麼。只知道，反正長河版的編輯都是古古板板道貌岸然的學究形象，即使有睿智的雙眸，也是隱在厚實的近視玻璃後頭，何況他也有研究生的文靜書卷氣質。後來，漸漸發現，偶爾他過來串門子時，總是會說一兩句話，留下一串笑聲離開，不常聽他說話，仔細一聽，會覺得並不乏味，甚至有幾分味道；不常看他開玩笑，但他的玩笑總是切中核心，戲而不謔。我們這才知道，鑽研中國文學的張堂錡，也有一顆現代的心靈。

成爲同事不到一年，他因爲某些原因離開報社。長河版的編輯本就流動性較大，創版至今四年，已經歷十四位編輯，如同他悄悄加入我們的工作陣容，他靜默地離開這個工作環境，當時，並沒想到他會再度出現在辦公室門口，和我們爲同一個工作理念奮鬥。一次同船共渡都需要緣分修爲，何況是並肩努力的工作夥伴！

他說他對這份工作的肯定，使得他離開了仍然想辦法再回來。雖然是一次歡樂聚會，並帶著幾分戲謔語氣的說法，卻也看出他的眞誠，他多麼貼切地詮釋了自己的心情。

一邊平淡，一邊穠麗

他的文字和他的言語一樣貼切而傳神。

認識他的人和認識他的文字都是在副刊。曾經主編介紹他是年輕小說作家時，我在記憶裡逡巡，卻找不到這位同好者的名字；屢次主編讚美他的採訪稿寫得又快又好時，我心裡同時想到，新聞文學的短暫壽命，爲之耗費那麼多才華和智慧値得嗎？這次他請我寫一篇介紹性的短文，並送我兩本他的著作，一本小說集「青青校樹」，一本散文集「青春作伴」（此外他還著有論文「黃遵憲及其詩研究」及編有小說選集「誰家吹笛」），我花了幾個晚上看完他的著作，每一掩卷，就有一股溫馨而熟稔的氣息在胸臆間流盪，自己的青春歲月也跟著在記憶裡復甦。

我想起自己剛拿起筆試作文章時，也是那樣，敘寫自己熟悉的生活情緒，在隱隱藏藏的字裡行間透露對人生的看法，那些「少作」也許不是最重要的作品，卻一定是我生命歷程中一段可貴的註腳，也是我寫作生涯中最重要的註記。

在「青青校樹」和「青春作伴」二書中我讀到堂錡的所思所想，我不想用「平穩淡泊中表現深厚內涵」、「文字簡樸結構謹嚴」等冷冰冰的辭彙來形容他的作品，事實上我也看出了他的小說文字平淡，散文文字卻有中文系常有的穠纖典麗。一位創作者最大的成就感，便在於讀者能認同他的心靈語言，從他的文字尋找到個人的心靈方向，這是支持我持續創作的寫作理念，不知堂錡是否也這麼想？

堂錡的作品中有很多他眞實的自我。那個原本想獻身教育工作，高中時誓願當校長的堂錡，藉著小說形式，將自身經驗或看來、聽來的故事，化爲一篇篇剖析教育弊病的文章，他沒有血淚控訴、大聲疾呼，只是淡淡地訴說一則則也在你我周遭普遍上演的眞實人生。眞實，就是他的作品感動人的力量。也許堂錡看到這兒，會詭譎地一笑，瞧，我編的故事，連妳都騙倒了，無論如何我和堂錡年齡相仿，受到的教育方式接近，也都有就讀師範的相同背景，當我看到「青青校樹」中唯利是圖的老師，爲利害義，而且教導學生如何陽奉陰違時，我痛心地嘆了一口氣。這樣的情節無論經過多少年仍然存在，社會尙利的風氣如此，又何能獨責師者故作清高，堂錡撰作此文時，不知是否也是這樣的心情？

相對於「青青校樹」的沉鬱簡樸，「青春作伴」就顯得活潑奔放，我看到了一向內斂沉潛的堂錡耽美、浪漫及多情的一面。雖然從事小說創作多年，筆下也描敘過許多男性，卻從未注意到這樣的男性，動不動就熱淚盈眶，寫出「離別令人落淚，思念使人懂得淚」這樣的句子，雖然在現實生活裡的我算是愛哭的，但是在我作品中連女性角色都不常哭的，也許堂錡對「眼淚」有另一番詮釋？我也從堂錡的散文中發現將小說與眞實人生分開的觀察方法是不對的，譬如也許我會描述一對戀人如何平靜而悲痛地分手，但我卻怎麼也想不到很早就擇一而終步上紅毯，感情生活平淡自足的堂錡，也會有送女同學玫瑰花的浪漫舉動；會有早上九點才搭車，由台北至高雄報到，卻因突然多出來的半天時光，而又搭車回台北與女友相聚的衝勁。我所認識的同事張堂錡，可是慢條斯理，泰山崩於前而不驚的沉穩，怎知他內心熱情如許。

寫作就是眞實的反映

看完他的作品時，我曾問他，怎麼能夠坦白眞實將自我完全剖露於文章中，他沒有回答我，也許他不知怎麼回答，對他來說，寫作就是眞實的反映吧！也許他知道作品在完成後就不再屬於創作者，只能任憑讀者去詮釋。無論如何我很高興在這個時候認識了堂錡，往後在工作上有更多的默契併肩。我也惋惜他不再熱情的流露，冷冰冰的新聞稿以及讀書札記之類的文字是不容易引起共鳴的，何況我對於那個走出校園、軍中的堂錡，步入社會的心路歷程也很感興趣呢，相信其他的讀者也有這樣的期待吧！

（原載八十一年三月「文訊」雜誌）